叢書・ウニベルシタス　1040

核の脅威

原子力時代についての徹底的考察

ギュンター・アンダース
青木隆嘉 訳

法政大学出版局

Günther Anders

Die atomare Drohung.
Radikale Überlegungen zum atomaren Zeitalter.

7. Auflage.

Japanese edition published by arrangement through The Sakai Agency.

核の脅威——原子力時代についての徹底的考察　目次

凡例

一、本書は Günther Anders, *Die atomare Drohung: Radikale Überlegungen zum atomaren Zeitalter*, 7. Auflage, C.H.Beck, 2003 の全訳である。
二、原文で強調のためにイタリックとなっている箇所は傍点などで強調する。書名の場合は『　』とする。
三、原文の „ “と ‚ ‘は「　」とする。〔　〕は訳者が新たに挿入したものである。
四、原注を（　）として番号を付ける。なお、原書では注で文献を示す際に、書名において鉤括弧の使用に統一が見られないため、本邦訳書では、書名、誌名、紙名にはイタリックを用いた。
五、原書では引用の際に参照頁数は記されているが、その参照文献の、出版社や刊行年など書誌情報が記されていない場合が多い。したがって、（　）で示す頁数は原書のママの記載である。邦訳がある場合は、訳者の判断で邦訳文献を挙げて、その頁数を記載した場合もある。その場合は、〔　〕で示す。
六、原書での引用については、邦訳があるものはそれを参照しつつも、原著者の引用の文脈を考慮し、訳者があらためて訳し直した。その場合、邦訳からの改変の有無、参照邦訳の頁数は特に記していない。特に記すべきことがあれば、「訳者注」で補った。

故マックス・ボルンに捧ぐ

仮に人類の絶滅は決して起こらないとしても、われわれには絶滅が起こる可能性がある。

それは、われわれの多様な可能性が完全に押し潰されてしまうことだ。

まえがき

九年前この論集が初めて刊行されたときには「最近の論文」は含めていなかった。収めていたのは一九五八年から一九六七年のあいだに書いたものだけだったが、現実を考えるうえでその重要な意味は少しも失われていない。これは自画自賛ではない。そこに述べていた世界の危険が、一九七二年になっても最初の論文を書いた一九五八年と少しも変わっていないという深刻な事実を指摘しているにすぎない。

一九八一年の今日についても、一九七二年について言えたことをそのまま言うことができる。本書に示した考察が重要な意味を失っているはずはない。なぜなら、考察の対象である全面的破局という危険は、一瞬も消え去らないからである。もっとも、危険が続いているのは、自滅する方法が忘れられないからだけではない。われわれがこの脅威という事実に途方もなく慣れ切って、驚くことが全くないからである。「原子爆弾とともに生きる」という言い草には、もううんざりしているのだ。もう（三十年前に現状をわたしが名づけた）「アポカリプス不感症」であるだけではない。何が危険にさらされているかは分かった気になって、「アポカリプスなんか関係ない」という有様である。

三十年前にわたしがこの「テーマ」について最初の論文を書いてからも、根本的には実際、何ひとつ変わっていない。爆発力や射程の狂気じみた増大や、保有兵器の限りない増加とそれに伴う脅威にさらされる地域の拡大は、根本的に新しい現象であるわけではない。そこに歴然となっているのは、当時からわたしが公然と告発していたテクノクラートや政治家や軍人に特有の愚かさにすぎない。かれらには、われわれが「比較級が使えない事態」に達したことが理解できない。ほぼ確実とは言わぬまでもとっくに起こり得るものとなっている、地球上の生命の絶滅が頂点に達し、「これ以上に死ぬ」という比較級など存在しなくなっていることが理解できないのだ。今日では核を保有していない国も、核兵器を製造できない国もほとんどなくなっていることは言うまでもないが、核保有国の増加も、根本的には新しい現象ではない。そういった問題は、一九五八年にフランスの原爆製造に関して本書の第二論文で論じていたものである。中性子爆弾には無生物の保存のほうが、人間の保存よりも重要だと言わんばかりの倒錯したニュアンスがあるけれども、この発明も根本的に新しい現象ではない。人類の絶滅という「絶滅のニヒリズム（Annihilismus）」というその狙いは、旧モデルを廃棄しようとする狙いと同じようなものでしかない。

しかし今日の状況には根本的に新しい事柄がある。二十年前には数千人が、いや数十万の人々が当然のように「反核運動」に参加していたが、その行進していた人々の子供たちが今では、逆説のように思われるかもしれないが、原子力の問題そのものによって核戦争という問題から遠ざけられている。これはどういうことなのだろうか。

正直言ってわたしは、原子炉に潜んでいる破壊力を過小に評価する者では断じてないが、今日の若い人々は、原子炉の問題にばかり焦点を当てているために、核戦争の危険にはもうほとんど目が向かなくなってしまっている。実を言うと、反原発運動が核戦争反対の運動を妨げているのである。

本書は残念なことに少しも古びていないので第二版を、両親が（反核のための）復活祭デモに参加していた――無論これも大事な――「ハリスバーグ」〔で発生したスリーマイル原子力発電所の重大事故〕の再発を防ぐことだけをめざしている（冗談にも「青くさい若者たち（grüne Junge）」などと言うつもりはないが）「緑の党」の若い世代に捧げたい。

一九八一年二月、ウィーンにて

ギュンター・アンダース

はしがき

本書には、すでに書物の形で述べたものを除いて、核の状況について書いた文章をすべて収めている。そういう文章を書いたのはほぼ十年前のことで、最初の数篇を書いたのは一九五八年、わたしが広島へ赴き、その旅についての報告を記した『橋の上の男』を書く前のことだった。広島原爆投下二十周年記念日に書いたものは一九六五年の作品である。

今度発表する研究は、もともとは書き上げてすぐ公開するつもりだった。それをやめたのは仕事を進めるうちに一種の疑いが生じたからである。わたしは気づいた。そしてそれは間違いではなかった。公開するつもりでいたテキストは、迫り来る核の危険に対して何をなし得るかという問いに、決定的な答えを与えていなかったのだ。そのためわたしは躊躇し、結局そのテキストを公表しなかった。

わたしの疑いは何よりもいわゆる「生産スト」を論じた箇所に関わりがあった。この言葉でわたしは、待遇改善や労働時間短縮などを要求する普通のストライキとは異なり、この場合には核兵器だったが、倫理的に責任を負えない製品の生産を拒否するストライキだと解釈していた。

テキストを書き始めた一九五八年には、そういうストライキは児戯に類するものではなく、遂行するに値するものだと思っていた。テキストを書きだした当時の「反核運動」は、今日よりもかなり期待がもてそうであった。それに個人的なことを言えば、日本から戻ってきたばかりで、わたしは日本の大衆運動に強烈な印象を受けていて、唯一の救いと思われるものにつきまとう困難を十分に認識できていなかった。もちろん、――先に述べたように、まだ書いている最中だったが――この厄介な事態はしだいに分かってきた。わたしは自分のテキストの中で、そういった疑いを包み隠さず述べた。しかしそれを述べたことに何も反響がないとしか思えなかったことが、当時公表を諦めた何よりの理由であった。

それからほぼ十年後、かつてのテキストにもう一度取り組んで全体を読み直して結局、公表することにした。そう決めたのは、かつて書いたものが今日なら成果を上げそうだとか、今日ではあの当時より生産「スト」がやりやすいと考えたからではない。何よりも以下のような理由からであった。

今日では当時以上に、問題についての徹底的な議論が急を要するものとなっている。それは、――イギリスの「復活祭デモ行進」やドイツの「核死との闘い」を考えただけでも分かるように――十年前に最高潮に達した「反核運動」が十年後には退潮してしまった――少なくともほとんど退潮してしまったからである。それが退潮したのは(やむを得ないことだったが繰り返し同じ目標を掲げたための)退屈のためでもあれば、（これも間違いではなかったが）ヴェトナム戦争に反対し、しかも十年前に「反核運動」を担っていた同じグループがやったためでもあるが、（同様に当然のことではあったが）黙示録を思わせるほどの多種多様な環境汚染に対する不安が増大したためである。

この最後の理由については独特の事情がある。すなわち、人類が今日さらされている多種多様な危険に対する不安が日々増大するため、無数の人々の目には、核兵器が示している絶対的な脅威が相対的脅威になってしまった、少なくとも——ほとんど同じことだが——その他の数々の脅威の中のひとつになってしまった。結局（このような人々がそう思ったのは理解できることで、誰もそのためにそういう人々を非難することはないだろうが）人間はあらゆる脅威に同時に関心を持つことはできないのだ。それに——こう思えるのも無理はないだろうが——仮にある種の政治的、軍事的グループが多様な不安を喧伝し、今日でも不正に操作して反核運動の力を弱めようとしても、そういうグループが核に対する不安を他の不安によって誤魔化したがっているのは、おそらく間違いないだろう。それがどうであれ、「核の危険」はもう公共の論議の前面に目立つことはなく、反対運動のテーマとなることもほとんどなく、すでにほとんど忘れ去られている。脅威が忘却されることに大きな脅威が潜んでいるのだが、そういう脅威を考えれば、「核の危険」という問題をもう一度前面に打ちだすべきだと思われる。当時のわたしのテキストがこのテーマを十分に論じ尽くさず、ある種の決定的な問題に全く答えていないということは十分あり得ることだが、——いまのわたしには他の何よりも、このあいだにも危険性が全然減らない問題を新たに見つめることこそ重要だと思われる。

最後に、昔のテキストを公表しようとするわたしの決意には、もうひとつ最終的な理由があった。すなわちここに収めた論文を書いているうちに流れた十年間に、自分の当時の論文の欠陥は個人的な諦めのせいだけでなく、わたしの理論の不足や叙述の無力さのせいだったのが分かってきたのである。今ではむしろこう考えている。つまり、こういう欠陥（すなわち苦境を脱する方法を示し得なかったという事実）が生じた原因は問題そのもののうちにあり、このテーマを取り扱った他の著者たちもわたしと同じように、核の問題に十分に答えることができなかったのだと。要するに、核の状況の困難さはわれわれが克服できない類いの困難さなのではないかと思われたのだ。

もしそうだとすれば、一切か無かという極端な視点に立つよりも、すなわち、無の視点に退却して完全に諦めてしまうよりも、十年前に書いた昔の作品を公刊するほうがよさそうに思われる。わたしが十年前に提供したものは無よりましだったのだ。核の状況に固有のアポリアを当時、わたしは遠回しだったとはいえ書いていたからだ。そのアポリアをこれから提示することにしよう。

最後に、細かな点について短い注を三つ。

1. 作品は基本的に年代順に並べている。
2. 加筆は最小限にとどめた。内容には何の変更もない。ただ生硬な表現は修正した。すでに雑誌で一度発表したもの――「哀悼される未来」、「激変」、「原子力時代への提言」、「途方もない事実」――にはいっさい手を加えていない。

3. 今日書かれた書ではないことを繰り返し思い出してもらうために、どの作品にもそれが書かれた年を書き添えた。

一九七一年十二月、ウィーンにて

ギュンター・アンダース

I　哀悼される未来（一九六一年）

ノアは神の助言に頼らず独力で何度も何度もやってきたが、百回目の警告に出かけて戻ってきたときには、今後も同じように続けるのは実際には無意味なことを、これ以上自分に隠しておくことができなかった。今回もノアは方舟を造る仲間をひとりも集められず、今度も無理矢理集めた少数の者たちさえ最新の話しか聴こうとしなかったからである。その連中にしても、（かれらが「奴さんの洪水」と呼んでいた）洪水の警告をノアが始めると、姿を消してしまった。かれらはその話は昨日も一昨日も一昨昨日も聞かされていたからである。

そこでノアは怒って、百隻の方舟からなる船団の構想を長年かかって書いた紙を引き裂き、「神様なら書き直せるでしょう」と言ってそれを神に投げつけた。そして檻の中のライオンのようにあちこち歩き回りだした。

ノアは不満をぶちまけた。「忍耐力なら百回も示しましたよ。足が腫れ上がり声も嗄れ、仕事が荒れて長男とうまくいかなくなりました。それでも自分の傷に構わず、息子が不平を言っても放っておきました。――明日ひとが死ぬのを放っておくわけにはいかないので、毎日、人集めに出かけては盲目の人々の目を開き、耳の聞こえない人々の閉じた耳に向かって叫んだのです。洪水はわたしのでなく神様のものだ、洪水はお前さんたちの手の届くところに迫っているのだ、手を休めてはならないと。そしてはっきりこう言ってみました。神様も寛大な気持ちになられたら人々が助かるのを見たいでしょう、破滅は目前に迫っているのですよと。わたしは乞食のように人々を待ち構え、追い剝ぎのように上着をつかんで放さず、人々が身をもぎ離すと追いかけ、怒っても怯むことなく、笑いものにされても気にしませんでした。ところがわたしが困り果てて呼びかけ、どうしたら人々をつかまえて、かれらの頑なさを打ち破れるか教えてくださいと頼んでみても、神様は顔を背け、目が見えないふりをなさいました。でもそれはもういいですよ。嘆いているには神様が残された時間は短すぎますから。時間がないと嘆くのはもうやめます。神様がくださった時間が短い弱点を活用して、それを自分の強みにしようと思います。欺されて生きている人々を欺すのです。誘惑されている人々をもう一度誘惑してみます。好奇心をいだいている人々はいっそう好奇心をかき立ててやります。話に耳を傾けようとしない人々が、わたしを追い回して質問するようにします。不安がっている人々はもっと不安がらせて、真実を分かってもらいます。イメージを示して人々を驚かせてやります。驚かせて分かってもらいます。そしてその認識から行動に立ち上がらせるのです。

だから言っておきますが、わたしが喜劇役者になっているのを見ても驚いたふりなどなさらないでください。神様が驚いたりされるとわたしは身震いがします。神様が不快そうな顔をされたところで、わたしが夢から覚めることはありません。神様は極端なやり方で脅かされましたが、それ以来、そんな力が役立ったことはありません。眠れなくなった者からもう一度眠りを奪うなんてことができるわけがないのです。大道芸をやっているわたしを見ても笑わないでください。風変わりな声で叫べと神様は言われましたが、そんなやり方はしないからです。自分のなすべきことを否定することに比べれば、神様から否定されることなんて何でもありません。自分の従順さを確認して独りで喜ぶよりも、隣人を救いたいのです。謙虚に沈黙しているよりも、粉飾してでも真実を伝えたほうがましです。聞いてもらえない真実よりも大声で叫んだ真実のほうがより以上の真実なのです。絶望的な冒瀆だけが、絶望を知らぬ美徳より高い美徳なのです」。このようにかれは怒るとともに愛情を込めて神に言い放つと、言ったことをただちに実行し始めた。

まもなく通りに出ると、言った通りやりだした。民衆の慣習に逆らい、神の聖なる言葉をひどく傷つけるような役を演じた。突然首をすくめて打ちのめされた者のように横たわったが、それだけではなかった、——親族の死後に着る喪服である袋をまとって灰をかぶり、辛い別れを表すという、葬儀以外では見られず誰も思いつきそうもないことをやったのである。その喪服はかれ自身がずっと以前に父親レメクの昇天以来触ったことも着たこともないものだった。かれは最高に幸せなノアであり、(理由は不明だが幸せになるように定められていて）数十年の間、息子も妻も収穫物も家畜も奴隷も失ったことがなく、失うことはあり得ないだろうと噂になっていたからである。ところがいまや――その格好を見るとみな同じ意見だったが――どう見ても誰かが亡くなったに違いない、それも多くの血族の誰かではなくて、かれ自身の家族の誰かに違いない。だって頭から灰をかぶっているが、そんなことは息子を亡くしたか愛する妻を亡くした者にしか許されず、そういう者だけがなすべきことだからだ、というのが皆の意見だった。

このようにして、悲哀の底に沈み、本物の衣装を身にまとって、自分の本当の苦しみである苦しみを表す芸人、明日の死者たちの遺族として、ノアは真昼の燃えるような誰もいない通りに立っていた。そして自分の仲間たちの弱点や悪徳、かれらの好奇心、他人の不幸を喜ぶ気持ちや迷信は、これまでもいつも叱っていたものだが、それをうまく利用することにした。これまで語りかけようともせず、理性に訴えるのに成功したこともなかった無感動な者を、疑わずに話しかけてくるように誘うのだ。――こうしてかれは立って待っていた。

しかし、好奇心は頼り甲斐のあるもので、長く待つまでもなかった。これまで新しい出来事がこの路地で起こったことはなかったが、向かい側の家の窓が開いていて、ひとりの女が長年、朝から晩まで何か新しい出来事を見ようと待ち構えるのを最高の楽しみにしていた。ノアはこの老婆を探り出すと、たちまちその女を利用しようと思って、いっそう悲しげにうずくまり、ついには自分の惨めさをいやというほど見えるように、完全に倒れ込んでしまった男のふりをした。

見事なことに、ノアは間違っていなかった。最初の女の横にふたりの女が割り込んで、ひとりがノアを指さし、もうひとりは向かい側の通りを指さした。そこにもノアを見ようとする人々がいて、バルコニーのひとつを最高の場所として取り合っていた。その争いもノアのために起こったようだった。というのも突然、どの張り出しもどの回廊も野次馬で溢れ、まるで綱渡り師の一座が道からよじ登ってきたように窓側の席は人でいっぱいになったからである。一軒の家の屋根に男の子がひとり姿を現したが、かれは菓子をくわえて煙突を登ってきて、悲しみに暮れるノアが演じる芝居を何ひとつ見落とすまいとしていた。

「スープが煮え立ってきたぞ」と満足げにノアは考えた。「もうすぐ教会堂開基祭の大市が立ちそうだ。わたしが誰の死を悲しんでいるか分かれば、上の方でも、誰の死かをめぐる賭はきっとやめるだろう」。こうかれは考えた。仲間に対するかれの見方に狂いはなかった。というのも、「最高に幸せなノア」だけに、かれを愛していると思っている人々も含めて町中の人々から嫌われ、貧しくなりハンセン病に罹って死ねばいいと、かれほど心から思われている者はいなかったからである。みんなと同じなのにノアの家では、誰かが病気もせず不幸にもならず殺されもせずにあっさりこの世を去ったことは、これまで起こったためしがなかった。しかし、嫌というほど元気なノアが辱められるのを見て同情する機会は長らくなかったので、長年望んでいたことが起こったという喜びは相当なもので、そのお陰で長年の冷遇や嫉妬の埋め合わせができ、耐え抜いた者も最後には神の正しい報いを受けるのだと、敬虔な満足を覚えるに十分だった。

こうして見事な役者ノアと見物人にとって、ノアが脇役という役目を終えて、本来の役割を示す台詞を言う時が不意にやって来た。信心深い五人が僧院から喋りながら帰る途中で、打ちひしがれたノアを見つけると、囁き合いながらノアに近づいて傍に立ったからである。

「どなたかお亡くなりになったのですか」と最初の人がいたわるように尋ねた。

ノアはこわばって痛む体を無理に起こす様子だった。「誰が亡くなったか」とノアはゆっくり繰り返した。しばらくして、目も開けずに「分からないかなあ」と言った。

五人は一斉にうなずいた。

「どう言ったんだ」と見物人のひとりが大声で叫んだ。

「誰か亡くなったと言ったぞ」と通りから誰かが同じように大声で叫んだ。

「それは俺たちも分かっている」と上の方から声がした。「誰なんだ」。

「いったいどなたがお亡くなりになったのですか」と二番目の人が優しく尋ねた。

「誰が亡くなったか」とノアはゆっくり繰り返した。しばらくして、目も開けずに「知らないのかなあ。沢山の人々が亡くなったのだよ」。

五人は不審そうに顔を見合わせた。

「何と言ったんだ」と上の方から大きな声がした。

「沢山の人々が亡くなったと言ったのだよ」と中継ぎ人が同じように大声で怒鳴り返した。

すると上の方が騒がしくなった。「名前は」とひとりが叫び、「その沢山の人々というのはいったい誰のことなんだ」と別の人が尋ねた。

「その沢山の人々とは誰なのですか」と三番目の人が同情して尋ねた。

「その沢山の人々は誰か」とノアはゆっくり繰り返した。

しばらくして、目も開けずに「知らないのか。わたしたちすべてがその沢山の人々なのだよ」。

五人は額に皺を寄せた。

「また何を言ったんだ」と上の方から大きな声がした。

「わたしたちすべてがその沢山の人々なのだ、と言ったのだよ」と中継ぎ人が怒鳴り返した。

「俺は違うぞ」と上からひとりが叫んだ。そして「そんなことが一体いつ起こったのだ」と別の男が尋ねた。

「ノアさん、その不幸な出来事はいつ起こったのですか」と四人目の人が尋ねた。

「その不幸な出来事はいつ起こったのか」とノアはゆっくり繰り返した。ちょっと間をおいてから目も開けずに、「本当に知らないのか。明日起こったのだよ」。

五人は驚いて顔を見合わせた。

「また何と言ったんだ」と上の方から大きな声がした。

「明日起こったと言ったのだ」と中継ぎ人が繰り返して言った。

「明日なら差し支えない」とひとりが嘲って言うと、もうひとりが「なぜ明後日ではないんだ」、そして別の人が「これは全く新しい出来事だ」。かれらは大笑いして自分の額を叩いた。

五人目の男が「ノアさん、これはわたしたちには全く新しいことです。一体どうしてそんなことが起こったのですか」と言った。

「一体どうしてそんなことが起こったか」とノアはゆっくり繰り返した。そして少し間をおいて、目も開けずに「本当に知らないのかね。過去のことが明後日に起こるからだよ」。

あの五人はもう顔を見合わす元気もなかった。

「また何を言ったんだ」と上の方から聞こえてきた。

そのときにはもう老人ノアに助けは要らなかった。ノアは中継ぎ人を一突きで仰向けに倒していた。ノアが威厳をもって堂々と立ち上がって、笑っていた人々をたちまち黙らせると、あの五人は心配そうに一歩さがったが突然、身動きできるように、後ろから押し寄せる人々を押しのけて特別な席を探そうとしている様子だった。五人はノアの服が灰で汚れているばかりか、ノアの顔も汚れまくって、まるで墓から出て来た者のようなのにやっと気づいたからである。みんなの中で猛々しく威圧せんばかりに立っているのが本当にノアさんなのか、それともノアよりもっと激しくて、欺そうとノアの姿をして、その姿で驚かすか裁こうとしている別人ではなかろうかと、ひそかに思わぬ者は五人の中にはいなかっただろう。

「お前さんたちは聞いたことはないか」と改めてノアは語りだした。「明後日には洪水は過去の出来事になるのだ。——これがどういう意味か分かるはずだ。それともお前さんたちはそれが分からないのか」。

そのとき初めて、誰も口を開いて答えようとしなかった。

「お前さんたちが分かっていないとすると」とノアは言葉を続けた。世界全体を包み込むような輪をノアは左手で描いた。ノアの前には五人がいて、回廊には百人はいた。家々の背後には町が広がり、町の後方には丘があり、丘の彼方に広がる世界は果てしなかった。——「ここにあるものが示している通りだ。つまり明後日、洪水が過去の出来事になるというのは、こういうことだ。ここにあるものが、すなわち洪水以前にあったものが全部、全く存在しなかったものになってしまうのだ。そうだ、全く存在しなかったものになるのだ。存在しなかったと言う訳は分かっているだろう。それともお前さんたちはそれが分からないのか」。

今度も誰ひとり口を開こうとしなかった。攻め立てるべき時が近づいたことにノアは気づいた。皆に代わってノアは説明した。「洪水が明日来るときに思い出したのでは遅すぎるし、嘆き悲しむにも手遅れだからだよ。そしてわたしたちのことを覚えている者はもういないし、わたしたちのことを嘆き悲しんでくれる者もいないのだ。そうだ、そういう人は誰もいないのだ。誰もいない訳も分かっているだろう。それとも、それが分からないと言うのかね」。

今度も皆だまっていた。ノアには突撃の時が来たのが分かった。

皆の代わりにノアが答えた。「泣く人と悼まれる人との区別もなく、死者を嘆く者が死者と並んで川に流され、十字を切る者が十字を切ってもらう者の横にいて、未来の者たちが過去の者たちと並び、わたしたちはみな欺されて、カディッシュ〔追悼の祈り〕を唱えることになるからだ」。

カディッシュのない死という絶望的な見込みほどかれらを怖がらせるものはなかったので、そしてそういう死だけがかれらにとっての本当の死だったから、ノアはしばらくの間、かれらがその恐怖に完全にとりつかれてしまうまで待っていた。あの五人のひとりが唇を震わせたが、言葉は出てこなかった。ノアは自分の言葉に効果があったのを確認して満足し、いよいよチャンスだと思った。

ノアは言葉を続けた。「わたしがここへ来てみんなの前に立っているのは、わたしにひとつの任務が課されているからだ。この酷い状態が起こらないように先手を打つのがその任務なのだよ。――時間を逆転させるのだ、苦しみを今日のうちに先取りし、前もって涙を流すがいい――という声が聞こえたのだ。子供のときに父親の墓で唱えるために覚えた死者のための祈りを、明日死ぬ息子たちのために、そして決して生まれてこない子孫のために唱えるのだ。明後日では遅すぎるからだよ。――これがわたしの任務なのだ」。

ノアを取り囲んでいた五人は拒むように手を挙げようとした。しかしもうそれさえできなかった。

猶予を与えようともせずノアがもう大声でカディッシュを唱え始めたからである。場違いな所で、時ならぬときに、偽りの人々のためにカディッシュを唱えることがいかに冒瀆的なことであろうと、――神自身が定められた慣習をこのように冒瀆することが神の同意なしに許されるとは考えられないと思う人々がいたし、自分たちは祈りに引き込まれているのだから、本当にまだ生きている者なのか、それともすでに死んだ者なのかもう分からなくなった人々もおり、いったん始まった祈りを中断するのはさらなる冒瀆だっただろうし、あの五人もそういう恐ろしい罪の償いを想定した規則を知るよしもなかった――こういう理由でノアに声をかけたり、祈りを最後の言葉まで唱えるのを止めさせようとする者はいなかった。祈りの節の切れ目では脇道から声がした。それはロバ飼いと果物屋の声だったが、それも役立ちそうもなく用済みになったもののように思えた。そのときこの聞いたこともない出来事が、すでに起こってしまった出来事であり、もはや存在しない出来事になり、しかも一度起こった出来事を取り消すことはもう問題にもならなくなった。

あの五人は方角が分からなくなってしまって、迷い込んだのは一昨日だったのか明後日のことだったのか見当もつかなくなったように立っていた。そして、戻り道を見つけ出し、時間が新たに始まる徴候を示して、自分たちを閉じ込めている頑丈な囲いから救い出すことができはすまいかと、茫然自失して身動きもせずノアの方を向いていた。

しかしノアは、かれらの不安には気づかないふりをしていた。ノアはこの瞬間を何ヶ月も前から待っていたのだ。かれらをその囲いから早々と解放しようとは思っていなかった。ロバ飼いの叫び声は町外れに消え、果物屋はすでに店じまいして、物影が長くなり、屋根の向こうにはそれまで見えていなかった白い積雲が出始めていた――しかしあの五人は相変わらず麻痺したように立っていた。バルコニーにはノアから祈りを捧げられた人々が依然として詰めかけてじっとしていた。どれほど長い間ノアが立っていたか誰にも分からなくなっていたが、ノアは手を伸ばして雨がもう降っているかどうかを確かめると、「まだ時間はある」と言って「今日だ」と言い、さらに「芝居は終わった」と言い添えてかれらを解放すると、自分の家に姿を消した。

そこでノアは衣服を脱いで、すぐに仕事机についた。最初の新しい方舟、あの方舟の図面を描く準備が整うとたちまち戸を叩く音がした。

右手に斧を持ったひとりの大工が入ってきた。ノアは尋ねた。「何が望みかね」――すると大工はこう言った。「外は暗くなりました。一緒に造らせてください。あなたのカディッシュが間違っていたことになりますように」。――ノアは大工を歓迎した。するとまた戸を叩く音がした。入っていたのは屋根葺き職人で、篭いっぱいの〔屋根葺き用の〕柿板を運んできていた。そしてこう言った。「丘の向こうは雨が降っています。一緒に造らせて下さい。あれが間違っていたことになりますように」。――ノアはかれを歓迎した。するとまた戸を叩く音がした。

ひとりの舵手が入ってきて、髪を濡らした水滴を拭き取った。そしてこう言った。「明日になれば地図が何の役に立ちましょう。わたしは手ぶらで来ました。しかし一緒に造らせて下さい。あれが間違っていたことになりますように」。ノアはかれも歓迎した。それから四度目の叩く音がし、さらに何度も何度も戸を叩く音がした。緊張が解けたのでノアは足を伸ばして、こう言った。「さあ準備ができた。始められるぞ」。――そしてかれらは一緒に庭に出た。物置小屋のタール屋根にもう雨が降り注いでいた。かれらは篠突く雨の中で仕事を始めた。

ノアが喜劇を演じ、袋をまとい灰をかぶって登場し、時間を逆転させて、前もって涙を流し、まだ生きている人々とまだ生まれていない人々のために、死者のための祈りをするだけの勇気を奮い起こしていなかったら、――方舟が造れなかったどころか、堂々たる船団を造ることはできず、やっと出来た一隻の貧弱な方舟さえ造れなかっただろうし、ノアの末裔であるわたしたちも存在していないだろう。再建された世界の美しさを賛嘆する喜びを誰ひとり味わうことがなかっただろう。神でさえ被造物に君臨するのではなく、黙りこくった大地を見下ろしては、永遠に嫌な思いをせざるを得なかったことだろう。

II 激変（一九五八年※）

1 全能によって大国に

今日までは、「列強」と称される大国とその他の諸国との違いは本当に質的な違いであった。それは当然だった。領土、人口、産業、輸出などさまざまな大国の力が中小諸国の力を何倍も上回っていたため、大国を追う諸国が乗り越えようとする変化に、ヘーゲルの「量から質への転換」という言葉を使うのは全く正しい妥当なことだったからである。

しかし、そう「だった」のだ。そういう質的な違いと言えた時代は、いまや終わりに近づきつつあると思われる。しかもそれは、そのあいだに新たな激変が起こったからである。十三年前、広島と長崎への原爆投下の日に起こったこの激変は、単に新しい激変だったのではない。それは新しい種類の激変、つまり前代未聞の怖ろしい種類の激変であった。それを従来から聞き慣れた「新しい質への転換」と同じ種類に入れるのは間違っている。その種類が新しいものだったと言うのは、それが絶対的なものへの激変だったからである。すなわち、その激変そのものが、われわれに親しみ深い「新しい質への転換」とは完全に別ものであり、質的に全く異なっていたからである。

「絶対的なものへの激変」という新しい言い方で何を言おうとしているのか。

言おうとしているのは、われわれが神に似た状態に達した事実、すなわち「核兵器」[*1]を所有して全能を獲得したという事実である。新たな激変が、強大な力を有する状態から全能を有する状態への激変だからである。

言うまでもなく、われわれの状態は神学的な意味での完全な「神のような状態」ではない。われわれの状態には、創造する全能は明らかに含まれていない。それでも、人類(おそらく地上のあらゆる生命)の存続か死滅かを決める黙示録的な力をわれわれが有するかぎり——これだけでも十分不気味だが——、少なくともネガティヴな意味で「全能」が問題になる。これは——「われわれ」という言葉はあ

※——*Blätter für deutsche und internationale Politik*, August 1958 に発表。

＊1——この言葉はここでは適切な言葉がないために使ったにすぎない。どうして「兵器」がもはや問題ではないかについては、*Die Antiquiertheit des Menschen* 1, S. 247ff.〔『時代おくれの人間・上』青木隆嘉訳、法政大学出版局、一九九四年、二六〇頁以下〕参照。

なたやわたしという個人を意味するのではないから――政治的には、昔はいかに大きくても政治組織の本質にはその力は本質的に限定されていることが含まれていたが、政治組織の力がいまや無限になっているということを意味する。

この事実はさまざまな方向から明らかにすることができる。どういう方向から見ても、奇怪な状況が見えてくる。

奇怪な状況（1）――限りなく（*ad infinitum*）増大した無限。隠喩的な意味では、「無限の力」は昔も存在していた。たとえば植民地戦争には無限の力が見られ、そこでは征服者の力が原住民の武力を何倍も上回っていたため、原住民の武力は（相対的に）無に等しかった。しかし今日問題なのはこういう隠喩的な無限ではない。国家が今日、獲得し所有し得る力は単に個々の敵国に対する関係において最大であるのではなく、つまり相対的に最大であるというのではなく、絶対的に最大のものである。「絶対的に最大のもの」とは以下のことを意味している。

（a）それ以上に大きな力を持つのは考えられないこと。

（b）どんなに大きな力でも、実際には、すでに所有されている力より決して大きくないこと。なぜなら、たとえば四千発[*2]の水素爆弾の所有者は二千発の所有者より多くを持っていることにはならないからである。どの国でも最低限度以上の核兵器を所有しておれば、それだけですでに全能になっているからである。

こういう考え方は分かりにくいとは言えない。しかしこういう考え方には明らかに、難解というのとは種類の違う抵抗がある。とにかく、こういう考え方で押し通すわけにはいかない。それどころか、こういうアナロジーはばかげているが、現代の他の産物の性質と全く同じように、全能も当然高められ「改良され」得るとみなされている、つまり無限なものは当然無限に増大され得るとみなされているのである。現代の全く別種の「現代最高の」産物、つまり(理論的にも実践的にも)全く新しい仕方で扱わねばならない産物に　軽率にも(すなわち単に類推にすぎないことも分からず)、普通の古風な産物の大半に妥当する規則を適用しているわけである。

別の箇所で示したように[*3]、現代人は自分が実際に製造したものの本当の規模や実際の効果を想像することができず、現代の産物を過去のカテゴリーや扱い方で処理できると信じて「時代おくれ」になっており、「製造」と「想像」という二つの能力のあいだの「プロメテウス的落差」が、現代人の本質は現代人の破廉恥な本質喪失となっている。現代人が自分の作った「無限なもの」を無限に増大させようと努力していることは、われわれのテーゼが正しいことを補足的に証明するもの、少なくとも新しい仕方で説明するものである。

奇怪な状況(2)――全能の複数化。「核兵器」を所有して全能を獲得したのは一国だけではない。合衆国が核の独占を失って、全能は他の諸国の特質ともなり、全能は「複数化」された。いろいろな国

＊2――数字は思いつきの数字である。
＊3――l.c. S. 17ff.〔『時代おくれの人間・上』、十八頁以下〕参照。

が最大限の力を持っている以上、これは哲学的には、「最大の力」というものはもはや存在しないことを意味する。最上級は意味を失った。「大きな全能」と「小さな全能」とを区別することができないから、考えてみれば比較級も同様に無意味になってしまっている。全能の所有者には「自分たちが所有しているもの（＝過去数十年間の出来事が示していたもの）が何であったかがまだ分かっていない」から、同盟国同士の競争にしても敵国との競争にしても、ばかげた闘争であるか、少なくともそれに類したものになっている。

奇怪な状況（3）――「全能によって大国に」。（核以外の）あらゆる点で小さくて、比較にならぬほど他国より遙かに小さな国は、この全能を獲得して、列強が持っているのと同じような力を得ようとするかもしれない。現にすでにそうやっている国がある。（フランスだけではないが）フランスの場合を見れば、列強という階層から転落した国は、そういう地位に達することがおそらくもうないのは明らかである。それに対して、核以前の政治目標を今日なお努力目標として掲げている国は、全能状態という回り道を通って実質的に大国の状態になろうとしている、つまり絶対的な大国という回り道を通って相対的な大国に立ち返ろうとしている。こういう回り道は極めてばからしいものに思われるが、本当に奇怪なのは、そういうやり方が広く流布していることだ。すなわち、伝統的手段では伝統的意味での大国の状態に到達できない国が、絶対的な力を獲得できることだ。というのは、絶対的な力を獲得することは完全に技術的な課題であって、こういう課題は今日では産業的・科学的に発展した国であればどういう国でも、明日にも解決できる課題だからである。

「全能によって大国に」なろうとするこういう計画は、たとえばド・ゴールが自分のプログラムにはっきり組み込んだものである。今日ではフランスにとって正しいことが、明日には他のどういう国にとっても安上がりにできるものになり、[*4]この方法が広く試みられるようになるのは明らかである。大国が全能を独占しているのは間違いがなく、「大国＝全能」という等式は今日ではまだ正しい。しかしこの等式を不朽のものにしようとどう試みても、明日にはおそらく、遙かにもっと悪魔的な等式が、つまり従来のものとは逆の等式が支配的になるだろう。明日の等式は「大国はすべて核大国である」ではなく、「どの核保有国も大国である」というものになるだろう。全能の領域に踏み込むのに成功すれば、ある国が大国をステップにして激変したのか、それとも小国をステップにして激変したのかを問題にする者はもういないだろう。なぜなら、全能の状態に達すると、量（quantité）になってしまうか無視できるくらいの質（qualités négligeables）になっていない差はなく、量的な差も質的な差もなくなり、およそ差というものがなくなっているからである。

昔からさまざまな宗教が教えていたことだが、神の全能の前では王と乞食との力の差も大きさの違いも消えてしまうということが、われわれがその所有者となった全能を見れば正しいことになるだろう。全能を手中に収めた者たちの王座を前にすれば、以前なら小さな力のあいだにあった力の差は微小なも

＊4――〔水爆の父として知られる原子物理学者〕エドワード・テラーが最近勝ち誇って伝えたように、財政的観点から見ても「安上がり」だった。今日における進歩の本質は、起こり得る世界崩壊がしだいに安上がりになるところにある。

のになるだろう。「非核保有国（have nots）」はすべて、偶然にも政治的または肉体的な存在は抹消されていないが、余命いくばくもないものとして我慢強く生き続けることになるだろう。

日常語で言い直せば、これは以下のようなことに尽きる。

最も奇怪な例を挙げることになるが——ルクセンブルクのような国が原爆を保有すれば、原爆を保有しないフランスより強くなる。フランスはもう我慢するほかはない。この機会に結集される全能を獲得すれば、どの国も大国になる、しかも他のどの国にも劣らない大国である。なぜなら、絶対的なものにはもう差がないからである。絶対的なものはいつでも、たとえ同じ脅威を手中にして「従わないと……」と全面的に脅迫することができるからである。またたとえあからさまな脅迫でなくても、核保有国は、核を保有しているという事実だけで全面的に脅迫するものとなり、その事実のために脅迫者として振る舞わざるを得ないから、脅迫させられているからである。というのは、今日では、何者であるかは、行動とは無関係に、所有するものしだいだからである。しかし核という全能の「所有」が問題であるところでは、所有そのものがすでにひとつの行動であり、しかもそれだけが現実の行動なのである。世界がどれかの全能による絶滅に対して常に不安に震えているとすれば、核保有国が自分ではいかに礼儀正しいと思っていても、脅迫という事実は存在している。奇怪なことだが、核を保有したからには品行方正ではあり得ないのだ。「核兵器が使われるかもしれない」という非現実話法が、すでに最も怖ろしい現実、最も怖ろしい倫理的現実である。倫理的判断は保有されている物を使用したとき初めて下すべきだという考えは無意味である。なぜなら、この場合には保有していることがまさにすでに使用していること（すなわち脅迫していること）だからである。

奇怪な状況（４）――無力な大国。これまでの記述では、脅迫されたり力を奪われたりするのは「非核保有国」だけのように思われる、これは全く不完全どころか、完全に間違っている。この状況の奇怪さの本質は、脅迫する側も自動的に脅迫される側になるところにあるからだ。すなわち、「保有」が「非保有」より少しも良くなく、おそらくもっと悪い状況になるところにあるからだ。「ミサイル発射台はミサイルの攻撃目標である」、すなわち、全能の道具を持てばたちまち攻撃されやすくなるからである。このことが示しているのは、（他国に対しては脅迫を強化する以上）脅迫する側はすべて間接的に自分自身を脅迫しているということにほかならない。

脅迫する側が脅迫されているこの状況は、もう十分に不安なものになっている。しかし脅迫されている脅迫者が増えるにつれて、もちろん世界全体が脅迫されるようになる。互いに脅迫し合うこの現在のシステムを解体するチャンスがあるとすれば、それは当然、脅迫者の数を可能な限り少なくしておく場合だけである。[*5]

言い換えれば、全能を有する側はすべて、他の保有国を全体的に消滅させ得るだけでなく、他の保有

＊５――これは、つまりボンで起こったように――核実験が初めて中止されるわずか数日前に――「反対」と声を挙げることによってではない。こういうことは世界史的に見ればとても滑稽なことだ。しかし現実には、残念ながら全然滑稽なことではない。なぜなら、（ここに現代の状況が悲劇的である所以があるのだが）滑稽であってもわれわれがその前で声を挙げることができる所轄官庁が、現代には存在しないからである。

国によって消滅させられることもあり得る以上、どの保有国もすべて完全に強力であるだけでなく、完全に無力でもある。この種の無力も昔は存在していなかった。在ったとしても相対的なものでしかなかった。完全な全能が同時に完全な無力であれば、完全な全能というものそのものが奇怪なものであるのは明らかである。

2　核による全体主義

無限と能力という言葉を結びつけて使ってきた。両者を結びつけた「無限の能力」という言葉は聞き慣れたもののように思われる。それも陰鬱なものとして聞き慣れているように思われるが、それは、われわれが慣れきっている全体主義国家を特徴づける言葉、しかももっぱらそれを特徴づける言葉だからである。同じ言葉が二つの異なる事態について使え、しかもそれが的確な言葉であるのは、もちろん偶然ではない。これは、全体主義と核による全能とが対をなしているところにその根拠があるのだ。核による全能は、全体主義国家の内政上の恐怖政治の外交上の片割れであることを、しっかり頭に刻み込んでおかねばならない。実を言うと全体主義は本質的に脅迫的で拡張主義的だが、外交上の活動が内政上の措置と比べるとまだ古風で不完全な形態にとどまっているかぎり、未完成で形態は曖昧である。ヒトラーの全体主義はまだ不完全であった。核を独占すればそのとき初めてナチス国家は絶頂に達したことだろう。すなわち内政と外交とが完全に一致しシンクロして、グローバルな規模の恐怖政治となったことだろう。ヒトラーが当時は科学者を最大限に活用するに至っていなかったこと、あるいは技術を最高に使用し得なかったこと、つまり（イギリスへのロケット発射とともに導入しようと考えていた）作戦上有効な最後の瞬間に、ヒトラーが内政と外交を完全に一致させることに成功できなかったのがどんなに幸運なことだったか。それは言うまでもない。しかし世界史的に見れば、この失敗は偶然であった。その時代全体を見れば、技術と外交上の目標設定との一致を達成できなかったのは問題にならない。ところがその一致は逆にうまくいったし、それが続けられている。しかもあまりにも完璧に続けられているため、これ以上に歴史にマッチした物理学や技術は想像を絶し、これ以上に正確に仕上げられた物理学や技術も全く想像できない。物理学の状況と全体主義的な要求とのあいだに現実に存在している調和以上に完璧なものは、両者のあいだの予定調和というようなものにしてもあり得ないだろう。ヒトラーの場合にはまだ完全に出来上がっていなかったものの、全体主義の求めにいつも応じていた研究の「無邪気さ」は、全く身の毛のよだつほど怖ろしいものだった。〔ドイツの物理学者〕パスクアル・ヨルダンは当時忘れられないほどはっきりと、「物理学的研究の意味や意義は――その創設者や崇拝者は研究それ自体によって評価していたとしても――、権力の技術的・軍事的手段としての役割によって与えられる。これは動かしがたい事実である」[*6]と述べた（強調は原文どおり）。物理学にはその種のプログラム

＊6――*Die Physik und das Geheimnis des Lebens*, Braunschweig 1941.

は必要ではなく、そういうものに対して警戒されてきた。ところが今日われわれの前には全体主義の「第二部」が外交政策という形態で現れている。それは（絶滅の脅威はともかく）いつでも脅かし、いつでも従来の内政的な意味での全体主義に、すなわち内政がいつでも「全体主義的に」なり核による外交政策を採ったも同然の、内政としての全体主義に巻き込むことができるのだ。

外交政策上の恐怖政治と内政上の恐怖政治が密接に結びつくものかとか、外交政策としての恐怖政治が内政上の恐怖政治に先行するのかその逆なのかなどは全体的にはどうでもいい問題であって、われわれは恐怖政治の二つの形態を兄弟分として把握して初めて、現代を全体として理解（そして対抗）することができるのである。この逆のケースはたとえば合衆国で起こりそうになった。〔共産主義者による非米活動を摘発して有名になった〕あのマッカーシーがいち早く推し進めていた内政上の全体主義的風潮の大部分は、当時のアメリカによる核独占の結果だったからである。そういう独占がなければ、その全体主義的風潮があれほど荒れ狂うチャンスもなく、あれほどの勢いにもならなかっただろう。

3　政治的なものの終焉

もちろん政治的な「全能」は、政治的な事実よりも遙かに広範囲に及ぶ。そもそも「単に政治的なもの」という事実があったかどうかは、結論を留保しておこう。とにかく今日では「単に政治的なもの」

は存在しない。そして「限界なき時代」である今日では、「完全に政治的なもの」どころか「完全に戦術的なもの」として事実を扱い得るという信念、つまり他の領域からきっぱりと区別されるいわゆる「政治的なもの」という専門領域の枠内で事実を論じ得るという信念は、愚かであるだけでなく、その信念にこそまさに現代の愚かさが明らかに示されている。この現代の愚かさは、知性の欠陥を表しているのではなく——もっと重大なことなのだが——想像力の欠陥という完全な欠陥を、つまり性格上の欠陥を表している。——現代政治の最有力者たちが、こういう欠陥を大っぴらに示し、愚かなことにその欠陥を見せびらかすことに威信をかけているのは、おそらくかれらが（われわれの言う特殊な意味で）あまりにも「限界がなく」、自分が限りなくやっている範囲も、その結果も想像できないからであろう。愚かさの程度は常に結果を予測できない程度に比例する。今日予測されていない結果には、すでに述べたように限りがない。

言い換えれば、われわれないしわれわれの国家が所有するようになったこの限界のない権力の本質には、権力が「政治」という専門領域の枠を突き破るということが含まれている。核分裂という事実は原子を粉砕するだけでなく、専門領域の壁も粉砕する。「全能」である核という怪物の使用に関する対策が存在しないばかりか、自動的に政治を超えてしまわない核の脅威というものも存在しない。これは、権力による対策はすべて幾分か「不作法である」（つまり川が河床から溢れるように他の領域にまで溢れだす）ことを意味しているのではない。これは別の領域へ、しかもあらゆる別の領域へ侵入するのが権力による対策の本質だということ、権力による対策が引き起こす結果は至る所に及び、「存在か非存在か」も含むあらゆるものを決定することを意味している。したがって（神学的な領域に地獄的なものを付け加えることが許されれば）、神学的な領域へ移らずに核という怪物に関わる方策は存在しないと言ってもいいだろう。神学的な領域へ飛び移るのだ。なぜなら、人類に起こり得る絶滅は、（絶滅を分類できるとすれば）黙示録的な作用として、つまり神学的なアナロジーを使ってしか分類できないからである。神学的にしか分類できない出来事として人類の絶滅は、昔は素朴に「政治的手段」と呼ばれていたものとは無論もはや無関係である。

この問題を「完全に戦術的なもの」とみなす現代の扱い方ほどばかげたものはない。無限なもの、あるいは無限なものによる脅威を、小手先の対策や当面の目的に使おうとする考え方、核の状況そのものがまさに政治的・戦術的に交渉し解決するための駒を慎重に打つべきゲーム盤であるにもかかわらず、その状況そのものを政治というゲーム盤上の駒として動かせると考える態度——こういう類いの議論や行動がほとんど至る所で目立ち、核武装の代弁者は徹底的にこれに支配されているわけで、これは知性が驚くほど劣化した証拠であるだけでなく、全く腹に据えかねることだ。なぜなら、無限なものを有限な目的のために投入できるという考え方は、根本的には知性の欠陥ではなく倫理的な欠陥だからである。無限の道具があるという意識よりもっと怖ろしいものは、そういう道具について語るだけでなく、そういう道具の存在や使用を決定しようとする者が愚かで凡庸だと思わざるを得ないことである。つまりわれわれが凡庸な輩の手中にあり、その連中が神にとって代わっていると思わざるを得ないことだ。

道具を自由に使える者が凡庸である以上、原爆所有者は自分が握っている脅威の大きさに自動的に震え上がるだろうという、よく耳にする期待は全く間違っている。権力を心理学的に考えれば、こういう期待はおめでたすぎる。本当はこの正反対なのだ。それは、どういう武器でも持っているだけで「発砲したくなる（trigger happy）」からだけではない。（これまで言われたことはないが）はっきり言えば、そういう言い方で安心させようとしても、その正反対のことを言ったことになるという法則がある。この法則は「力が増大すれば抑制がきかなくなる」と言い表すことができるだろう。すなわち、手中にしている力が大きくなるにつれて、力を使うのを抑制できなくなるのだ。この法則の根源はすでに述べた「プロメテウス的落差」という事実にある。つまりその根源は、われわれが「想像する者」としては、自分自身が作って「作動させる」ことのできるものに太刀打ちできないことにある。言い換えれば、効果が大きくなるにつれて想像できなくなり、たとえば、一人を殺すより百人を殺害するほうが抵抗が少ないということに、この法則の根源があるわけだ。

しかしこう考えただけでは不十分だ。これではまだあまりにも楽観的だ。第一に、原爆はすでに投下されたからである。これが忘れられがちだ。第二に、そういう道具の所有者が従来の見方では悪いと言えない担当部局や人物が想定されるからである。こういう想定がいつでもなされ得ることに対しては、もちろん反論は全然出ない。それよりもむしろ、明白な犯罪者がいつかどこかで「核兵器」を意のままにし、〔歴史に名を残すためにアルテミス神殿を焼いた〕ヘロストラトスのように誘惑に逆らいきれないことは、当然にも十分起こり得る。理性をあてにすることほど非理性的なことはない。

4　われわれが全能なのは、われわれが無力だからである

われわれが成し遂げた怖ろしい「激変」について繰り返し述べてきた。問うてきたのは、「激変」が問題ではないかということだけである。われわれがいま直接出遭って大いに驚いている状況は、われわれ自身が激変したから起こったのではないか。おそらく、技術の自動的な進歩こそ、われわれを新しい状態に投げ込んで激変させた元凶だとみなすのも、それに劣らず正しいかもしれない。いかにプロメテウス的であろうと、われわれはまさに惨めであって、ブレーキのきかない盲目のプロメテウス的存在だからである。自分のしていることを見ることができず、自分が好きこのんでやっていることを止められないプロメテウス的存在だからだ。これはわれわれは強力であるにもかかわらず無力であるという――すでに時代おくれになっている――「魔法使いの弟子」の真実を繰り返しているのではなく、逆に、われわれが全能であるのは、われわれが（自分の作った自動機関と比べると）無力だからである。われわれには、自動機関を制御するのに不十分な力しかないからである。

こういう考え方に注意していただきたい。それこそまさに「核の神学」と名づけたものの基本的定式だからである。したがって繰り返して言っておく。われわれの全能の根源、つまりわれわれの「神のごとき状態」の根源はわれわれの無力である。

もちろんこの命題が慰めになるわけではない。われわれの破局は、破局に陥ったのは偶然だというこ

とでどうかなるものではない。——ましてや、この命題を良心をいだくための薬に使う過ちを犯してはならない。われわれは（少なくとも数百万人は）、（飛び込んだか押し出されてか）新しい状態に達したときその状態を歓迎した、しかも自発的にその状態に飛び込んで途方もない大声で歓迎の意を表明しただけに、そういう過ちを犯してはならない。その状態が始まったのは、不必要だった（「一九四五年六月十一日にシカゴ大学の七人の科学者による『政治的・社会的問題に関する委員会報告』（Report of the Committee on Political and Social Problems）である」フランクレポート参照）ばかりか、宗教的に祝福され国民の誇りともされた原爆投下だったのだから、倫理的には、それは単に魔法使いの弟子のように偶々やった始まりではなく、意図的に始められたと判定されねばならない。

倫理的に最も論外なのは無論、「罪を負おうともせず」、技術というよりむしろ科学者だけに罪をなすりつけようとする連中だが、かれらは罪を認めようとせずに所有することを望み、喜び勇んで信心深げに、綺麗に洗った手を差し伸べている連中である。周知の通り、良心に駆られて核武装に対して警告した物理学者たちに、次のように述べたヨーロッパの国家元首がいる。「諸君、ああいう奇妙な物を一体誰が作ったのかね。わたしかもしれない。しかし人々がああいう物を持ちたがっている以上、諸君も嘆くのは止めていただきたい。ついでに言うと、諸君には罪を認める理由はただのひとつもない。いま問題になっている〈持つ〉か〈持たない〉かは、明らかに政治の専門領域に属する事柄であって、わたしが科学に属する事柄を探究したり科学に属する事柄について何かを理解する必要がないように、諸君はそういう事柄を探究する必要もなければ理解する必要もない。それぞれに自分のやるべきことをやるべきだ」。――私生活でこれと同じようなことを言ったら、疑いなく倫理的信用を失ってしまうだろう。

III 今日における責任について（一九五九年※）

無責任なものであるのが分かったらその仕事から手を引けば、倫理的に必要なことは果たされたということになるわけではない。たとえば研究を拒否することは必要だが、それは第一歩であり、求められている倫理的行為の始まりにすぎない。自分の手を汚さずにおれば、それで目標は達成されると考えるのは決して許されることではない。手を汚さないことが最高の善あるいは最終の目標だと考えるのも許されることではない。殺人の共犯となるのを拒んでも、それだけで殺人を阻止したことにはならない。自分の背後で同僚が少しも良心の疚しさを覚えずに、すなわち無責任に、自分の代わりに「汚い」核兵器か「きれいな」核兵器の製造に携わっていることを、手を洗っているときか手を洗った後で知れば、自分は手を汚さなかったという満足にもいくらかの陰りが出るはずだ。同僚のことを知ったからには、自分の手は汚れていないと喜んでおれなくなる。重要なことは、非難の余地のない自分の状態を確保することではない――まして や、自分が非難されるいわれはないと強調するのでは、それは逆に極めて非難すべきことだ。重要なのは――無数の人々の生命を確保することである。

1

ちょうど半年前、わたしは別の集会に出ました。集会は講堂ではなく、七月の太陽が容赦なく照りつける広場で開かれました。聴衆が座っていたのは長椅子ではありませんでした。舗道の石に座っていたのです。わたしの語る言葉もドイツ語ではなくて、同時通訳のためにあらかじめなるべく簡単にした英語でした。集会が開かれたのが京都でしたし、わたしが語りかける相手は、広島から東京へ向かう平和行進の途中で京都を通過している数千の人々だったからです。

そういうわけで、わたしは「極東」から来たと言えるかもしれませんが、そうではありません。わたしはあそこからやって来たのです。その場所はもはや「極東＝遠い東洋」ではないからです。「遠い東洋」はもう存在しません。「遠方」というものがもうなくなっているからです。

今日の状況全体が、そして今日倫理的に求められているもののすべてが、この短い文章の中に圧縮して含まれています。その集会もこの集会も隣人同士の集まりですから、ここで語るわたしの言葉も、あそこで語ったものと本質的に違いのないものです。

こう言っても無論、ここでの反応もあそこでの反応と似たものになるという意味ではありません。あそこに座っていた人々にとって、原子力時代はすでに「経験」になっていたからです。それに対してここでは、原子力時代は依然として、よく言われるように「問題〔Problem＝投げかけられているもの〕」だからです。

あそこでわたしは「原子力時代を経験する」とはどういうことかを経験し、しっかり心に刻みました。なんと言っても、生き残った人々の物語、あの（不幸が恥であるかのように）はにかみ恥ずかしげに語られる報告を聞いたら、ヨーロッパに戻るときには別人のようになっているものです。そういうわけでわたしの言葉が、この講堂で皆さんがいつも聞いている言葉よりも、辛辣で憤激に満ちていても驚かないでください。実を言うと、辛辣なのは苦しんだからです。憤激に満ちているのは、――あそこの人々とここの人々を「わたしたち」と言えば――わたしたちは絶滅の危険をなくしてしまうまで休むまいという決意の共鳴にほかなりません。

皆さんは「科学者の責任」について語ることを期待なさっています。

責任を引き受けること、すなわち今日ではとりわけ警告することは、科学者にとってふさわしいかどうか、ふさわしいとすれば、科学者はどこまで警告者として振る舞うことが許されているだろうか、と日本の友人たちに尋ねたら――かれらは聞き間違いではないかと思ったことでしょう。こういう問い方はもう許されないからです。この問いを問題として認め、問題として論じようとすれば、わたしたちはもうすでに妥協して、半ば敗れた者であるかのように振る舞っていることになります。こういう問い方

※――核武装反対の学生会議での講演、一九五九年一月。

をする場合、共同して責任を担うことを許されていると思うのは、あつかましいことかもしれないし、共同して責任を担うことは「許されていて当然のこと」ではないかもしれない、つまりそういう問い方をする場合には、わたしたちに良心に従う権利があるかどうかを問題にしているからです。

良心に従う権利があると信じている人なら、「とんでもない。あなたには良心に従う権利が十分あるのは分かりきったことですよ。そういう権利をあなたから切り離すわけには参りません。もっとも、当然のことですが、これはあなたには政治に参加する権利が問題なくあるという意味ではないのですが」と言うことでしょう。

しかし、〔良心に従う〕権利が〔政治参加という〕別の権利でもあるわけではないというのは、本当に当然のことなのでしょうか。その逆の〔「別の権利でもある」という〕ほうが、全く不自然なものとされているように思われます。そういう扱い方がなされているのは確かです。こういう〔権利を〕区別するやり方や区別したうえで折衷するようなやり方は、非常に疑わしいものに思われます。なんと言っても良心は、昼間の仕事を終えて夕方わが家で感じる楽しいとか素晴らしいという感情ではなく、倫理的には善悪いずれでもない感情であるわけではありません。行動と切り離せば、良心は何ものでもないのです。良心が良心であり得るのは、何をなすべきか、何をしてはならないかを良心が告げる場合だけです。「行動抜きの良心」しか認められない場合には、つまり、自分の声を聞く自由は認められても良心に従う自由は認められない場合には、その譲歩は寛容のふりをした欺瞞にほかなりません。その場合には、良心があると主張する権利は奪い去られているのです。

ところが本当に良心的な人物の良心には扱いにくい性質があって、良心に従って守っている職場にとどまることができず、声を挙げずにおれないのです。すなわち良心は全く沈黙しているか、声を挙げて政治に参加するかのどちらかなのです。この「政治参加」という言葉を堂々と使いましょう。この言葉を使うのをためらうのは、職場と政治参加を切り離すことが究極の知恵であり究極の美徳だと思っている人だけです。

しかしそう思っていていいのでしょうか。自分の生きている国がデモクラシーの国であれば、それはあなたが誰であろうと、つまり靴屋であろうと医者であろうと坑夫であろうと工場長だろうと工員であろうと学生だろうと、あなたの職場と関係のない決定に参加する権利を、国家が保証しているからです。自分に振り当てられた分野に関する市民としての良心を、自分の職業や職場だけに限定すれば、強制収容所でも示せたし、その点では評価されもした几帳面さを良心と取り違えることになります。前もって確認しておきましょう。「良心的に」引かれた〔良心の〕活動を区別する境界の存在やその限度が、倫理の原理に基づいて決められると想定する理由がない以上、良心の重要な役割は良心の境界を無視するところにこそあるのです。これは誰にでも当てはまることです。ある部局だけが独占するとされている行動や決定が、無限な結果をもたらし、すべての人々の運命を左右するような結果をもたらす場合には特にそうです。このことは科学者だけでなく誰にでも当てはまることですから、科学者の責任も特殊な哲学的問題だとは考えていません。「特定の資格」が問題にならないのは、わたしたちの良心の声は科学者でない人々の良心と変わらないからです。わたしたちの良心には、アカデミックな肩書きなどついていないはずです。

科学者が良心に従うときには、実際に困難に——途方もなく大きな困難に——直面することが予想されるのは言うまでもありません。わたしが心配しているのは、そういう危険を冒すことが倫理に反するとしてタブー視されることです。倫理という言葉ほど、退廃的なものを倫理的なものに対置させがちなものはないからです。そして極端な可能性としてわたしが怖れているのは、恐怖政治の時代から知られている状況が再び起こること、すなわち科学者が倫理的に行動することを肉体的に不可能にされることです。

しかし無論、科学者のための特殊な倫理を拒絶すれば、科学者が今日直面している問題が片づくという意味ではありません。むしろ科学者の状況は全く新しいものであって、そのためその状況を極めて明確に特徴づける必要があるほどです。これはすでに起こったことですが、倫理的集団として良心の叫びをしっかり聴いて、それを伝えたのが、ほかならぬ自然科学者であったという事実は、一般の人々にとって驚くべきことでした。気分を害した人々もいました。なんと言ってもわたしたちは、自然科学の研究の底には「善悪の彼岸」にある哲学が存在しているという見方に慣れてしまっていたのです。自然科学の哲学ではしばしば、自然には目的はなく「価値」もないと随分はっきり述べられ、厳密な一元論では「当為」は存在しないとされていました。わたしたちはそれに慣れきって、そうに違いないと思い込み、そういう哲学をうまく使っていたのです。ところが、善悪の彼岸で研究している人々をもう一度活用できると思っていたところが、突然その人々が頑として言うことを聞かないのです。かれらはわたしたちがすっかり頼りにしていた倫理的中立性に対して「謀反」を起こしたのです。

しかし結局、価値中立性から一元論への転換は、それほど奇妙なものではありません。自然科学的研究は非実用的であって、倫理的に中立だとされていたからこそ、自然科学の研究が意外にも、他のどういう学問よりも、あらゆる権力によってその目的のために使われ、悪用されることになったのです。研究の非実用性（ないし研究分野である「自然」の「価値中立性」）と、研究の方法や成果が実用（特に軍事用）に生かされる事実上の目的とのあいだの裂け目が、非常に大きくなった（精神科学的研究とその応用とのあいだの裂け目以上に大きくなった）からこそ、状況は切迫したものにならざるを得なかったのです。そのために倫理的な衝撃が走るのは避けられないことでした。正直な科学者は「非実用性」という原則をもう維持できないこと、中立性の原則の強調は科学者の研究から利益を受けている者にとって大きな贈り物であったこと、そしてそういう原則が科学者自身にとっては単なるアリバイになるおそれがあることを認めざるを得ないようになりました。要するに、正直な科学者には、自分たちがいかに搾取できるものであったか、そしていかに有効に搾取されていたかが分かったのです。

「搾取できる」という歴史的には面倒な言葉は、決してメタファーとして使っているわけではありません。今日搾取されているのは、実際に自然科学者なのです。この人々が搾取される労働者と比べて、ひどく恵まれた稼ぎ手であることが事実であっても、それは搾取されているという言い方に少しも反するものではありません。いかに厚遇されているとしても――かれらは仕事が終わっても自分のものにならない仕事をやっていますし、科学的な所有を諦めていることこそ、かれらが厚遇されるのに決定的な役割を果たしているものなのです。

十九世紀の社会批判にとっては、産業労働者は製品の世界を作りだす生産手段を持たない者であることを明らかにすることが、義務となっていたのに対して、搾取過程での役割を取り替えて、自然科学者を現代の生産過程における主要な犠牲者となっているのを明らかにすること、これが現代のわたしたちにとっての義務なのです。

「科学者としては、研究者は政治に参加する権利はない」とよく言われます。この「として」がキーコンセプトなのです。わたしたちは立ち止まって、それを検討しなければなりません。

半年前にわたしはひとりの日本人とひとりのヨーロッパの友人と一緒に、かつては極東最大のカトリック教会だった長崎の大聖堂の廃墟を見ました。瓦礫があったその場所にはもう瓦礫はなく、その廃墟にはなくなっていました。廃墟ももうなくなっていたからです。そこはすでに半ば博物館と化し、その犯行現場は公園になってしまっていました。日本人は無表情にこう言いました。「あなたたちが教会を持ってきて、それを破壊したのです (You brought it and you destroyed it.)」。「それ」と言ったのが、廃墟と化した教会の建物だけを指しているのかどうかははっきりしませんでした。とにかくかれはこう続けました。「もちろんわたしたちの中には、あなたたちを信ずべきだと言う人もいます」。その日本人の堅苦しい言い方で言った「人もいます」という言葉は、「人々が沢山います」という意味でした。——わたしは黙っていました。しかしわたしの横にいた人は顔を赤らめました。今日の状況では、「すること」

と「恥じること」とが分かれるということも起こるのです。一方の人々が行為を行い、別の人々がそれを恥じるというわけです。――要するに、わたしの友人はその行為に心を痛めていた仲間の代わりに顔を赤らめたのですが、かれは返事しようとしました。かれはためらいながら「原爆投下を決定した人々や原爆を投下した人々がその行為を、クリスチャンとして行ったのでないのは確かです」。――この言葉に対してその日本人は（日本ではそれだけでもう極めて不作法な態度なのですが）はっきり首を振って答えました。かれは高い声ではなかったのですが、確信を持ってこう言いました。「〈として〉と言われても、大した違いはないと思います。今日ではそういう区別を正当化する理由はありません。わたしたちが投げ込まれた状況は、一方の人々は隣人愛の仕事を引き受け、その人々の従業員であるもう一方の人々は、大量殺戮という非キリスト教的な仕事を引き受けることができるようなものではありませんし。――わたしの友人は力なくこう反論しました。「わたしもそういうつもりではなかったのですが」。――日本人はこう言い直しました。「それは分かっていますが、そういう区別について言えることは、そのまま時間を区分することについても言えます。時間配分も正当化することはほとんどできません」。友人は「それはどういう意味ですか」と尋ねました。「たとえば、午前九時にはクリスチャンとして隣人愛の態度をとり、数時間の間をおいて、そのあいだにこの長崎でのように犯行をやり、――午後二時か三時には――隣人愛の続きを新たに引き受けることを許した時間配分を正当化するものはありません」。わたしたちは黙っていました。その日本人は我慢づよく説明しました。「原爆投下は、死の前のキリスト教徒らしさと死の後のキリスト教徒らしさとのあいだに中休みがあっても、それで赦されるわけではありません。そのとき恥辱はクリスチャンがキリスト教徒であることを中断したところにあるのです。本当のことを言いますと逆に、犯人たちがその犯行の前と後での生き生きとしたキリスト教徒らしさが、その中休みのあいだの犯行のために信憑性を失ったところにあるのです」。わたしたちは恥じ入って認めました。日本人は続けてこう言いました。「しかし、それだけではないのです。あなたは、アメリカ人たちはクリスチャン「として」あの犯行を行ったわけではないと言われました。この「として」をそれほど重視されるのであれば、爆撃された二十万人はいったい何者として死んだのかと問うべきだし、そう問わなければならないでしょう」。――わたしたちは頷きました。――「クリスチャンとしてだったのでしょうか」。わたしたちは答えませんでした。「それとも敵としてだったのでしょうか」。――わたしたちは黙ったままでした。――「本当に一体、何者としてだったのでしょう。日本はもう敗れて、降伏する用意があることを通告していたのですから、かれらはもう敵ではなかったのです。兵士としてだったのでしょうか。しかし軍人と一般市民とのあいだの区別はとっくになくなっていました。とにかく死者の大半が一般市民でした。――もっとも、あなた方の巨大な兵器に対しては軍人も一般市民と同じように抵抗できなかった、つまり無条件に無防備だったのですから、わたしたちは安心して軍人も一般市民に数え入れることができます。しかしそれはやめておきましょう。もっともこれは、あなたたちはスターリンに対する脅迫材料として、すなわち大量殺戮という芝居を使って、スターリンとかれの部下たちに何を覚悟しておかねばならないかを知らせるために、二十万人を殺したという解釈は別にすればの話ですが。しかしこの「として」のことは無論、死者たちは知るよしもなかったし、死者たちは何かとして死んだのではなく、ただ殺されただけなのです。――本当に、あなたたちの素晴らしい「として」は、広島上空での最初の核爆発とともに爆破されたのです」。――わたしたちは頷きました。――日本人は微笑しながら言いました。「その点では意見が一致したのは嬉しいことです。もうひとつ最後に一言付け加えてもいいでしょうか」。――「どうぞ」。――かれはまとめてこう言いました。「危害を加えられる人々が（軍人としてか一般市民として、あるいは神道信者としてかクリスチャンとして、また社会主義者としてか非政治的人間としてというように、何者として生きてきたにせよ）「として」とは全然無関係に死亡したとすると、犯人たちも（正しく言えば、自分の行為を止めることも阻止することもできた者たちも）同じように、「として」を手放さざるを得ません。お願いしておきますが、起こったことや起こったかもしれないことについて、決して物理学者とか代議士とか軍事専門家とか文化財保護者として意見を述べるのはやめて下さい。――どういう「として」も原爆投下によって、少なくとも長崎への原爆投下によって、信用をなくしてしまったのです。どういう「として」も不適切なものになったのです」。

わたしたちは頷きました。

日本人はこう言って話し終えました。「広島と長崎への攻撃だけが、白人の名誉をわたしたちのところで傷つけたわけでないのは、間違いのないことです。起こった事柄や起こったかもしれない事柄についてのその後の語り方も他人の名誉も傷つけたわけです。今日の語り方もそうです。今後の語り方も同じです」。

以上が日本人の話でした。恥ずかしいことですが、かれの言葉を皆さんにお伝えしておきます。

規則。行為や仕事の効果が人間の「として」を壊してしまえば、それによって、救いを求めて自分自身の「として」を頼りにしたり、そこへ戻ったりする権利は失われてしまいます。わたしたちが「わたしたち」ではなくて（公務員とか産業従業員とか大学職員）「としてのわたしたち」が破壊したという理由で、自分たちがもたらした破壊に無関心のままであれば、そういう態度こそ偽善か愚昧である証拠です。多くの場合、そのいずれでもあります。

「ペンタプルの浴場見張人の物語」というインドの古い物語があります。それは次のような物語です。流れ込む浴場の水を止めることができなかったので、ペンタプルの高官の浴場見張人が驚いて、カーペットに横たわっていた高官夫人に知らせました。見張人は夫人のかけがえのない宝物が心配でたまらなかったからです。かれはまもなくドアの隙間から水が入ってきますよと叫びました。ところが夫人はこう叫び返したのです。「最初は話をして聞かせ、今度は図々しくわたしのことに口出しをするなんて。一体お前さんは何者として叫んでいるのよ。お前さんは見張人なの。浴場のことだけやってればいい。それを忘れないでね」。

この物語は読者に「として」のばかばかしさを教えようとしていると言おうが、「結果に境界はない」ことを明らかにしようとしていると言おうが、同じことになります。

実を言うと、この「結果に境界はない」という命題は倫理の基本原則のひとつなのです。いや、それが倫理を必要とする事実のひとつに関わるものであって、そうである以上、それはひとつの原則にとどまるものではありません。

というのは、わたしたちは社会や職業や科学などの各領域のあいだに境界を設けていましたが、活動の結果はそういう境界とは無関係で、その点では皆、平等でもあるからです。行為が大事なものになるにつれて、完全にそうなっていきます。正確に言いますと、行為の結果が専門領域を超えて、別の領域にまで及ぶ行為だけが「重要な」行為なのです。その場合、このことは責任者にとっては、責任を果たすためには、自分の専門領域を飛び越えて、自分の行為や仕事の結果を見守り続ける義務があることを意味します。つまり職場のいわゆる境界のため足止めを食ったら、退廃的とは言わないまでも倫理的にはミスリーディングなものとして、それを拒絶しなければならないことを意味します。それこそが責任の課題にほかならないのです。それこそ、活動を区別する誤りを正すことだからです。——逆に「責任は活動の境界を守らねばならない」という命題が正しいのは、(蟻の国や全体主義国家のように) 境界が天与のものとか倫理的事実だと想定される場合だけです。

カントが書いているように、どういう行為も行為が完成した瞬間に、因果性が支配する「現象」の国に入ります。そのときにはどういう行為も、何らかの意図で発射された人工衛星のように、飛んでいって小さな天体となるとともに「自然」へ変わってしまいます。責任を自覚すればするほど人は、この事実を妨げるわけではないものの――妨げるのは不可能です――、事実が実現するのを妨げ、事実になるのを遅らせ、つまり行為の結果がなるべく進まないようにするものです。すなわち、行為の結果が因果性の自然領域に入ってもそこで止めようとか、因果性の働きをできるだけ抑えようとか、「勝手に（つまりわたしたちの自由とは無関係に）現れる」結果に用心し仲間にも用心させ、または行為が予測不可能で抑えようがなく、想像もできず取り返しようもない結果をもたらすかもしれない行為、あるいはそういう結果をもたらす行為を阻止しようとするものです。

原因を究明しようとする自然科学者が無限に遡っていかねばならないのと同じように、責任を果たそうとする者は、未来へ向かって限りなく進まなければなりません。自然科学者は結果から出発してその原因を源泉へ向かって追跡していきますが、それに対して、責任を担う者は自分自身を源泉としてその行方を最終結果へ向かって追っていくのです。

ところで、現実の最終結果を想像することはカント的な意味での単なる「理念」であって、そういうことは十分に責任を自覚している者には不可能なことです。幸いにもそれは不可能だと言うべきかもしれません。良心の呵責が無限に続けば、気力が全然なくなってしまうからです。原子力時代が始まる前には自分の行為の行方を無限に追っていくことは、たいていの場合余分なことでした。なぜなら、行為の結果は意識の閾を超えることがなく、明後日には雲散霧消していたからです。

今日の状況はそれとは異なります。無限なものが、いわば場所を変えたのです。わたしたちの結果が与える結果に、果てしなく広がっていくのを許すだけの時間の広がりが、もう無限ではなくなっています。――そういう時間の広がりはいまや有限なものになっているのです。しかしそうなっているのは、わたしたちの行為の直接的結果が無限大になっているからにほかならないのです。わたしたちが少なくともネガティヴな意味で全能になったために、一挙に引き起こすことのできる「人類の終焉」が無限大のものだからです。（人類の終焉が無限なまだ人間的な時間の中でどういう二次的、三次的な影響を与えるかは、わたしたちの誰にも関わりのない無用な問いです）。こういう「無限なものの移動」にはわたしたちの責任にとって明らかに重大な意味があります。わたしたちの作ったものの力、そしてわたしたちが作りだすか解き放つことのできるエネルギーが無限であれば、わたしたちの責任も無限なものになります。

規則。わたしたちの責任は、行為や中断や仕事の直接・間接の結果と同じ範囲に及びます。とにかくわたしたちの責任は、非常に広い範囲に及ぶもの、つまりわたしたちが引き起こした重大な事柄を引き受けようとするものでなければなりません。境界を超える（しかも国々のあいだの地理上の境界や、現在と未来のあいだの時間的な境界だけでなく、存在と非存在とのあいだの境界を超える）ことができるというのが、わたしたちの行う行為の本質に属するのであれば、わたしたちはそういう飛び越える力に倫理的に「応じ」ようとしなければなりません。すなわち、その飛躍が達するところまで飛躍しようとしなければなりません。この規則を最大限に縮約すれば、きみの行為の結果が及ぶ限りどこまでも倫理的であれ、ということになります。行為の結果から逃げださないようにせよということです。

これを「能力を超えたこと」として非難する者は「視野が狭い」のです。しかも普通の「視野が狭い」という言葉の意味より遙かに広い意味でそうなのです。というのは、ここで言っているのは単に知的な視野の狭さのことだけではなくて、日常的な想像の限界を超える力の欠如と、その限界を超えなければならないことを認める意志の欠如のことだからです。それは倫理的な視野の狭さです。

「視野の狭さ」という概念を使うことによって、わたしたちは特殊な劣化、つまり今日の「悪（malum）」を問題にしているのです。今日における責任の問題を理解しようとすれば、この「悪」を突き止めなければなりません。

今日の「悪」は、ヨーロッパの伝統すなわちキリスト教的伝統において「悪」とみなされてきたものとは本質的に異なっています。今日では人間を信頼できないとすれば、それは人間の原罪のためではなくて、新たに付け加わった不十分さ、最近になって加わった不十分さのためなのです。

まずネガティヴな言い方をすれば、現代の戦争のせいだとみなされる倫理的に好ましくない状態は、人間が「肉（sarx）」であることによって説明されるものではありません。今日問題となっている落差は、「肉」と「霊」との落差とか「傾向性」と「義務」との落差ではないのです。むしろ製造する者である人間と製造に精通した人間との落差なのです。わたしたちを倫理的に好ましくないものにしているのは、行為し活動する者であるわたしたちが自分の作品、自分が製造したものに後れをとっていることです。

すなわちわたしたちが自分のやったことが何事であり、しかもわたしたち自身がそれをやったという事実、そしてそれが現にあるという事実のうちに、それが何事であるかは示されているのが分からないことなのです。わたしたちの現代の「自分が何をやっているか分からない」ことこそ、わたしたちの現代の「悪(*malum*)」なのです。

裂け目は霊と肉とのあいだではなく、産物と精神とのあいだにあるのです。たとえば、原爆を造ることはできます。しかし自分が造ったものの保有者となったわたしたちは何者なのか、わたしたちはその保有者として何をなし得たか、そしてすでに(広島と長崎で)何をし、日々わたしたちの核実験によって何をしているのか、そして原爆保有者としてどう行動しなければならないのか、こういうことをわたしたちは想像することができないように思われます。

こういう食い違いはわたしたちの歴史に見られるものであって、倫理学の歴史でも最初に認められたものです。ところが、これまで「悪」を常に少なくとも説明してきた「自然」(「感性」や「欲望(cupiditas)」)という要素が、ここでは抜け落ちているのです。精神と対立する積極的な「欲望」が、わたしたちを倫理的に好ましくない状態に追い込んだ、あるいは追い込んでいるものであるわけではありません。逆です。役に立たなくなっているのはわたしたちの想像力ですから、「弱点」として明らかになっているのはまさにわたしたちの「精神」のほうなのです。

おそらく世界史において、悪が(愚かさとは言いませんが)視野の狭さだけから現れてきた時代、悪と視野の狭さが現代のように不可分のものとなった時代が現れたことは、一度もありませんでした。

以上述べたことは無論、遠慮ない言い方をすれば、現代の政治家が過去の先輩よりも視野が狭くなっているという意味ではありません。しかし、先輩だけで現代の政治家を評価することはできないのであって、残念なことに、現代における政治家の課題、すなわち政治家が今日直面している法外な課題によってしか評価できません。今日の政治家が想像すべきものによって、あるいは想像されるものに基づいてなすべき事柄の重大さ、あるいはやめるべき事柄の重大さによって評価すると、かれらは、かつての政治家たちが自分の課題に立ち向かい得たのに比べて、遙かに愚かであるのは事実であります。「哀れな者たち」と言うとき、わたしは皮肉を込めて言っているのではありません。というのも課題は、これの哀れな者たちの頭を現実に超えているからです。昔の将軍や昔の秘書官や市長に、起こり得るアポカリプスに対応する想像力を発揮するように求めるのは、つまりかれらの想像を無限に拡張するように求めるのは過大な要求です。しかしまさにその過大な要求にこそ現代の倫理的要求の本質があり、それが現代における最低の要求となっています。というのは、現代世界の運命を左右する者たちがこの要求に応えなければ（そしてかれらはこれまで、まだ覚悟ができていないのでそういう要求に応えていませんが）、それはわたしたちすべての終わりをもたらすかもしれないので、かれらが応えていないことこそ、かれらの「堕落」だからです。

次のように言っても十分正しいのですが、（「わたしたち人間が」という意味で）わたしたちが陥っている「倫理的な」（または退廃的な）状況は、近代の倫理学で考えられていたものより宗教によって考えられていたものと共通するところが多いのです。その理由は、現代における生産崇拝が偶像崇拝に似ているからではなくて、わたしたちが（原罪（peccatum originale）を引き継いでいるかのように）悪にまみれ、特定の悪事を犯さない場合でも善人ではあり得ないからであり、わたしたちが陥った在り方そのものがそれだけで悪いものだからです。それでも政府高官や国防長官や代議士は、隣の人や孫たちと一緒にまだ愛想よく親しげに遊んでいるかもしれませんが、――かれらの愛想のよさは物の数でなく（qualité négligeable）、かれらの親しさも役立ちません。というのは、今日では現実的な行動と見られる唯一の行動の本質は、わたしたちが製作者としては（あるいは発明品の搾取者としては）「主人」であっても、それ以外はそうでない世界を成り行きに任せる（つまりその世界を頼りにし世界を当てにする）という事実のうちにあるからです。アウグスティヌスでは「異教徒の美徳はこの上もない悪習である」と言われています。これはわたしたちすべてに当てはまること、とりわけそうした政府高官に当てはまることです。技術世界の外部で戯れ、楽しんでいる美徳も悪習ではないとしても、状況の単なる装飾や縁飾りであり、それはわたしたちと他の人々を重要な事柄から遠ざける添え物にすぎません。技術世界の外部で何者であろうが何をしようが、こういう世界に、すなわち核に脅かされている世界に生きているだけで、わたしたちは倫理的に悪しきものであるからです。

現代問題になっている独特の「悪」を徹底的に明らかにするには、現代求められているものを、わたしたちにごく近い時代の要請を表現していたドイツ観念論と対比するのが有益でしょう。その際にわたしがカントでも今日では十分ではないという結論に達しても、それはカントの時代から進んできた生産様式や成果の種類の革命が物凄いものだったため、カントが前提としていたものがそれと共に消え失せたことの証明にすぎません。

カントは――その当時としては確かに正しいことでしたが――個々独自の行為が現実にある、少なくともそういう行為が可能である、と想定していました。そういう想定が、現代にはもう当てはまらないのです。というのも、わたしたちの状況にとって決定的なことは、わたしたちが言葉本来の意味で「行為する」のをやめてしまい、（製作が行為を呑み込んでいますから）むしろ自分が造ったものによって、いつもすでに知らぬまに行動してしまっているからです。すなわち、わたしたちの作品や成果が、そういう作品に助けられてわたしたちが行う行動に先立っているからです。わたしたちが知る知らないにかかわらず、わたしたちの成果がすでにわたしたちの行動なのです。そしてわたしたちがこういう事物となった行動によって行っている事柄、つまりわたしたちが「本来の行為」だと信じ込んでいるものは、いつも後から付け足しに現れるものにすぎません。

さらに、行動に主体として挿入される人間はもはや本来の意味での「行為者」ではなくて、「従業員」とか「起動装置」であるのが関の山だということがあります。これは比喩的ではない極めて単純な意味で言っていることです、――ここでわたしたちは何度も使った言葉をもう一度使えば――自分が何をやっているのかが分からないのだと言わざるを得ません。たとえば、アメリカが行ったクリスマス島への（福音の意味を込めたミサイルである）核弾頭搭載弾道ミサイルの発射実験に参加した者には、発射ボタンを押すことが何事であるかは知らされていませんでした。発射ボタンは何度押しても同じことですから、かれの「行動」は近くの新しい発電所のスイッチを入れるのとほぼ同じ問題だったでしょう。

その種のことが一度だけだという保証はどこにもありません。むしろこういう事態が普通の事態になるのは明らかです。すなわち、(古い倫理によって「阻止される」ことになりかねない大規模な作戦では)行為者は自分が何をするのかは知らされず、後になっても何だったか分からないというのが普通のことになるでしょう。わたしが何よりも確信しているのは、――わたしたちと同じ現代人でしょうが――(もちろん宣戦布告なしの)戦争が始まるときに最初の核ミサイルを発射する者は、ぞっとするような意味で何もやっていないし、(かれが生き延びていれば)後になっても、自分が「犯人」だったことに気づかないということです。――この前の戦争中にスパイ戦の道具としてよく使われた格言があります。それは「鎖の弱さは一番弱い繋ぎ目しだいだ(A chain is weak as its weakest link.)」というものです。今日ではこれをこう言い換えて広く伝えるべきでしょう。「行動の倫理的愚かさは最も愚かな従業員しだいだ(An action is as morally blind as its blindest participant.)」。あるいは「行動の無責任さは責任を果たす機会を奪われている装置しだいだ」。

これは行為が(一部は生産活動に、一部は製造物の作動に)置き換えられ、その置き換えのために追い払われているために、善い行為を行う可能性も、一緒に追い払われていることを意味しています。

あるいは別の言い方をしますと、わたしたちの行動はその外観やその行動様式からして、もはや「行為」ではない(まさに労働とか作動である)と思われるため、労働しスイッチを押すとき、わたしたちは何もしていないと思っています。つまりわたしたちは、労働や作動に対して責任を引き受けることから放免されているように見えます。わたしたちにはいつも、何もしていないというアリバイがあるわけです。こういう全面的赦免とこういうアリバイのうちにこそ、現代におけるわたしたちの状況の倫理的な——すなわち、退廃的な——本質があるのです。

これまでの倫理学における行為の格律がわたしたちには不十分であるのは、このためにほかなりません。わたしたちの定言命令はまず「行為せよ」でなければなりません。あるいは詳しい形では——ここでは極端に異なる定式を挙げてみようと思います——「行為がもはや行為とは見えないときでも、きみは行為していることを理解せよ」。あるいは「無為とか参加とか労働とか作動に偽装されたきみの活動が、自分の行動の結果が直接手が届き目に見える場合には、その結果に全く責任が負えない結果にならないようにするために乗り出すのだ」。あるいは「自分自身を取り返すのだ」、——「取り返され」なければならないものが自分の作品やその結果が途方もないものになった以上、これは途方もなく重要な課題です。——自分の造った作品を「取り返す」というのは、自分が引き起こす途方もない出来事に自分を合わせるという意味ではありません。——逆に、そういうやり方こそ「人間工学（Human Engineering）」の本質であり、そういう「適応」を正常とし、そういう正常さを規範だと言うこと以上に有害なことはありません。「取り返す」という言葉はここでは逆に、長く伸びすぎた釣り糸を引き戻すというような意味で、つまり「自分のほうへ引き戻す」という意味で使っているだけなのです。それだから、なすべきことは、撤回という行為です。すなわち想像もできないことには手を出さないことにほかなりません。

こういう言い方をするのは「機械破壊論」を主張することだと、反論する人もあるでしょう。そういう心配はいっさい無用です。こういう言い方をしても萎縮する必要はありません。こういう言い方に対する不安は、型通りのものでしかないのです。この言い方の評判が悪いのは、大昔から、つまり手作業と機械労働が争っていた時代からのことです。しかしそういう争いはもうなくなっています。現代の争いはもはやそういうものではありません。現代の「機械破壊論者」は「織工」のように、（水爆のような）現代の製造物を機械によってではなく、家内労働で製造することを要求したりすることはありません。現代論争の的になっているのは、どのようにして製造するかではなくて、何を製造するかであり、製造するかどうかなのです。核廃絶を支持し、そのために闘っている人は、すでに部分的には機械破壊論者にほかならないわけです。ただこういう言い方をする勇気がないだけです。こういう言い方を堂々とするようにしようではありませんか。

2

こういう問題を論ずる場合に、少なくともドイツではまさに原子力時代の哲学として宣伝されている書物を無視するわけには参りません。わたしが言っているのはもちろん、ヤスパースの著作〔*Die Atombombe und die Zukunft des Menschen. Politisches Bewußtsein in unserer Zeit*, 1958（『原子爆弾と人間の未来』）のことです。〔訳者注〕〕「二地獄の公理」と呼ぶことにしますが――この書物の基本テーゼは、今日わたしたちは二つの対等な危険にぶっつかっているというものです。まず世界終焉の危険です。(わたしはこれを強調したいのですが)ヤスパースは、これを少しも軽視せず全くあからさまに認めています。もうひとつは、わたしたちが「ソヴィエトロシアの全体主義によって押しつぶされる」かもしれないという危険です。ヤスパースの言葉を引きますと、「世界の終焉では、生存が失われ、全体主義では生きるに値する生存が失われる」(二二頁)というわけです。ヤスパースはこうも言っています。「ここでは人間の生命が……あちらでは人間の本質が決定的に壊されている」(二三〇頁)。

ヤスパースが提示しているこの二者択一は、全く論ずるに値しないものです。わたしは次の二点は無視することにします。

第一に、かれがまさにマニ教的に世界を明るい半分と暗い半分とに分割して、ロシアによるヨーロッパ侵略の危険を途方もなく誇張していること、すなわちロシアは西欧に対する侵略戦争よりも、自国の建設とアジアに比較にならないほど強い関心を寄せているのに、ヤスパースがそれを忘れていることです。

第二に、ロシアは西欧から(一九一四年、一九二一年とこの前の戦争で)三回の攻撃を受けましたが、ただの一度も実際に西欧へ出兵したことはありません。――先に言ったように、ここではこの点については触れません。

むしろわたしは完全に哲学的な議論にとどめることにします。すなわちひとりの哲学者が、他の事実と同様に変動する(ロシアという国があるという)歴史的事実による危険と、修復不可能で取り返しのつかない人類の終焉を意味する危険を一緒に挙げていること、そしてひとりの哲学者が変わるかも知れない出来事による危険を、人類の抹殺の危険と同等に扱っていることだけを、驚くとともに深く恥じ入りながら取り上げることにします。

奇妙に思われるかもしれませんが、ヤスパースはこういう異論を見逃していませんし、反論が出やすいことを隠そうともしていません。かれの書物が誠実でないとは言いませんが、奇妙なのは、かれがこういう反対の考え方を十分に重く受け止めず、それを自分にとって重要な論点に比べると、すこし言及しただけで放置していることです。ヤスパースは自分の神話的な二地獄の公理に囚われるあまり、反対の考え方を実際に展開して結論を出そうとはしていません。それどころか逆に、二つの危険を対等だと想定してこの書物を書いているのです。

ソヴィエトロシアを悪魔とみなすものですから、（すでに述べたようにヤスパースでも登場する）その他の世界に対する批判は、影響力がなく目立たず重要でないものになっています。とにかくロシア以外の世界に対する批判によって、ヤスパースはあらゆる西欧諸国は（アメリカは二番目ですが）〔ドイツとアメリカという〕二つの祖国に属すると考え、アメリカとの「完全な連帯」は不動だとして（一八四頁）、アデナウアーを「自由世界」の代表者として高く評価します。今日では——実に恥さらしな無知をさらけだしているわけですが——「資本主義的イデオロギー」を「マルクス主義思想によって西欧に

〔訳者注〕——アンダースはここでヤスパースの著作名を挙げていないが、『原子爆弾と人間の未来』のことである。五九年に主題と副題が逆になった別刷版が刊行された（邦訳は『現代の政治意識——原爆と人間の将来』（上・下）「ヤスパース選集15、16」飯島宗享、細尾登訳、理想社、一九六六／一九七六年）。なお、本文中の（　）の頁数はアンダースの原書に記載のものである。

吹き込まれたもの」として平気で片付けています。――すべてこういう考え方しかしないため、その当然の結果として、非人道的な点ではソヴィエトロシアにおける一党独裁に劣らない事実には、全く光を当てず放置したままです。原爆は全体主義的な悪魔の国によってではなく、他の国によって（しかもフランクレポートから分かるように、最初から）不必要だったにもかかわらず投下されたという事実、――ヤスパースの五〇〇頁もの大著のどこにも、西欧ないしアメリカの倫理こそが原爆投下の決定に影響したものだという決定的批判を加えるために、この事実が使われることはありません。広島がソヴィエトロシアによる原爆投下のために廃墟と化した、しかもソヴィエト連邦は、日本がすでに敗北し降伏する用意があったにもかかわらず、最初の原爆に続いて二発目の原爆を投下したと想像してみてください。――そういうやり方がなされたとは全く想像できないでしょう。もっと正確に言いますと、それは想像できないわけではありません。というのは、そういうやり方は、「目的が手段を正当化する」というわゆる全体主義のモットーにとって、他のどういう証拠物件にもまさる凄惨な息詰まるような証拠、全体主義に特徴的な無責任さの記録として使おうとすれば、使えないわけではないからです。

そしてこれは起こっても当然のことだったでしょう。これでヤスパースの誤りの重要な核心に触れることになりますが、その核心のために、真実を述べた印象的な頁がないわけではないにもかかわらず、かれの書物は全く使いものにならなくなってしまっています。

（周知のとおり、核を「保有」しているだけで脅威であるわけですが）核の脅威は、全体主義と対立する形態ではなくて、全体主義の対外政策上の形態なのです。現代の決定的な二者択一は「全体主義か用するから国家が全体主義的になるのか」なのです。

誤解しないでください。わたしが言っているのは、合衆国や英国に強制収容所があるとか、両国のいずれかにおいて大量虐殺が行われたということではありません。つまり核の脅威が、周知の怖ろしい全体主義の国内問題を引き起こしたということでもありません。言うまでもなくファシズムと似た全体主義の危険が、すなわち穏やかで流血を見ない同調による恐怖政治が、仮借ない血生臭い恐怖政治に一変するという出来事が、アメリカ合衆国で、核の独占が（すでにその気配はありましたが）まだ始まっていなかったときに起こったのは、偶然のことではなかったのです。アメリカを覆ったマッカーシー旋風という暗雲がすぎたのは、それは核を独占できなくなったことと無関係ではありませんでした。

同様にわたしが言っているのは国内的な全体主義ではなくて、核という絶大な力の保有国が、核保有という事実によって、自動的かつ不可避的に全体主義的な恐喝者に変貌しているということなのです。すなわち、核保有国は核という絶大な力を持っていることによって、自動的に非保有国を「抹殺できる」とみなされざるを得ません。この非保有国は自動的に、保有国の条件下に押さえ込まれており、抹殺されるかもしれないと絶えず感じ、実際にそういう恐喝がなされていないからこそ生きている、あるいはまだ生きていられるにすぎないわけです。

しかし「生きているとはまだ抹殺されていないことに等しい」というこの等式が、全体主義国家に生きていることの定義なのです。そして無論、そういう生き方は肉体的には生きている、つまり「人間的なものの本質」である自由を実現する機会もないまま生きているということです。

言い換えれば、全体主義だけが人間の本質を破壊するのではなく、悪の状況もそうであることに変わりはありません。しかも単に脅威にとどまっている今日の状況もすでにそうなっているのです。全体主義と違って、(身体の生命は保たれていると主張する)今日の状況は、もしかすると「人間の本質」を最後には破壊することになるかもしれません。最後にはと言ったのは、脅威には終わりがなく、核兵器が廃絶されても「ノウハウ」、つまり製造可能性が消滅することはなく、これが廃絶されることはないからです。

ヤスパースが著書の核心としている二者択一は、わたしたちの手元から消え失せています。「全体主義的」という不確かな言葉を使わざるを得なければ、核の状況そのものがすでに全体主義的だと言って間違いないでしょう。そして全体主義的な手段、すなわち人類の存在も人間の本質も破壊する核戦争による脅威を、(せいぜい人間の本質を一時的に脅かしているものの、人類の存在を脅かすものではない)ソヴィエトロシアという脅威に対する手段として投入しようとする考え方は、全く不徹底なものです。はっきり言って、ヤスパースが徹底的に考えたと思えるのは、「何をお考えなのですか」ではなくて「どういう読者のためにお書きになったのですか」と尋ねられる場合だけです。

以上がヤスパースの見解の根本的な欠陥です。かれの態度について少し触れておきましょう。ヤスパースはどこまでも講壇の黙示録記者にすぎません。かれは誰に忠告しているのでしょうか。

ヤスパースは著書の最後の三十頁で、自分に何度も問いかけられたこの問いに答えています。先に述べましたように――もう一度これを強調しておきますが――、危険を率直に語り、自分や他の人々に知らせるにとどまらず、意図的に不安を高める責任があることを、ヤスパースと同じくらい明白に述べた人は、わたしの知る限りほんの僅かしかいません。しかしそれでも、かれはこの上もなく厳しく言っているというわけではありません。ブルジョア的上品さとは言いませんが、独特の臆病さのために、かれの忠告ないし警告は、あらゆる現代人に同じように向けられているわけではないのです。前に見たように、「指導的政治家」にこそ倫理的アピールをまず第一に向けるべきですが、ヤスパースは「指導的政治家」を除外して、「指導的政治家の不安を高めるには及ばないだろう」と言っています（四七三頁）。――これは明らかに、うまくいけば核の脅威を打ち消す役目を、「指導的政治家」は心得ているからではありません。というのは、存続か消滅かを決するかれらは自分が何をやっているかが分かっていないということ、それこそ危険の本質であり、かれらが今日現れている不安に立ち向かう勇気を奮い起こさず、今日求められている勇気の本質が不安に立ち向かう勇気であることを知らないからです。もちろんヤスパースも、政治家へのお世辞としてこういう留保をつけているとはおそらく感じていないでしょう。実を言うと、かれも政治家のことが心配で、そのため次の副文でさらに留保をつけています。しかし、留保に留保を重ねれば真実を言っていることになるわけではありません。

それはともかくとして、ヤスパースが忠告していることはほとんどすべてが自己変革なのです。

自己変革の必要はわたしにとっても無縁でないことを、ご存じの方もいらっしゃるかも知れません。一九五四年にすでにわたしは「倫理的想像力の養成と拡張」を、今日において求められている倫理的課題として述べました。[*1] しかし言うまでもないことですが、自己変革と言う際に変革を試みる人が単純な意味でさらなる歩み、行動へ歩みを進めることを当然の前提とせずに自己変革を説こうとは、全く思いもよらないことでした。ある意味では、ヤスパースもこの歩みを同じように進めたのだと言えるかもしれません。というのは、かれが聖パウロ教会で演じたように、ドイツの教師あるいは世界の教師という役割を引き受けようと決心するためには、かれは実際に自分の私的な哲学的思索や自分に適した交流形式から踏みださねばならなかったからです。

それにもかかわらず、かれが自ら公共の場に登場していながら、わたしたちに向かって公共の場に出るように呼びかけもしなければ、わたしたちを街頭へ駆り立てて、かれがよく知っている脅威や、かれはあまり知らないのですが、脅威を弄ぶことに対して実際に闘うように促すことがないという決定的なことが残っています。

かれの書物にはこう書かれています。「実際の不安は、計画的措置とか条約などに置き換えられればすむものではない。人類を維持することは、計画的目標にすれば達成され得るというものではない」。確かにその通りです。しかし「計画」に対する不安のあまりヤスパースは、かれがもっぱらそれだけを考えている完全に行政的な意味での計画とは無関係な行為、特に対抗的な行動があることを忘れています。全世界的なプロテスト、核兵器製造やミサイル基地建設への協力の拒否その他を促そうという考え

――要するに、現実の反対運動を促進あるいは要求し、無数の人々がそれを引き受ければ世界の状況を一変させ得る連帯行動には考えが及んでいないのです。おそらくこういう下品な考えはかれにとって非常に怖ろしいものなのでしょう。かれは上品に冷静な態度をとり続けています。かれは純然たる講壇黙示録記者にとどまっているのです。

というのは、かれの書物は行動以前で止まっているのでも、行動への呼びかけ以前に立ち止まっているのでもなく、こういうアピールを認めるところまでもいっていないからです。〔一九五七年「いかなる形でも原子兵器の製造、実験、使用には参加しない」と宣言したボルン、ハイゼンベルクら十八名の〕ゲッティンゲン大学の物理学者に対する、ヤスパースの時には軽蔑にまで高まる拒絶的な態度は、そうとでも考えなければ理解できません。ヤスパースの軽蔑は、物理学者たちを批判しながらも最後には、かれらがとにかく大きなテーマを「広く感じ得るものにした」（二七七頁）ことを認めたことで帳消しになるものではありません。

とにかくかれは、あらゆる行動から自分自身を閉めだしています。序文でこう教えています。「哲学教師はみな控えめにしていなければならない」。いったいなぜでしょうか。シラキュースへ向かったとき、プラトンは控えめにしていたでしょうか。プラトンが控えめにしていなければならないとすれば、それはなぜでしょうか。皆さんには、ヤスパースの「として」から、つまり「哲学教師」という役目か

＊1――*Jahresring* 55/56 S. 97 ff.

ら生まれる命令や禁止は、原子力時代において死を免れぬ人間にとっての命令や禁止よりも拘束力があるという解釈とは異なる、別の解釈が考えられるのではないでしょうか。お訊ねしているのはこういうことです。こういう問題について書いている者が、自分の小市民的職業に収まっていていいものでしょうか。

哲学的に考えるということは、何者かとして語るということではないと思います。たとえば科学者として、あるいは公務員として語ることではないでしょう。逆説的に聞こえるかもしれませんが、哲学者として語ることでもないでしょう。そういうわけですから、自分は哲学の教師にすぎないから控えめにしておかねばならないという、ヤスパースの言葉を受け容れることはできません。

どういう場合にも哲学教師であることが哲学的だとどこに書いてありますか。何事にもそれぞれの時があるものです。とにかくヤスパースは十九世紀のアカデミックな哲学の、政治参加の拒否や閉塞状態を打ち破っていません（十九世紀に現実に政治参加をしたのは、アカデミシャンではないニーチェやキルケゴールやマルクスです）。ヤスパースは「世界の教師（Magister Mundi）」のパトスを中立主義（Neutralismus）と結びつけていますが、これはまさに奇妙の極致と言うべきことです。

この〔中立主義という〕言葉は無論、ヤスパースにとっては気に障るものでしょう。というのは――これで二番目のコメントをつけておくことになりますが――「中立主義」という言葉（正しく言えばヤスパースがなんの疑念もいだかずに使っている決まり文句）は、かれにとっては「退廃」とまさに同じものだからです。今日ではこの言葉は、二十五年前には「劣等人間」という言葉と同じように使われていたことはご存じのとおりです。つまり信用をおとす手段としてレッテル貼りに使われていたのです。

ヤスパースのこの言葉の使い方をみても、この言葉には核時代以前の意味しかありません。すなわちかれが「中立主義者」と呼んでいるのは、東西両陣営の対立状況以前の人物、つまり苦難続きの場合にはどこにもいたくない、どこにもいないほうがよかったと思うような人物、すなわち（問題になっている状況は自分には関わりがないと称するために）自分の手はいっさい汚さず、汚したくないと思っていて、ショックを受けることもない人物です。この定義には、核の状況の事実は含まれていませんので、今日では全く役に立ちません。「中立主義」という概念を維持しようとすれば、核の状況を背景にして新たに定義し直さなければなりません。

そうすれば、わたしたちは「中立主義」を（現代の大半の政治家のように）戦争を望みもしなければ、核の時代における平和維持のために不可欠の歩みを進めることもない「どっちつかずの」人物だと理解しなければなりません。この意味での「中立性」が、まさにヤスパースそのものです。

それに対してわたしたちのことを、あるいは（ヤスパースがやっているように）ゲッティンゲンの物理学者たちを「中立主義者」と呼ぶのは——これは、全くミスリーディングです。実はヤスパースは、ゲッティンゲンの物理学者たちは「無私の精神」の持ち主だと言っています。「無私の人々」あるいは「国家」は「不偏不党」です。ゲッティンゲン大学の研究者たちを含む現代の物理学者たちの主要テーゼのひとつの本質は、核戦争が起こった場合には「無私である機会」そのものがもはやあり得ないことですから、そういうことはばかげています。それが（しかもヤスパース以上によく）分かっているからこそ、かれらは宣言を行ったのです。それが分かっているからこそ、わたしたちも核の脅威が迫っている状況を「無力化すること（Neutralisierung）」を支持するわけです。

もう二つ短い結びのコメントをつけておきます。

第一に、ヤスパースは人類の存続のためだけに、つまり人類の単なる存在だけのために行動するのは、明らかに（下品だとは言わないまでも）品位を汚すものだと感じています。「存在すること」がそれだけで「価値」であるかというわけです。そこで人間の本質が問題になります。*2

何ものかの単なる存在を救うということ以上に――どう言っていいか分かりませんが――空しい退屈な目標はないということは何も言わずに認めることにしましょう。子供の教育とか研究所の建設とか小説を書くなどのどういう特定の特殊な企てでも、このあらゆる目標のうちでも最も当たり前の目標よりもそれぞれ特徴があり面白いものです。しかしわたしたちがこの上もなく空しい目標を設定しなければならなくなっているのは、ひょっとするとわたしたちの責任ではないでしょうか。わたしたちがこの目標を選んだのでしょうか。追求するならもっと特殊な目標を優先させようとしない人は、わたしたちの中にはひとりもいないでしょう。わたしたちがこのありきたりの目標を追求しなければならないのはまさに恥辱です。しかしわたしたちは上品ぶって、こういう目標を自分の目標、一時的にでも自分の独占的目標にすることができなければ、それはもっと大きな恥辱でしょう。「本質」は今日では後回しの問題であり、人間の本質は残念ながらひとつの贅沢になっているのです。人間の本質がもう一度注目されるためには、わたしたちはまず人類の存在のための配慮に専念しなければなりません。今日では「実存主義（Exisistenzialismus）」に（無論アカデミックな意味とは非常に異なる）意味があるとすれば、それはこの意味以外にはありません。

＊2——こういう軽蔑は最終的にはおそらくカントに由来するが、今日ではこれはもちろん、許し難い遺物となっているのは明らかである。周知のようにカントは『実践理性批判』（第一巻第一部第二章）でこう述べている。「意志の規定根拠として欲求能力の客観（質料）（すなわち客観の存在）を前提とする実践的原理はすべて経験的であって、実践的法則を与えることはできない」。カントで一貫して問題とされているのは無論、特定の「質料」の存在であり、特定のものに基づく願望か特定のものに関する願望である。そしてそういう願望をカントは意志の規定根拠として考慮することができなかった。しかし今日では、こういう特定の「質料」が問題なのではない。わたしたちの願望は人間世界の存在という観念そのものに全体的に関わっている。カントの考察の視野には、こういう願望が現れる余地も必要もなかったことを説明しておかねばならない。（人類の存続への）わたしたちの「基本的願望」を、カントが経験的なものに関する「願望」として考えていたものに包括できると考えるのは愚かである。この二つの「願望」は二つの全く異なる次元のものだからである。ちなみに、カントでも「存在すること」を自分の哲学的議論に入れるのを避けてはいない。彼の有名な定理三への「注」（同書四頁）にはこう書かれている。すなわち、（信頼できる人物しか知らない）預金を着服することが決して原則になり得ないのは、そういう「原則」は制度としての預金を、したがって預金の存在を帳消しにしてしまうからである。周知のようにそれに対してすでにヘーゲルが、一体なぜ預金の存在がアプリオリに必要とされるのかと反問している。この反問によってヘーゲルは重要な説明をしている。すなわち、カントの原則には「質料」と「望ましい存在」が、つまり確実に活動する市民社会の「存在」が暗黙裏にすでに前提とされていたことを説明していた。市民社会の存在はカントにとっては明らかに当然の存在だったのである。——カントにとっては市民社会が果たしている役割を、今日では人類全体ないし人類の存続が果たしているわけである。——規則。カント的な意味での「質料」とは無縁な原則が有意味なのは、こういう目標が自明的に拘束力があることが前提とされる場合だけである。——それに同意しない者には「そもそも人類はなぜ存在すべきか」と問わねばならない。——これは拒絶できず、答えようのないニヒリスティックな問いであるが、カントとは全く関係のない問いである。

人間が破滅の危険に陥っていれば、わたしたちが摑まえねばならないのは、人間の本質ではありません、人間を摑まえなければならないのです。

第二に、これでヤスパースの書物を対象とする注を終わりにしたいと思います。ヤスパースの書物は対象として見ますと、まさにほとんど際限のないものです。真実と矛盾していてばかげた印象を与える形態があります。格言やテーゼや規則などが求められているときに、ヤスパースは五百頁もある書物を書いています。それはまるで溺れかけている者に大学ほどの重さの救命具を投げてやるようなものです。

皆さんにお尋ねします。こういう書物を大学を出た者以外に、いったい誰が読むのでしょうか。現代の誰がそういうのに慣れて普段に読んでいるでしょうか、そういうことに辛抱できるでしょうか。それでも読まれているとすれば、それは「読み飛ばされている」のでしょう——この意味はお分かりでしょう。それとも、その結果、読者は深刻な問題に関する深刻な書物を読み通したという自己満足を味わうか、「前より賢くなりもしなかったな」という同様に結構な感じをいだくだけで、特定の態度を取らなければならないと思うことはないでしょう。——あるいは読んだ後で、書物を勝手に利用するだけかもしれません。たとえば代議士がです。つまり満足しきった真面目な顔をして、自分勝手な箇所（とりわけゲッティンゲンの物理学者と正反対のアデナウワーを支援する箇所）を本からつまみ出して、核武装に賛成であればそういう箇所を引用するかもしれません。かれらはテーブルの上辺を哲学的な言葉で飾っているようですが、テーブルの下では実存主義による思いがけない援軍の登場に満足して、ひそかに喜んでいるわけです。ヤスパースが〔ドイツ書籍協会〕平和賞を受賞したのは、何よりもかれがアデナウアーをそっとしておいたからです。

今日の状況には極めて注目に値するものがあります。さまざまな出来事が、もうすでに同時にあちこちで起こっているからです。

諸国の国防大臣が軍隊に原水爆を配備しようとしているのに対して、東西の科学者たちが集まって、共通の危険に対処しようとしています。

科学者だけではありません。ジュネーヴでは列強の代表者による会議が開かれて、成果が全くないわけでもないからです。

そのほかにも至る所で民衆が、危険を経験したか起こり得る危険を知って憤激し、共同して流れを作っています——たとえば八月に一万二千人が集まった日本の原水爆および核武装禁止世界大会で、わたしが体験したのがそれです。その一月後には、一万人以上の人々がやってきたウィーンのパグウォッシュ会議の最終会議で体験したのもそれでした。

国防省の皆さん。もはや皆さんだけが状況を支配しているわけではありません。もしかすると何らかのグループが潜入しているか、組織を掘り崩しているかもしれないとご心配かもしれませんが、そういう心配はもう無用なものになっています。

あなたたちはすでに潜入されているからです。しかも、核の問題がいっさいの政治的なもの、軍事的なもの、戦略的なものを遙かに凌駕していることを知った無数の人々が入り込んでいるからです。

あなたたちはすでに組織を掘り崩されているのです。しかも危険そのものと同じように、グローバルな運動の善意によって掘り崩されているのです。

そういう民衆運動の国際的な性格を秘密漏洩と呼んでもいいでしょう。そう呼ばれてもわたしたちは痛痒を感じません。それどころかわたしたちは、その言葉をわたしたちは自分のものとして使うことができます。わたしたちの行動の本質は、何よりも世界がどういう状態であるかを知らせるところにあるからです。危険が国際的であるだけに、救済も同じように国際的なものでなければなりません。ミサイルの機能、放射能、想像力の欠如は国際的現象であり、地理的な境界を拭い去ってしまいましたので、わたしたちも行動や思考においてそういう境界を拭い去らなければなりません。わたしたちの技術の成果の地平がグローバルですから、わたしたちの倫理的連帯の地平も同じようにグローバルにならなければなりません。わたしたちの行動しだいでこの収縮した地球上至る所で、誰にでも会えるわけで、誰にでもどこででも会えるのですから、誰の行動も誰に影響していくか分かりません。

そして誰にしてもわたしたちの到達範囲にいる以上、空間的な隣人だけでなく、時間的な隣人でもあるわけです。わたしたちが「愛す」べき隣人は、昨日まで「遠い」とか「未知」と呼ばれていた国々だけに生きているのではありません。昨日までは「遠い」と呼ばれていたか視野に入っていなかった未来の領域にも、隣人たちは生きていくのです。たとえば核実験のような今日のわたしたちの行動によって、そういう隣人たちが被害を受けるのですから、かれらの安否は同時代の隣人の安否と全く同様にわたしたちの問題であるわけです。つまりわたしたちの同盟関係は、従来のどういう同盟より遙かに広汎なものです。わたしたちの同盟は世代間の同盟なのです。「時代を超えたインターナショナル」が始まったのです。将来の種属はわたしたちと並んでいます。そして「まだ生まれていない者たちのコーラス」が祈禱コーラスであるかのように、わたしたちの努力の伴奏を奏でています。

この集会もこういう意味のものとして理解していただきたいのです。この集会は無数の集会のうちのひとつであり、同盟システムの一部であり、何ヶ月も前から——そのつど別の場所でですが——開かれているひとつの大きな集会の偶然な一例なのです。一昨日は東京で開かれ、昨日はロンドンで開かれ、今日はここで開かれていますが、明日はまた別の場所で開かれることでしょう。

わたしたちに反駁する人々への第二の言葉を申しておきましょう。

わたしたちの新たなグローバルな連帯だけが、あなたたちの反対を困難にし、あなたたちがそれにどう反応すべきか分からないものであるわけではありません。それぞれのグループの内部に新たな同盟システムも実現しています。ドイツ連邦総理大臣、たとえばこの運動に加わっている人々を見て下さい。わたしたちはあなたが想像できる限りのあらゆる団体や組合やグループや階級や宗教から来ています。ここでは自然科学者の知識が教会関係者の良心と結びつき、不可知論者である作家の隣に教会関係者がいて、労働組合員の隣に作家がいます。ドイツ連邦総理大臣、善意で集まった多様な人々の集会に対してどう反応すべきかお分かりですか。八月に東京で開かれた「原子力時代における倫理的義務」についてのゼミナールでは、わたしの隣にはインドネシアから来た女医さんがいましたし、ドイツとアメリカから来たプロテスタントの神学者、インドの労働組合員、日本の仏教の僧侶、さまざまな国からやって来た核物理学者やアフリカから来た学生たちがいました。要するに、そこには横並びの同盟の原理が広汎に実現されていたのです。そしてそのことがわたしたちに自信を与えてくれました。「第三の勢力」であるという感情を与えてくれたのです。わたしたちは民族、世界観、宗教、党派、階級に関しては分類したり確定したりすることはできなかったので、わたしたちはほとんど何者であるとも言えませんでした。

わたしたちは善意をいだいたヒュドラでした。たとえどこかで反核の科学者が口を封じられたら、その場で聖職者が立ち上がって声を上げ、労働組合員も立ち上がることでしょう。そして労働組合員がどこかで困難に突き当たっていれば、その場で医者や学生が声を挙げ、Aという国で運動が妨害されたら、Bという国やCという国で反対集会が開かれるでしょう。皆さん、わたしたちは皆さんにご苦労をかけることでしょう。善意に基づく平和のインターナショナルは発展の途上にあるのですから。

わたしは日本から帰ってきましたので、運動は「続行中である」と言うこともできるでしょう。日本では運動の発起人自身が、町や村から集まってきた数十万の人々とともに実際に行進していたからです。すなわち実際に行進して運動が進展していて、もう呼び戻すことは不可能であることを歴然とさせていたからです。あるいは「行進」でなく行列と言いたい気がします。「行進」という言葉には少し軍事的な響きがあるからです。わたしが言っているのは、西本さんという仏教のお坊さんに率いられた、昨年の七月と八月に広島から東京へ向かって炎熱の中を千キロも歩いた行列のことです。先頭には二列に並んで太鼓を叩きながら進む僧侶たち、その後ろに被爆地から来た市民、農家の人々や労働者が続き、その中には広島で失明した人々の代表団がいて、その後ろには行列が通る土地の住民たちが絶えず入れ替わりながらいつも数千人が加わっていました。日本人以外にも、当時日本に滞在していたひとりのオランダ人、ひとりのペルー人とわたしが少なくとも部分的にこの行列と一緒に行進して、自分たちなりに日本の人々に、みな同じ目標へ向かっていることを示していました。冒頭で述べましたように、その機会にわたしは京都の広場で話すことになりました。そういうわけで、あそこでもここと同じことを話しましたから、もう一度あの時に立ち返っているのです。すなわち、あのときの行列とは比べものにならないほど大きな、今日ではもうやむことのない行列の一部にすぎないこと、そしてその一部はここで、一部はあそこでと、地球上に伸びていることを話しました。自分の主張を説明するためにわたしは日本の人々に、四ヶ月前からミュンヒェンで一緒に体験した学生デモのことを話しました。全く別の場所で自分たちと同じことが行われているのを聞いて、かれらは喜びました。それと同じようにあなたたちも、ここで起こっていることは別の場所でも同じように起こっているのを知って嬉しいはずです。わたしたちがやっているのは、そういう行列の一部にすぎません。そういうひとつの行列の一部ですが、それは自分自身のためではなく、現代人すべてと今後の世代が生き延びることができるための行列なのです。そして結局この行列は、今日ではまだ分からずにわたしたちを無視し、追い払おうとさえする人々や、自分自身の未来と自分の子供たちの未来を潰してしまおうとしている人々が生き延びるための行列でもあるのです。

IV　核による死は自殺ではない（一九五九年）

われわれが生きている時代は、仮に永遠に続くとしても、決定的に人類最後の時代である。われわれが何ひとつ忘れることができないからである。

人類が自滅するかもしれないということが現代を決定している。（われわれに残されているとして）時間の経過の中で新しいもの、限りなく多くの新しいものを作りだし、学び取ることができるとしたところで、次の二つの事実が変わることはない。

1.　新しいものの獲得や生産が、人類がいつ自らの手で自分を抹殺するかもしれないという事実に匹敵するほど、人類にとって根本的に重要だとか重要になることはあり得ない。

2. こういう能力を、われわれは決して忘れることができない。数のシステムから13を抜き取る（13が欠番としてか「12a」として残る）ことができないように、科学的・技術的な保有状態のシステムから一部を抜き取ることはできない——このことは「ノウハウ」についても、もちろん同様に言えることである。したがってわれわれは、一九四五年から始まった年代計算が最終的なものであることを認めざるを得ない。この時代を生き続けるか、または決して生き続けることはないかのいずれかであって、第三の選択肢は存在しない（Tertium non datur）。

（無論あまりにも概括的で間違っているが）昔は、好んで次のような定義がなされていた。生まれつき新たに習得し、いわばアポステリオリに知識を獲得することはできないようになっており、それが生得的な持ち前であり、「アプリオリ」となっているということによって、動物を決定的・最終的に定義すれば、——人間は逆に一度獲得し習得したものは決定的・最終的に保持し、習得したものを失うことは学べず、新しく習得したものを自分のアプリオリに追加するように運命づけられている——要するに、人間は一度やれたことを突然やれなくすることはできないということで定義することができる。[*1] 忘れっぽいことが人間の主要な属性であり、主要な欠陥のひとつであるのは確かだから、このテーゼは信じられないように思われる。しかしそれは見かけだけのことである。というのは、ここで問題にしている記憶は、いくらか差がある個人の記憶力ではなくて、「客観的精神」の一部である言語、書物、機械、制

*1——われわれの主張は、いわゆる「獲得形質の遺伝」という仮定とはなんの関係もない。

度などの形態で成立している人類の資産のことであって、これは非常に頑丈な作りなので、われわれが個人としては忘れていても安心できるものだからである。

言い換えれば、人類にとって「かつてあった」は、「一度もなかった」ではなく「決定的であった」なのである。――そしてこのことは現代のどういう科学の成果にとっても、無数に文書の形で保存されている複製時代の人類に無条件に妥当する。一回の原爆は何度も繰り返される原爆であるわけだ。一度でも知ったことは二度と知ることはできない。一度できたことはもう「できないことにすることができない」、そうする力はわれわれにはない。――ここにわれわれの自由の限界がある。アウグスティヌスの「われわれは罪を犯さずにいることはできない（non possumus non peccare）」に今日対応するのは、「われわれはできなくすることはできない（non possumus non posse）」である。科学や機械の要素の一部として文化や技術的活動に属する能力が忘れられることはない。

いったん獲得されるとその能力のすべてについて、これと同じことを一般的に言うことができる。全体を構成する部分でない能力はなく、個々の能力はわれわれに迷い込んで孤立しているわけではなく、そういうものとして使われている能力も存在しない。科学の水準やシステム全体と無関係に生まれた能力とか、少なくとも無関係に存在している能力はひとつもない。したがって、われわれが（壊そうとすると仮定しても）いつでも再生できない能力はなく、いかにも壊れたかに思われる瞬間に、直ちにひとりでに再生しない能力もなければ、消滅したかに見えながらも即座に埋められない能力の空白も存在しない。[*2]

われわれの科学や技術全体においてどういう能力でも保存されているから、それを取り消したり廃棄したりすることはできない。科学も技術もそれ自身が維持や保存の措置であり、いわば客観的になった記憶である。一般に何かが抹殺され得るとすれば、それは保存措置の一部ではなくその保存措置の全体である。科学と技術というこの保存措置は、われわれが破滅するときにはわれわれと共に消滅するのは言うまでもないことだ。しかし、われわれが残り、われわれとともに科学と技術の全体が残っているかぎり、その部分には何も起こらない。「科学と技術がわれわれの記憶によって保存されているかぎり」と限定する必要はないばかりか、先に述べたように、それは誤りである。なぜなら、まさにそれぞれの「ノウハウ」、それぞれの局部的な科学的・技術的な問題解決がシステムを構成する部分として保存されているからであり、そのため各部分は記憶によって特別に保持されるようになっているからである。記憶の機能は、給水や製パンや世論形成などの、現代のその他の多くの機能と同じように、今では科学と技術が引き受けている。こういう機能はすべて、機械とか制度とか科学の諸領域といった、客観的形態

＊2――できるようになったことを突然できなくすることは不可能だという規則が、科学以前の領域にも妥当するかどうかは答えにくい。とにかく、われわれ人間がそういう試みを繰り返し企て、現に企てていることは確かである。歴史過程において自らに課したタブーや道徳のシステムを、われわれにできることをできなくしようとする試みとみなすことはおそらく間違いではないからである。われわれが自分と同じ人間を殺すことができることに異論の余地はない。「殺すなかれ」という禁止命令は、その「できる」行為を阻止することだけをめざしているのではなく、そういう行為ができない存在へ変えることをめざしている。実を言うと、現実に機能している道徳の体系は行為を禁止するだけでなく、能力を禁止するものである。そして「それはなんと言っても行うことはできない」という決まり文句は、単なる決まり文句にとどまるものではないのである。

をもつ別の機関に引き渡され、各機関の機械その他には取り消しようのない持続性が備わっている。なんらかの「ノウハウ」をもう知ろうとはすまいとか、何らかの技術をもう習得しようとはすまいと、どんなに熱望しても、――われわれの願いは聞き届けられない。なぜなら、われわれがいったん他の機関に送りつけたものはもう自由にならないからである。逆説的な規則。（われわれが手放して、理論とか事物の形態に変えてしまった以上）もうわれわれのものでなくなったものは、われわれの所有物ではなくなり、最終的にはそれがわれわれを所有するものになっている。

したがって、「いったんできるようになったものを、突然できなくすることはできない」という最初に使った言葉は、もっといい言葉に言い換えて次のように言わなければならない。すなわち、いったん科学や技術という倉庫に入れて保管することにしたため、記憶しておく必要がなくなったものを、われわれは失ったり忘れたりすることはできない。それは、われわれがもはや失うことができないために、全く独特の意味でそれは失われているのである。核兵器のように危険なものが問題である場合、われわれが危険にさらされている状況は撤回不能である。

われわれがルソー主義者であれば、獲得したものをもう失うことができないという事実を、まさに文明のスキャンダルとみなしても無理はない。しかしこの事実を「スキャンダル」と言おうと「客体化の弁証法」と言おうと、それとは無関係に、異論の余地のないのは次の事実である、つまり、われわれにできるものをまず事物または科学の形態に固定すれば（これが「文化」を定義するものだが）、われわれはそれによって自分自身を固定したことになる。つまり自立した事物がわれわれに復讐する、しかも事物が、撤回する自由をわれわれから奪うことによって復讐するのである。もちろんこの魔法使いの弟子の状況は核兵器が発明されて初めて現れたわけではない。むしろわれわれはこの状況を何千年も前から生きてきたのである。少なくとも最初にひとつの能力を客体化した知られざる日からこの状況を生きてきたのである。しかしこの状況が災いとなるのは、この状況によって——現代がそうなのだが——決定的な破滅の可能性にさらされた時である。

現代は持続性がないだけでなく、むしろ持続性の欠如こそ現代の本質なのである。——現代は別の時代へ移行することなく滅亡するほかはない。

もう一度言えば——われわれが誘導された時代は普通の意味での時代ではない。それはなぜか。それは、現代にはこれまでの時代には認められなかった二つの特徴があるからだ。その特徴は「時代」という概念とは矛盾している。

第一に、現代の本質は持続性の欠如にある。——終わりのない時代、つまり持続性のない時代は存在したことがない、ともっともな異論がでそうだが、それを未然に防ぐために、その「本質」を強調しておきたい。わたしが現代について言う場合には、どの時代も終わるという（もちろん異論のない）在り方を言っているのではない。これまでの時代が持続性がなかったのは、これまでの時代の特性（それも各時代特有のものではないが）が持続性の欠如だったためではないからである。そうではなくて、「持続性の欠如」という特質が時間そのものの本質に属しているからなのである。[*3] 古代の本質は、別の時代に場を空けてやるために終わりを告げたことにあったわけではない。——古代の次の中世にとっても同様であった。われわれは「古代の本質」は、むしろ実に確かな特徴にあると考えている。その特徴は後でまとめることにする。

現代はそうではない。現代が現代であり現代というひとつの時代であるのは、それ以前の時代とは違って、どういうときも自滅する危機にあり、自滅する能力をいつも保持しているところに特徴があることに基づいている。われわれの時代の隅々にまで間違えようのない色彩を与えているものがあるとすれば、それは持続性の欠如という事実であり、そこには、この事実を矮小化し隠蔽するために配置された、策略を含むありとあらゆるものがつきまとっている。言い換えれば、現代において時間の本質である無常さが、初めて（すなわち当然同時に最終的に）時代の本質になったのである。われわれの時代は死を免れず、正確に言えば抹殺され得るものであるだけでなく、現代は死滅する可能性ないし抹殺される可能性のために、仮に現代が永遠に存続するとしてもそのことは変わりなく、その特殊な違いはいつまでも残ることであろう。

第二に、われわれの時代は他の時代と異なるのは、現代がもう別の時代へ移行することはあり得ず、別の時代への移行は破滅という形でしか起こり得ないからで、しかもその破滅はわれわれの時代の破滅にとどまらず、過去と未来のあらゆる歴史の破滅であり、まさに破滅そのものだからである。

従来のどの時代も没落せざるを得なかったことを認めるとしても、どの没落も移行として起こったのであって、いつも歴史という場の内部で起こったのである。あるいは少なくとも、歴史が展開される場の内部で、すなわち「人間の世界」という場の内部で、――つまり、没落する時代の「破滅」が起こり得る領域で起こったのであって、その領域の存立がひとつの時代と破滅をともにすることはなかったし、それと同じ苦境に陥ることもなかった。全く疑いなく存在し続けるものに埋め込まれないような変動は起こったことがない。

現代はそうではない。現代が破滅するとすれば、それはもはや別の時代への移行ではないだろう。「人類」という根底に入ることはなく、せいぜいで人類の根底である自然の根底へ入ることであろうが、自然では過ぎ去った歴史の内容が消え失せているだけでなく、かつて「歴史」と呼ばれた出来事があったという事実さえ消え失せているだろう。

それで終わるわけではない。人類が滅亡するときには生き生きとした自然全体も一緒に奈落の底へ落ちていくということがあるからだ。「破滅する（zugrundegehen）」というわれわれの言葉さえ消え失せるだろう。そういう根底（Grund）が一緒に破滅してしまうからである。生き残れる言葉はわれわれの言語にはひとつもなくなってしまうのである。

＊3――この事実そのものが感じられることはほとんどない。というのは、どの時代も一種の「非―歴史化する」力を発散させているからである。すなわち、どの時代の子供にとっても、自分の前にある世界が世界そのものであり、「自然的世界」、唯一可能な世界、本来常にすでに存在していた世界だと思われるからである。昨日の世界の姿が、今日の人々に滑稽な印象を与えるのは、人々にとっては今日のものでないものはすべて「あり得ないもの」であるように思えるからである。

核による人類の滅亡は自殺ではなくて人類の抹殺である。——危険にさらされている者に階級意識があるはずはない。

上述のように、一九四五年以後われわれが生きている時代は、他のどの時代にも似ていない特殊な時代である。すなわち、歴史の末期であって、その内部では（現代すでにそうなのだが）時々刻々と、歴史は今後も続くか否かが決定される時代、すなわち時間そのものの持続についてサイコロを振る時代であり、いわばどの瞬間にも新たにサイコロを振る時代なのだ。

もちろん、これは半面の真理にすぎない。なぜなら、われわれは賭けられる賭け金であるとともに、サイコロを振る者でもあるからだ。アポカリプスが起こる可能性はわれわれ自身が作りだしたものであり、われわれ自身が自分を委ねた運命である以上、その可能性が現実になるか否か、現実になることをわれわれが許すか否かも、われわれの手中にある（とにかく、あるように思われるかもしれない）。上辺だけを見ると、それは力の怖ろしい増大であり、威厳の怖ろしい増大を示しているように思われるかもしれない。人類の存続について判定を下すべき機関が人類自身であるという事実は、たしかに自律の神格化として理解されるかもしれない。しかしそれは驚くべき誤解である。ここで「人類」を行為の主体と想定する者は、決して正当化できない歪曲を行う責めを負わねばならないからである。地球上に生きている数十億の現実の人間が「ひとりの人間のように」、その数十億人の運命について決定すると主張することは、これは全くばかげたことである。「人間」あるいは「人類」が「自殺する」危険、または自殺を決意する（あるいは逆に自殺しない）危険に瀕しているという決まり文句が、しばしば（時には作家によっても）使われるが、——この決まり文句は事実に合っていない。こういう見方で「人間」ないし「人類」とされているのは何者だろうか。われわれが皆、滅亡が起こりかねない時代をもたらして、破局が現実に起これば、われわれが皆同じように、その責任を負うことになるというのは真実だろうか。

それは間違いだ。「人間」とか「人類」という単数形は許されない。あらゆる人間を十把一絡げにするこういう言葉で、罪ある者だけでなく何十億の明らかに無実の人々のことが伏せられるか、そういう人々まで例外なく罪を負わされることになる。資本主義においては「人間は自分を搾取する」ということで資本主義の特徴を表すのがばかげているように、現代のアポカリプス的状況においては「人間は自分を脅かしている」あるいはいつか自分を殺すと言うのもばかげている。こういう言い方は非常に印象的であり、この種の単数形が特に「哲学的人間学」では実際好んで使われている。多くの場合それは、そういう単数形を使うと、罪の問題（何よりも階級対立の事実）が隠され得るからにすぎない。それが分かれば、自殺という言葉を使うのはやめねばならない。

殺害の脅威に対する闘争について言えば、そういう闘争では「人間」または「人類」という単数形を使うほうがもちろん正しいだろう。これは、全人類が「ひとりの人間のように」危機に立ち向かうという意味ではない。そういうことを言うのは無論、全くナンセンスであろう。もしそういうことが起こるのであれば、すべてがうまくいって、こういう理論的な考察など無用であろう。単数形を使うほうが正しいのは、人類が全体として脅威にさらされている以上、人類は本当はひとりの人間のようにその脅威に立ち向かわなければならないという、倫理的な意味においてだけである。しかしこの「本当は」と「なければならない」には、「人類」という主体が完全な要請にすぎないことが示されている。そうではなくて、人類は極めて受動的な意味で、つまり「苦しみの主体」という意味で一種の主体なのである。——ここで言っているのは、どういう民族や階級に属していようが、そして互いに知り合いであろうがなかろうが、われわれは一様に完全に死すべき者（morituri）となっており、そのためひとつの大きな被害者集団となっているということである。したがって、切迫している破局という視点から見た場合にのみ、われわれ人間は一体のものなのである。

ここでひとつのアナロジーを挟んでもいいかもしれない。それはプロレタリアとのアナロジーである。マルクスが見いだしたプロレタリアはたしかに集団的な行動主体ではなく、搾取に見舞われ搾取の対象であるという共通の運命にあるすべての人々の総体としての、つまり受動的な意味でしか統一が認められない「客体」としての「一群」にすぎなかった。しかしこういう説明でマルクスは納得しなかった。マルクスはむしろ見出された事実から、階級意識を目覚めさせ、形成して、その意識によって統一のある客体を有力な行動主体に変形させるという課題を導きだした。——これは、それに対応するものが今日も考えられ得るのではないかということが問題になる状況と似ていないだろうか。脅威にさらされているという共通の運命によって潜在的な被害者となった人類を「立て、万国の死すべき者（Morituri）」をモットーとして、（階級意識に似た）人類意識へと呼びかけることができるのではないだろうか。「反核運動」の提唱者であるわれわれが、そしてわたし自身もやっているのは、ある意味ではそれと同じことである。そしてわれわれの中には、呼びかけ、叫び続けるのをやめられるような人は一人もいない。ただわれわれは、そうやりながら、われわれには成功するチャンスはほとんどないことをはっきり意識せざるを得ない。ここでわたしは、意気消沈するような事情に劣らず重要な事柄を述べねばならない。

すなわち、現代の人類を単純に前世紀のプロレタリアに喩えるのはばかげたことだ。プロレタリアは悲惨な目にあっていて、住民のなかで悲惨な目にあっていない人々、少なくとも悲惨な目に比較的あっていない人々とは明らかに異なっているという二つの事実によって、いわば「悲惨な人々のエリートでありアヴァンギャルド」であることを自覚し、その自覚を連帯の基礎となし得ていた。そういうチャンスは現代のわれわれの状況には見いだしようがない。すべての人間が脅威にさらされている以上、「悲惨な人々のエリートでありアヴァンギャルド」であることなど問題外である。さらに人類について、人類が現実に核の脅威によって悲惨な目にあっていると言うのは間違っているだろう。むしろ人類は「アポカリプス不感症」のまま悠然と暮らしている。

この二点をわれわれは無視できない。幻想をいだいてはならない。われわれはすべて同じ危険のさなかにあると言うのが正しいのだが、同じ危険のさなかにあるという事実が、危険の自覚を容易にしていると言うのは間違いだ。実態はその逆なのだ。脅威が普遍的なものであるため自覚が困難になり、そのために自覚が全体的に妨げられている。つまりわれわれは一様に絶滅にさらされているため、脅威を意識する能力をほとんど例外なく奪われているのである。社会学的認識論があれば、その基本テーゼのひとつはこういうものになるに違いない。すなわち、共通であるものは「目立つ」ことがなく、飢えや寒さや病気のように、つまり苦難のように直接的な苦しみの原因とならないかぎり、いつまでも見えないままである。このために、つまりわれわれはすべて同じ危険に陥っているために苦しんでいるわけではない以上、古典的な連帯へのアピールに似た「立て、万国の死すべき者（Morituri）」という呼びかけが、現代人の耳に届くチャンスはほとんどないに等しいのである。

　最初の問題に立ち返ってみよう。すでに述べたように、破局が起こっても「人類の自殺」などは問題にならない。本当の自殺では加害者と被害者が同じであるのに対して、「核による自殺」と言われるものの場合、両者が同一であるはずはない。すなわち、人類全体が主体ではなくなっているのだ。人類が破滅するのは、しかも――この意味でのみこの言葉がある程度漠然としているのが正当なものとなるのだが――人間の手によって破滅するが、それは人類の手によってではない。そういう人類が存在しないからである。抹殺する力は人類の手中にあるのではなくて、――一九五九年の今日では、三大国の政府、明日には（すでに名前が挙がっている）多くの国からなる「核クラブ」[*4]に属する――複数の大国政府を構成する個人の手に握られている。要するに、加害者と被害者がいわゆる「核による自殺」の場合には同一ではない。人類全体が加害者として考えられているのではなく、人類は被害者としてのみ姿を現すからである。——しかも人類は、被害者として「登場する」のではなく「消滅する」だけであり、破滅してしまうからである。「人類の自殺」という言い方をやめねばならないのはこのためである。[*5]

人類は自殺することがあり得るという言い方は、まるで最高の人間的自由、自殺というストア派的な自由が言い表されているかのように思われるが、別の理由からすればそれは許されないことである。「あり得る」という言葉の使い方を間違えているからである。この言葉で勘違いしてはならない。この場合この言葉が表しているのは自由ではなくて、逆に極度の隷属だからである。「かもしれない」とか「あり得る」と言えるとすれば、それは「われわれ自身」が製造したものによって、われわれは破滅するかもしれないという意味においてのみである。そういう意味に使えばこの言葉は、明らかに有能さではなく無能さを、自由ではなく無力を意味する。「あり得る」という言葉に示されているのは、技術の進歩を引き起こした無限の力を制限できないこと、われわれが（非－技術的な意味で）作りだしたものの使い方を習得していないこと、そして絶滅する手段を制御できないことである。核の状況に、積極的な意味を読み込み、（行為の主体と称する）人類に自殺を選ぶ自由を認める理論家は、——いまいまし

＊4——誰がこういう「核クラブ」という華やかな言葉を使ったのか、わたしは知らない。この言葉が危険を矮小化し美化しているのは明らかである。グループを表現する別の言葉は数多くあり得るだけでなく、確かにそのほうが遙かによかっただろう（一九七〇年）。

＊5——この言葉はわたしが本書の別の箇所（S. 128）〔本邦訳書、一七三頁〕で破局を「厳かに語る」と呼んだ欺瞞の典型的な例である。

いことに、その著書の中でほぼ同じことを述べているヤスパースも——いかさま師である。こういういかさま師と一緒にやることは、われわれにはひとつもない。

V　原子力時代の退廃――無風状態への警告※（一九五九年）

技術の先端であろうとする産業が、進歩の動力である軍事技術を根拠もなく断念してはならない」。
（ドイツ産業同盟十年間報告、一九五九年）

平和という言葉は単数形しかありません。「さまざまな戦争」と同じように「さまざまな平和」と言うことはできません。これは偶然ではないのです。正しいかどうかはともかく、平和は連続とみなされ、戦争は中断とみなされてきたからです。

戦争があった時代は幸せでした。現代と比べると平和な時代だったからです。その時代には、どういう戦争も個別の幕間劇とみなされ、時間という真っ白な地図に凄惨な汚点として目立っていました。

戦争が存在していた幸せな平和な時代は、過去のものとなってしまいました。顧みれば、もう半世紀も前のことです。戦争と平和との関係が逆転したからです。バルカン戦争後、戦争の連鎖が切れ目なく続いています。(「戦争」を複数形で言うのが誤りになった以上) もっと正しく言えば、それ以後戦争状態そのものは決してなくなったことがありません。とにかく今日わたしたちは連続的戦争状態にあるわけで、以前は戦争は平和から現れていたのですが、それと同じように、平和な時代が戦争状態から小さな島か余白のように現れるわけです。そしてその空白さえ本当は真の平和ではなくて、空白によって中断された戦争の別の形にすぎません。したがって、今日流布しているシニカルな言葉では、それは「冷たい戦争」とも呼ばれています。この数十年間わたしたちが生きてきた平和を定義しようとすれば、平和を熱い戦争の冷却期間とか、熱い戦争の準備段階と規定せざるを得ないでしょう。現代の警句は「平和を望むなら戦争を準備せよ (si vis pacem para bellum)」ではなくて、「戦争を望むなら平和を準備せよ (si vis bellum para pacem)」——つまり戦争を望むのであれば、戦争の準備段階である平和という幕間劇の用意をせよということになります。

皆さんは、そういう言葉は昨日までの時代には当てはまるが、その後、列強の中でも最強諸国の会議が開かれ、全面的軍備撤廃の議論を始めようという決定的に新しいことが、起こっているではないかと反論なさるかもしれません。

そういう願いはわたしもいだいています。今日わたしたちは、怖ろしい時代における悦ばしい瞬間を本当に体験しているように見えます。つまり当分のあいだ、黙示録的な危険は停止しているように見えます。政治的な天気回復が起こるのは、わたしたちが存続するかどうかを決定する人々が善意の人々だからなのか、それともかれらが互いに不安をいだいているためか、そういうことはどうでもいいのです。そのいずれでも、とにかく安堵することにしましょう。

しかし、それもほんの数秒間だけですよ。もうこれで放免だと思っては碌なことはないからです。忘れないようにしましょう。危険が現実にあることの本質は、本物の物理的武器が存在していることだけにあるのではありません。その本質は、技術的発展の状態にこそあるのです。つまり「専門知識（know how）」にあるわけです。廃止されたものでも、わたしたちには繰り返し造る能力があります。技術の本質はこの反復可能性ということにほかなりません。

つまりアポカリプスの危険は、決してなくなったわけではないのです。近代戦争が生みだした怪物製造法は忘れられることがなく、製造できなくなることはありません。多くのことを人間は学習することができます。しかし、学習したことを忘れること、その種の怪物を作りだせなくなることを、人間は学習したことがないのです。そういうことは人間には決して学習できないでしょう。

数ヶ月前に東京のあるカルチャースクールで、次のような言葉でスピーチを終えました。

「わたしの話が慰めになるとはほとんど思えなかったのは分かっています。目標を達成するために力を尽くす者は、目標がいつか決定的に達成されることを願うものです。したがって、わたしが皆さんに

※――一九五九年ヴィースバーデンの「ドイツ平和協会」での講演。

そういう願いを、つまり目標を「決定的に」達成したいという気持ちを棄ててもらおうと思うのは、数年前にわたしたちが始め、今なお続けている闘争が、今後とも決して終わらない闘いであることを分かっていただき、幻想を捨てていただきたいからです。勝利を収めれば、確かにその日は勝利の日でありましょう。しかし、勝利を収めた日が明日の勝利を保証することはありません。わたしたちは決して行き着いてしまうことはないのです。

つまりわたしたちの前には、無限に不確かなものがあります。わたしたちの終わることのない課題は、少なくともこの不確かさが終わらないように配慮するところにあるのです。

もう一度言います。こういう考えをお話しするのは、皆さんから戦う勇気を奪おうとか、わたしたちの闘争は無駄だと思っているからではありません。もしそうであったら、わたしはヨーロッパから皆さんのところまで来ることはなかったでしょう。こういう考えを強調するのはむしろ、自分たちの闘いの性質を誤解していたら、わたしたちの闘争は必ず挫折するからです。わたしたちの闘いはわたしたちだけの課題ではなく、わたしたちの世代だけの課題でもありません。それは今後のすべての人間の闘いなのです。つまりわたしたちの運命なのです。わたしたちに子供が残されるかぎり、わたしたちの意志を子供たちに伝えなければならないでしょう。そして子供たちは、かれらにも子供が残されるかぎり、その子供たちにその意志を伝えていかねばならないでしょう。闘いに勝つことは確かに必要なことです。しかし勝利は決定的な勝利とはなりません。しかし闘争に敗れた者は、もう永遠に敗れてしまうことになります。敗れた者の先祖にとってはそうなのです。その敗北ののちには先祖から何の合図も伝わってこないからです。敗北した者の子孫にとってもそうです。敗北した後には子孫などもういないからです。

皆さん、これほど礼儀正しく歓迎してくださる方々に招かれたゲストとして、わたしのように率直に驚くべきことをお話しするのが、どんなに失礼なことであるかは心得ています。その点はお許し願います。しかし残念ながら、礼儀正しくしていることが無責任である状況があるのです。わたしたちが今日そういう状況にあることは、皆さんのせいでもなければ、わたしのせいでもありません。わたしたちを結びつけているものは、わたしたちが失礼であることを強いられているために覚える痛みなのです」。


先に述べましたように、目下のところわたしたちは確かに比較的安定した状態にあります。しかし歴史は変化します。歴史はわたしたちをこの状況のままにしておいてはくれません。他の人々や他の勢力が、わたしたちの存続を確保していたように見える人々に取って代わることもありましょう。それが明日なのか明後日なのか明明後日なのかは分かりません。その人々の中に、明日か明後日にはヒトラーのような人間が現れるかもしれません。そのヒトラーのような人間でも、小さな周辺国だが野心的で冷酷非情な国家の望みをかなえることでしょう。核戦力を持てば、絶大な力を手にするからです。つまり恐喝する力を手にするからです。列強と弱小国との従来の区別を打ち消してしまう力を手に入れることができます。

偽善的に「兵器」と呼ばれるあの絶滅の怪物がすべて取り除かれるときが来たとしても、そのときでも、それによって脅威が世界から消え去ることはありません。この脅威が世界から消え去ることは決してないのです。今日のわたしたちは史上空前の安堵を何とか体験していますが、それはほんの束の間のことであって、わたしたちや子供たちは、あの怖ろしい時代に改めて出遭うことになるでしょう。闘う相手は目の前にすでに現れています。わたしたちは新しい世代です。戦争は今日では破滅を意味しますから、わたしたちは破滅に反対する者なのです。わたしたちは破滅に対する最初の反対者であり、人間が存在するかぎり、わたしたちの後に破滅への反対者が続かねばなりません。脅威は決してなくならないのですから、わたしたちの後継者の後を継ぐ世代も、決してなくなってはならないのです。

したがってわたしたちは今日も、相対的に恵まれた束の間は安心してお預けにし、安堵できる今日の束の間が割り込んだ怖ろしい時代に、精神を集中しなければなりません。その怖ろしい時代は人類が自ら作りだすかも知れないアポカリプスであり、虚無へ落ち込み何もかもなくなってしまうかもしれないところに本質がある時代です。

そういう時代になることを阻止しようと思うなら、この時代を徹底的に調べておかなければなりません。わたしたちが打ち勝ち、阻止することができるのは、わたしたちが知っているものだけだからです。そういう知に貢献するものとして、皆さんに今日提示しようと思っているものがあります。そのためにわたしは、「原子力時代の退廃」に関するいくつかの考えを皆さんに説明しようと思います。

そうですとも。「原子力時代の退廃」についてなのです。道徳や退廃は時代を超えていると主張されることは今日ではほとんどなく、昔と比べて次の三点が根本的に変わってしまったからです。

1. 行為の効果

2. 行為が関わる相手
3. 行為そのものの過程

1. わたしたちの行為の効果は過去のあらゆる行為の効果と異なって無限なものとなり、世界の破壊をもたらしかねません。そういう法外な被害を受ける危険に、人類は出遭ったためしがなく、そういう法外なことを行う状況、つまりこのような行為の状況にあったこともありません。このため、新しい道徳、新しい倫理が必要なのです。

2. わたしたちが立ち向かう相手、わたしたちが行為によって「取り組む」相手は個人ではなくて、あらゆるものの総体になっています。今日極めて重大な意味で行為しなければならない人が出遭う状況は、個人に影響を与え得るような状況ではありません。そういう人が行為する場合、数十万、数百万の人々に関わることになります。しかもその数百万の人々は至るところにいて、それも現代の人々だけではありません。わたしたちの相手は人類にほかならないのです。実際の核攻撃は言うまでもありませんが、たとえば核実験によっても、地球上のあらゆる生物を襲いかねない以上、どういう核実験をやっても、それはわたしたちに襲いかかります。地球は村になったのです。ここあそこという区別は消えています。次世代の人々も同時代人なのです。——空間について言えることは、時間についても言えます。核実験や核戦争は同時代の人々だけでなく、未来の世代にも襲いかかるからです。未来の世代も隣人となり、同時代人になっているのです。行為する者は自分の行為の結果によってすでに明日に到達していますから、行為する者にとっては明日はすべてもう今日の一部となっているわけです。今日もすべて、同じ理由でいつもすでに明日の一部なのです。

3. 行為の過程や外観は、現代の機構の世界（Apparatewelt）では根本的に変わってしまいました。これは、ロボットの忠実な手に委ねた行為だけでなく、わたしたちが掌握している行為についても言えることです。そういう行為は不可視のものとなり、少なくとも行為としては見えなくなっています。たいていの行為が、もはや意図された個人的行為から成り立ってはいないからです。むしろ行為は、わたしたちがふつう行為と認めることも受け容れることもなければ受け容れるべきでもなく、したがってもはや行為だとは認められず受け容れられないもの、すなわち労働のうちに組み込まれ、嵌め込まれています。今日の行為は「労働」に偽装されているのです。しかしこういう偽レッテルを貼れば、わたしたちが助かって救われるわけではありません。望もうと望むまいと——わたしたちは労働しています。しかもその結果は、全く予測がつきません。たとえば、全く目に見えない間接的な仕方で、核兵器のための道具の一部分を造る機械を使う場合がそうです。今日では行為が労働になってしまっているというこの画期的な出来事については、後でもう一度述べることにします。まずこの三点を示唆したことで、従来の倫理学者が一夜にして時代おくれになったこと、哲学が新しく始めようと決意しなければならないことを示すには十分でしょう。

では、現代の特殊な退廃の本質はどこにあるのでしょうか。

まず第一に、浅薄な言い方をすれば、わたしたちの多くが新しい事実に対して精神的に目を閉ざしていることにあります。すなわち、新しい知見を得ようとしないでいるところにあるのです。わたしがかつて「アポカリプス不感症」と名づけたものがあるばかりか、アポカリプスへの怠惰があるからです。そしてわたしたちの多くが、不安にならずにおれない事実や起こりかねない事態を直視することを怠り、今日に対応する不安に対して、つまり今日こそ不可欠な不安に対して不安をいだき、そうした不安に対する不安を「勇気」と詐称しているところにあるのです。

しかし現代の退廃は、こういう「怠惰」「不安」「臆病」や「詐欺」などの悪徳では、決して十分に特徴づけることはできません。現代の退廃の主要な原因はもっと深いところにあります。その一部は人間学的な本性で、それは人間本質の構成と関係がありますが、一部は技術や政治によるものです。

まず人間学的な原因。——カントがその理解力や実践能力を「批判」した理性が「有限」であるだけでなく、むしろわたしたちの大部分の能力は有限です。想像力、感覚、責任の能力も有限です。わたしたちは、ひとりの死者は想像できます。二十人の死者となると、少なくともわたしたちの感覚では十人以上は無理でしょう。十万人が亡くなったという知らせは、もう何も伝えないに等しいものになります。被害者や被害者となりかねない者を示す数字にゼロを付け加えるにつれて、わたしたちの理解は乏しくなり、ゼロに近づいていきます。想像力が有限であることは無論、それ自体としては道徳的欠陥ではありません。身体能力が有限であることも同様です。しかし今日では、こういう有限性がまさしく欠陥になっていいます。しかもそれは、制限の法則に従わない別の能力を手に入れたからなのです。一部は制御し、一部は解放した自然力を使って、いまや無制限の効果を作りだすことができるからです。技術者としては、少なくとも核兵器の技術者としては、わたしたちは全能になったのです。——これはもはやメタファーではありません。しかしこの全能に、わたしたちは精神的存在として太刀打ちできないのです。言い換えれば、技術によってわたしたちは自分が作りだし、作動させるものをもはや想像できない状況に陥っているのです。

想像力と生産力とのこういう食い違いは何を意味しているのでしょうか。

それは、新たな怖ろしい意味で「自分のやっているのが何であるかが分からない」、つまり可能的な責任の終わりに達していることを意味しているのです。「何かに責任を持つ」ことは、結果を前もって想像していた行為や、現実に想像できる行為に責任を持つことにほかならないからです。

つまりこれは、わたしたちが技術時代の子として陥った退廃的な状態であって、今日生まれた子供たちもそういう状態に陥るのです。この状態はある意味では、わたしたちの「原罪」です。こういう神学的な言葉を使うのは、わたしたちは前もって、つまり個人的に特定の行為をしなければならないとか、してはならないという以前に、こういう状態に陥っているからです。

この状態は全く非神学的に言い表すこともできます。すなわち、この状態を「落差」として、つまり活動（すなわち製造）と限られた想像力とのあいだに現れる「裂け目」と呼ぶことができます。まさかと思われるかもしれませんが、この裂け目は、哲学や宗教で知られている裂け目より少しも狭くもなければ無害なものでもなく、「肉と霊」とか「傾向性と義務」とのあいだの裂け目より狭いものではありません。今日では裂け目は「想像と製造」とのあいだにあるのです。この食い違いの認識から命令が生じるのですが、それは「想像力を発揮せよ。想像力が製造や行為の結果に太刀打ちできるように想像力を伸ばすことを試みよ」です。

ところで、こういうことはすべて極めて抽象的だと思われるでしょう。そこで理論的に述べる前にもっと具体的に、想像力が無能になっている実例を挙げておきます。もちろん皆さんに警告しておかなければなりません。というのも、こういう実例を挙げると、皆さんはきっと驚かれるからです。まず「時代の恥辱」と呼べるものから始めます。

すこし前のことになりますが、ＡＰ通信社がひとつの「配信記事（syndicated article）」、つまり数百紙に掲載される記事を合衆国の新聞社に送りました。その記事の中で、ハル・ボイルという有名なアメリカのジャーナリストが、自分なりのやり方で（フロリダ州の）ガイネスヴィルで見つかった目が三つで足は四本ある蛙、つまり科学者たちが核兵器の死の灰（fallout）からの放射能によると推定した驚くべき奇形の蛙について、以下のように意見を述べています。

「こういうことがわれわれに起こったと仮定してみよう。確かに、足が三本あることは自動車の時代には無駄なことだろう、三つ叉のズボンは普通のものよりコストがかかるだけに、余計に重荷になることだろう。それに対して目が三つある利点は器官の増加に認められる進歩であることに本気で反論する人はいないだろう。今日の路上交通では、おそらく歩行者もドライバーも第三の目を熱狂的に歓迎しない者はいないだろう。手をもう一本増やすことについては触れないでおこう。それが発明されたら主婦たちは、自分には「手が二本しかない」と苦情を言いそうだからだ。もちろん頭が二つあれば、それこそ喜びは絶頂に達することだろう。頭が二つあればもちろん誰でも知性が倍増するだろう」（とボイル氏はひとつしかない貧弱な頭で結論してこう付け加えています）。「そして何より確かなのは、こういう突然変異が起こると、頑固な老人の群れ（a bunch of old fogies）が駆け回り、〈水爆実験はやめろ。頭が二つある子供など要らない。目が六つで、耳は四つ、手は四本あるような子供は要らない〉と叫ぶことだ」。このジャーナリストの結論によると、「只今の汚泥にはまり込んで、何もかも昔のままにしておきたがって、進歩への努力を邪魔する愚か者（fuzzy old people）はいつだっているものだ」。

以上のように書いたのは有名なジャーナリストです。皆さん、「愚か者」で「只今の汚泥」にはまり込んで「進歩を邪魔する愚か者」とこの男が罵っているのは、わたしたちのことです。わたしたちは愚か者として堂々と歩き回り、愚か者であることを誇ろうではありませんか。

わたしにはユーモアがないのだと思わないで下さい。反対です。わたしがシニシズムと無縁だというのも間違いです。――シニシズムも、ブラックユーモアであってもユーモアを使って品位のあるものにできるからです。しかし、ボイルの場合にはブラックユーモアなど問題になりません。それどころか、ここで問題なのは全く別の、遙かにたちの悪い考え方です。そしてこういう考え方が現代の全面的な想像力喪失の特徴である以上、それについては立ち入って話しておかねばなりません。それは下劣なものです。確かに下劣なものなのです。これがここではぴったりの言葉です。この概念は性的な事柄だけに限られるものではないからです。人間を快楽や誘惑の対象に貶める行為はすべて下劣です。

そしてそれはこの場合にも当てはまることです。わたしには判定できませんが、――人間は自分自身の行為のために手が三本とか頭が二つという突然変異に襲われかねないとか、形態学的に奇形になりかねないということが本当だとしますと、そういうことが起こりかねないことは、人類の冒瀆であり、人間は神の似姿であるという思想を貶めるものであります。――それは史上空前の貶めです。そういう貶めが起こりかねないことを（しかもその可能性に脅かされている人々を前にして）笑いものにする（しかも「馬鹿らしいほど重要でない」という意味で笑いものにする）者は、下劣なだけでなく全く軽蔑に値します。この意味でハル・ボイルは軽蔑すべきものであるだけに、わたしは「現代が受けた恥辱」のためにかれの頭に月桂冠をかぶせて称えてやりたい。

わたしの反応を過剰反応だと思っていらっしゃるかもしれません。このボイル氏だけならばそうでしょう。しかしそれは問題にもなりません。むしろかれは単に代表者（primus inter pares）にすぎないのです。かれの「同類」は残念ながら無数にいます。

実を申しますと、個々の事例とか個人の悪趣味だけが問題だったら、APほどの巨大で権威ある通信社がこういう駄作を客筋である新聞社に配信できたこと、すなわち新聞社がこの駄作を使用したこと、そして世間一般に憤激の嵐が起こらなかったことは不可解だ、で終わったかもしれません。想像力が下劣なほど欠如した状態がノーマルな状態ならば、すなわち、そうした下劣さが普遍的なものであり、もう下劣とも感じられなくなっていたら、そういうことが起こるのも分からない訳でもないでしょう。むしろこれは滑稽なことです。――しかしこれが一般的なものだとすれば、それはそういうことが一般的なものにされたからにすぎません。確かに「された」のです。こういう下劣さの根源が、核時代に関する公式の見解にあるからです。

こういう主張にはもちろん証拠が必要です。その証拠を提示するのは、残念ながら世にも簡単なことです。すなわちそのためには、公用の「現代怪物辞典」を見さえすればすむことです。

数年前に書いたある文章で、核実験に名称をつけることの不愉快さについて警告しました。爆心地からどんなに離れていても死の灰の有害な影響が初めて示された核爆発は、悪戯っぽい和やかな「おじいちゃん作戦」という名前がつけられていました。無線通信士だった久保山さんが亡くなったのはビキニ環礁での核実験のためでした。怖ろしいものに正直で和やかな名前を使うことほど、破廉恥なことはありません。些細なことに見せかけるこの公式な名称は、急遽「ビキニ」という名称を金具でつけて、小型の水着に無限な爆発的効果を期待して、それを水着のトレードマークにした、ニューヨークの既製服メーカーの宣伝アイデアよりも、さらに不愉快でもっと反感をいだかせるものだと思われます。作戦と無関係なメーカーが核実験の規模について何を知っていたでしょう。しかし「おじいちゃん作戦」を準備し、名づけ、任務を果たした軍人たちは情報を得ることができました。しかしかれらは何も想像しなかったのです。

もしかすると、公平を期してこう反論なさるかもしれません。それは数年前のことではないかと。当時は、軍にさえ自分たちの活動とアポカリプスとの関係の実態は、まだ完全に明らかになっていませんでした。それに対して今日ではその実態は公共の場で議論されるようになっているだけに、そういうことはもう起こらないかもしれない、と。

しかし残念ながら、それは間違っています。反対なのです。変化が起こったとすれば、せいぜいで悪い方への変化です。というのは、まさに今日の核に関する公的な言葉は隅々まで不愉快なものになっていて、言葉の端々に至るまで下劣な色合いを帯びているからです。実例を挙げておきましょう。

核武装した諸国の民間防衛組織は、ご存じのように、核戦争が起こった場合に住民の大部分が死亡することを覚悟したものです。数億人が死亡することを覚悟しました。

わたしたちには数億は想像できませんし、想像してみる気にもなりませんから、わたしたちのやるのは何でしょうか。そういう恐怖をうまくこなし、その人々がまだ生きていれば運べるようにするために、何をするでしょうか。

人々は太っ腹なところを見せます。破局で現れる数字からゼロを消していくのです。大量虐殺にかかる費用を数え直したりします。合衆国の「民間防衛（Civil Defence）」が導入した言葉では、一〇〇万人の死者は「大死体」という集合概念に集約されます。「メガコープス（megacorpse）」というのが、わたしたちがここに集まって座っているこの瞬間にも、公務に導入されて使われる用語です。

皆さんはみな「メガトン（megaton）」という言葉をご存じです。これはTNT火薬一〇〇万トンに相当する爆破力を表します。想像力のない連中はこう考えるわけです――、破壊の結果である一〇〇万人の死者に、破壊の手段のための用語に似た用語を使ってならないのはなぜか、と。とにかく使ってみようというわけです。つまり「メガトン」という言葉に似せて、一〇〇万の死体を表す「メガコープス」という言葉を造ったのです。

ロンドンや東京のような数百万人も住んでいる巨大都市を攻撃すれば、五、六個の「大死体」、五つか六つかが出ると予想されますが、――それはそう酷いことではないわけです。それは計算機だけでなく、わたしたちのうちの誰でも、いずれ大死体に繰り入れられる人々でも、楽に処理できるからです。五つか六つなら、十分責任を果たせるように思われます。

騙されないようにしましょう。ここで露わになっているのは、想像力の欠如だけではありません。想像力の意図的な破壊が露わになっているのです。自分自身の想像力の破壊だけでなく、他の人々の想像力の破壊も起こっています。こういう言葉を振り回す人々はおそらく、自分たちが畏れることなく準備している法外な事柄について勝手な想像をして、自分たちの活動力が萎えてしまうのを恐れているのでしょう、そうならないように、かれらはその下劣なものを、規模が見渡せるものに、つまり自分たちが親しんでいる小桁の掛け算表の数字に変えるのでしょう。

その際かれらは最後に、インフレのため先行き不明で低下した通貨を立て直そうとするために政府が使う策略を使います。周知の通り、かれらはこう決定するのです。すなわち、一〇〇万フラン（ないしマルクなど）を今日から「一フラン」（ないし「一マルク」など）と呼ぶというわけです。それと同じように、一〇〇万の死体が今日では「一大死体」「一メガコープス」と呼ばれるのです。

こういう比較をこじつけだと思わないでください。核時代はコマーシャルやPRの大半の用語に広がっているからです。こういう主張に対しても、「民間防衛（Civil Defence）」の文書から引用すれば実例として役立つでしょう。すなわち「民間防衛」は民間人を協力者にするために、あるいはシェルターを売りつけ、協力者や顧客が普遍的破局を想像するのを妨げるために、「何百万人も生き残る（Millions will be left alive）」と安心させるようなことを言うのです。

この文章が宣伝文句を真似ていることは、道徳的に細かいことまで聞き分けられる人には疑う余地のないことでしょう。まるで新しい粉末石鹼かレモネードでも勧めるかのように、この文章は、賛成しないと無数のお隣のお方々は自分のせいで気の毒なことになりますが、（民間防衛に賛成して商品を買うかぎり）誰でも得をしますよ、間違いなく生き残れますよと言っているわけです。この宣伝文句は同時に、――こんな言葉を使うのを許してください――信じない者には必ず災いが起こると説くいかがわしい信心をアピールしているわけです。一時は明らかに人々は、宣伝のプロの言うことを信じて、自分自身は準備を整えている破滅、つまりいわゆる破滅防衛組織を作って不可避と称される破滅に対する有効な手段のために、効果的に宣伝して防衛組織を強化することをプロに任せていました。

別な言い方をしますと、「何百万人も生き残る」という決まり文句に自明的に想定されている前提は、火傷を負い放射能を浴びた数百万の人々がその数の中に入れられていることであり、しかもその人々は助かった人々よりも遥かに多いことなのです。ところが他方では、この人々は五つか六つの大死体に還元される数百万と予想される死体について、想像力を発揮してその実態に迫るのを妨げられているのです。

想像力が果たす欺瞞的役割や想像力の無力さ、そして想像力をいたずらに破壊することについては、こういう実例で十分に証明できたと思います。そこで、問題の新しい側面に移ってもいいでしょう。

前にも強調しましたように、想像力の喪失は人間本性のうちにその根があり、――わたしたちの他の力の自然的活動や自然的能力と同じように――わたしたちの想像力も有限なものであり、わたしたちが技術者としてみずから作り出す無限な成果や効果を想像することは本性的に不可能であります。しかしこう言っただけでは、想像力と製作との関係の半分の特徴を述べたにすぎません。

技術に入るものは、組織的な事物（つまり機械）や機械による産物や産物の効果だけではありません。労働者であるわたしたち自身が機械の部分として投入されている活動も、技術に入るものなのです。つまり、間違いでもないのですが、同様に「機構」と名づけられるものも技術の一部なのです。

わたしが言いたいのは、そういう機構がわたしたちの本性的に有限な想像力をさらに制限して、わたしたちの想像力を枯渇させてしまうのに全力を挙げているということです。

何のことを言っているかと申しますと、分業や専門化のことです。分業や専門化は各人を、その内部でそのために労働が役立っている全体から枠で隔離しているからです。分業とか専門化というのは目隠しなのです。

わたしたちが工場労働者として、Bタイプの機械の部品を製造するAという機械で働いていると仮定してみましょう。わたしたちの課題はどこにあるのでしょうか。Bタイプの機械を作ることでないのは確かですが、Bに必要な部品を生産することでもありません。わたしたちの課題は、機械Bの（わたしたちには関係のない）部分を次々に作りだす機械Aを良心的に使用することです。機械AからBという機械部品が出てくるのはわたしたちの労働の結果にすぎず、わたしたち労働者はこの目的をめざしているわけではありません。わたしたちの目標はいわば機械Aを世話することだけです。機械Aから出てくる部品がどういう機械Bのためであるかとか、どういうCタイプの機械が機械Bを使って造られるのだろうかとか、あるいは機械Cを使ってどういう目標Dに達しようとするのかということについて、情報を得たり想像してみたり、頭を悩ましたりするのは、余分なことであるばかりかまさに望ましくないことなのです。――そして望ましくないことは、あり得ないことであり、少なくともほとんどあり得ないことです。というのは、わたしたちを働かせている企業組織が、わたしたちを機械Aの特定の仕事に縛りつけ、それにわたしたちを制限しているという事情は、わたしたちを「制限されたもの」とし、すなわち自分の仕事の実態、すなわち自分の仕事がB、C、Dにとってのどういう意味と関わりがあるのか、こういうことについて頭を悩ましたり想像したりすることを不可能にしてしまうからです。

しかしこの制限された状態は当然、道徳的にも制限されている状態なのです。自分の活動の結果や、その結果の次の結果を検討する、そして自分の活動をそういう検討に基づいて遂行したり修正したり中断したりする者が「道徳的」だからです。

現代のわたしたちの活動の大半では、――それを見逃せばそれ自体が非道徳的なことですが――最小限の道徳性である行為の結果についての配慮さえ、わたしたちにはもう求められません。しかもそれは最初に見たように、大半のわたしたちの行為が「労働」として行われ、単に「労働」としかみなされていないからです。

「労働としかみなされていない」のです。というのは、「行為」を「労働」と称して道徳的に中立なものに変えたこと、すなわちわたしたちがたとえば攻撃準備のために労働によって加わっているかぎり、原則的には、放免されているように見え、何をやっても許されるように見え、結果のことは自分の問題ではないとみなして、責任を取る必要はないからです。今日の「労働道徳」――これについては幻想を持たないようにしたいものですが――その秘密の原則は以下のようなものです。

労働が続いているかぎり、つまり「すべきだ」とか「すべきではない」が分かっている態度はやめるべきであるかぎり、良心を持つ代わりに「良心的」でありさえすればいい。道徳的に制限があることを忘れてはならない。絶滅収容所の職員の原則であったこの原則を、わたしたちは皆守っているのです。わたしたちは労働して参加しているだけでいるかぎり、恥ずべき行為に汚されることはないと確信しているのだと言わざるを得ません。

したがってわたしたちの現代の原則は次のようになります。労働道徳の秘密の原則に抵抗せよ。自分に「制限」を課すものに抵抗せよ。自分のあらゆる労働が共犯であり、共犯としては行為であることを忘れるな。自分の労働がどういう種類の行為であるかを報告するのを決してやめるな。何より大事なことは――滅多にないことであり、そういう例外的なケースが世界の運命を左右することはないが――ナイフかピストルを手にしているときだけでなく、何よりも道具を殺人の道具のために共同して造っているときにも「殺すなかれ」を守ることだ。

機械工場の労働者について言えることは、ごく僅かな例外を除けば現代人すべてについても言えることです。わたしたちは皆、機構のうちに嵌め込まれているからです。自分の専門分野で仕事をしているとき、専門的な仕事の結果は遮断機でわたしたちから離されているかのように、働くことを期待され命令され、そしてわたしたちがそういう期待に応える場合には、自然がどれほどの知性をわたしたちに与えていても、また暇なときにどういう賢明な意見や愚かな意見や真実の意見や偽りの意見を聞かされていても、わたしたちは制限されているのです。わたしたちを道徳的に制限するものは、（ほんの数年前に確信したことですが）もう間違った意見や偽りの意見である「イデオロギー」ではありません——イデオロギーは、今日ではほとんど余分なものになっています。むしろわたしたちを制限しているのは、わたしたちが生きている客観的状況、つまり機構の中で労働している状況なのです。このためわたしたちは、今日の制限された状態を客観的制限状態と呼ぶことができます。

こういう制限された状態の基礎はひとつの等式、つまり同一律なのです。[*1] 人間が職業上の役割や機能

＊1——この命題がふつう述べられることはなくても、それはこういう命題が存在することを否定するものではない。逆に　それは問題の本質に関わることなのだ。この命題が妥当するものとして前提とされているからである。——自明的に　妥当すると前提とされているものがことさら言い表されることはない。

と同一視されます。つまり人間が（企業や国家などで）従事しているものとして、機構の中で利用されているものとしての「として」と同一視されるのです。

すなわち企業の機構から見れば、こういう等式は決して全体として見えてこず、常に業績と「無関係な余分なものが残り、たとえば物理学者が単に物理学者であるのではなく、無益で採算がとれないお荷物と同じ名前の人間を常に持ち運んでいる事実は、まさに不完全さにほかならないのです。（こういうことがよく起こり、原則として肯定されている「全体主義的」国家だけでなく）目標とされているのは、各人が職業に没頭していること、しかも休みなく没頭していることです。すなわち。各人が仕事とは無関係な残余である「人間」という在り方を最小限にし、できればゼロにすることなのです。たとえば、すべてが（自動的に）自分の役目（たとえば「兵士」という役目）を一緒に果たしているアリのようにです。

全体主義を人間の全体的な活用を目論むということだけで定義しては、全体主義の原理の半分しか表していないことになります。全体主義は一方からだけ打ち下ろされるハンマーではなくて、両側から同時に挟み込むヤットコなのです。というのは、利用しようとする人間を当人が利用できるのと同じものに固定し制限することが、（公然たる政治的全体主義に劣らず、いわゆる「自由世界」の秘められた全体主義も含む）全体主義の本性をなしているからです。人間の全体性を破壊し、明らかに仕事に没頭するのではなく仕事に依存している人間である部分の力を奪うのです。わたしはこの「力を奪う」という言葉を意図的に使って、「破壊する」という言葉は使っていません。パラドックスですが、望ましい仕事が、仕事に無縁の部分の生存と成否をともにするからです。すなわち、機構は仕事と無縁な残余を肉体的に消滅させるのを許すことはできないからです。機構が物理学者を望むなら、機構はその物理学者が血肉を備えた人間であるという事実に目をつぶらなければなりません。機構はこの事実を認めざるを得ないのです。——では破壊とまでは言わずにその代わりに「力を奪う」と言うにとどめるのは、どういう訳なのでしょうか。

反論が出るのはもっともなことで、そのおかげでこの問題の答えに近づくことができます。その反論によると、今日では「仕事とは無縁な残余」が認められていて、「残余」は現実に自由であって、今日ではわたしたちは私的な生活や余暇の楽しみや趣味を持つ権利があり、さらには趣味を磨く義務さえあるではないかというわけです。わたしたちに許されている時間には、その残余（つまり労働者や核物理学者に「依存している」人間）には自分の生活を楽しむ機会があるが、先祖にはこれに少しでも似た機会は与えられていなかったではないかというのがその反論です。

こういう反論は正しいでしょうか

いいえ。

なぜ、正しくないのですか。

もちろん現代の余暇が、つまり自由時間の過ごし方が労働時間と全く同じように用意され、整備され管理されているからではありません。余暇にはやることがいっぱいあって決して「自由」ではないからではないのです。この点については、ここでは触れないでおきます。

というのは、労働時間のほかに与えられ、それを整えるように促される私生活が「私的（private）」だと考えられていることがもっと重要だからです。これはどういう意味でしょうか。

ラテン語の「privare」は「奪う」という意味です。わたしたちの私生活（Privatleben）は、何かを奪われた状態としてわたしたちに与えられているのです。何を奪われているのでしょうか。

責任を奪われているのです。

というのは、レジャーにやっているのがテレビやスポーツであろうと何であろうと、それはわたしたちが責任を問われない自由な状態として認められているからです。これは素晴らしいことのように思われます。教養のある人々には、それは責任から解放された遊びのうちに実現される、カントやシラーが称えた人間の自由を思い起こさせます。しかしカントやシラーを、わたしたちの自由時間の守護神として要求するわけにはまいりません。ここで自由（Freiheit）と言っているものは、全く違う意味の自由だからです。

わたしたちは「責任から解放されている（frei von Verantwortung）」わけですが、わたしたちには責任を担う権利もなければ責任をとることも許されていません。現代の「私的であること（Privatheit）」が「私的＝奪われている」という意味であるのはこのためです。——ある有名な政治家がごく最近、わたしたちの友人であるゲッティンゲン大学の研究者たちの行動のニュースを聞いて、激怒したことを思いだしてみましょう。お分かりのように、わたしが言っているのはアデナウアーのことです。かれは、ゲッティンゲン大学の研究者たちが自分の業務の境界外にあることに責任をとることができ、責任をとらねばならないと信じ、終業後に良心の痛みに耐えかねて専門領域を超えた事柄、つまり自分たちの仕事の効果と起こり得る応用に関係する事柄に関わったことを、無責任とか良心を欠いているわけではないが極めて奇妙なことだと感じたのです。アデナウアーの反応のような反応について、問題なのは本当の単純さなのか、それとも単純さの源である道徳的混乱の徴候なのかは、決定しないでおきましょう。国民がそういう単純な男あるいは混乱した男を、最高の公務に就かせるにふさわしいと判断しているのが、責任を果たしているかどうかという問題も取り上げないことにしましょう。ここでわたしにとって問題なのは、こういう反応に現れる混乱を解明することだけです。

どういう責任も未来に関わりがあります。そして責任が正しい責任であるのは、責任が制限時間や仕事場の境界を突破する場合だけです。そうでない責任は存在しません。あの政治家のように、自分には責任があるが、それは行動の及ぼす境界外の効果についての責任ではないと思っている者は、どうしようもない矛盾に陥ります。行為者や労働者は皆知っていることですが、自分の仕事場は結局、密閉され孤立した場所でないばかりか、何の結果ももたらさないチェス盤でも窓のない実験室でもありません。そして実験室の窓がない場合でも、窓がないのは世界のために世界によってなされたことなのです。孤立した実験室や閉ざされた仕事場と言えども、それは世界の一部としてのみ存在しているのです。そして道徳的であるとは、世界から締めだされたままで世界における場を拒否されていることが、世界の現在の在り方の一部をなしている世界に、自分が生きていることを心得ていることにほかなりません。

先に述べましたように、科学者に「良心の権利」を明白に拒否することは、アデナウアーには思いもようないことだったでしょう。しかし科学者たちの行動にかれが呆然となったとすると、夕べに「真面目な昼間」の後で音楽を聴いて味わうか陥る興奮状態に類した、何の結果ももたらさない一種の私的感情以外の何を、かれは「良心の権利」として理解できたでしょうか。要するに、わたしたちに認められるのは単なる「感情の自由」なのです。――すなわち、音楽やわたしたちの感情がいかに「真剣なもの」であっても、それはまさに不真面目で純然たる遊びなのです。

確かに、不真面目さや遊びもわたしたちに認められています（わたしたちは要求もします）。しかもそれは、わたしたちが現実の「真面目な」行動、すなわち結果をもたらすような行動は控えるべきだとされているからなのです。デモクラシーについての素晴らしい言葉にもかかわらず（とりわけこの言葉がよく人々の口や装置から聞こえて来る国で）、行為はすでに廃止されているのです。これは、高度成長を成し遂げた国の住民の大多数にとっての今日の活動が、「労働」や「楽しみ（fun）」ないし「遊び」になってしまっていることを意味します。以前なら「行為」と呼ばれていたものが、やることなすことが命令される独裁国家では廃止されているのは広く知られています。それに対して、そうした廃止が、もともと技術に由来する廃止の政治版であること、そしてこの廃止がたとえば合衆国でも既成事実（fait accompli）となっていることは知られていません。しかし、すべての行為を「労働」と「余暇」に分けて、本来の行為を追放したところでは、（たとえばゲッティンゲンの研究者たちの場合のように）本来の行為が、まだと言うか再びと言うべきか、権利の侵害であるとともに不都合であり、まさしく「道徳的にあり得ない」ものとして浮かび上がっているのは重要なことです。今日では道徳がそれほどに変質しているのです。今日の状況はそうとしか思えません。「デモクラシー」とどんなに絶えず真剣に長いあいだ叫んでいても、無論この状態がデモクラシーと結びつくことはありません。「デモクラシー」は、専門職業は度外視し、職業の枠を超えて、あらゆる市民の権利と義務を認めることであり、声を挙げること、つまり公共の事柄（res publica）に関心を寄せることを意味するからです。そうでなければ「デモクラシー」という言葉は無意味です。上に述べたような政治家が市民が職業の枠を無視して、自分たちの労働の影響や可能的な利用に注意を向けることに腹を立てるとき、そういう政治家は――どういう言葉でそれを誤魔化そうとしても――市民が「労働かレジャーか」という二者択一では満足せずに行為することに、すなわち、市民が自分たちのデモクラシーの基本的権利を行使することに腹を立てているのです。

申し上げたように、現代のこうした「制限された状態」の根はふつう、個々の主体の悪意にあるのではなく、むしろ現代の客観的性格の結果にあります。どうか誤解しないでください。「客観的性格」に基づくこの「制限された状態」を道徳的に重要ではないとみなすことほど、わたしにとって縁遠いものはありません。逆です。悪がすでに状況そのものの不可欠な成分になってしまって、個人が自分で悪くなる必要もない状況ほど道徳的に悪い状況はありません。（神学的な意味での）「悪」が存在し、その意図は悪をやり通すことにあるとすれば、――悪は世界が客観的に悪であって、個人が悪い意図をいだくとか悪事を断固として行う必要はもうなくなった世界の状態を作りあげたのですから、今日ではそういう「悪」が勝ち誇っていても不思議はありません。（ヘーゲルの）「客観的精神」という（法という形で）制度化された道徳だけが存在するわけではありません。「客観的精神」となった退廃も存在します――しかも、まさに人間を客観的にその活動の影響から切り離して、客観的な良心喪失状態を保証する分業という形態で存在しているのです。この良心喪失状態は、それが良心的であることとして称えられ、育成されているところに見ることができます。定められた労働の枠組みの中で熱心に働く人々、すなわち自分の活動の道徳的性質とか活動の結果を気にせずに働く人々が道徳的だとみなされるのです。

悪い行いをする必要は今日ではもうありません。欲するか否かにかかわらず、わたしたちは客観的に悪い世界の一部ですから、わたしたちはすでに悪いのであり、常にすでに悪くされているわけです。こういう道徳的状態は非常に怖ろしいもので、わたしたちはそれと比べると、悪意がまだわたしたちから取り上げられていなかった時代、悪が悪として認められていた時代は無害だったと言えるほどです。パンを焼くとか統計を取るのと全く同じように、現代世界の機構がわたしたちから悪事を働くことを奪っています。わたしたちが咎められないように思われるのは、わたしたちは自分が行う悪事をもはや自分で行うことが全くなくなっているからです。罪がわたしたちから奪われているのです。なぜなら罪を生み出す行為をわたしたちは事物に譲り渡して、事物がわたしたちに代わって行為を行うからです。道具はわたしたちが作り出した暴君です。わたしたちは手を汚すことなく道具の後ろに立っているわけです。しかしまさにそこにこそ現代の悪の本質があります。悪いのは道具なのです。なぜなら、最悪のことをやるのに、わたしたちが悪くなる必要はないからです。悪いのは道具なのです。なぜなら、わたしたちの誰かが何かをしでかすまでもなく、わたしたちは途方もなく怖ろしいことがやれるからです。

(レジスターのような)装置が、(おそらく誤って)「核攻撃」だと理解する何かを感じることがあるでしょう。[*2] そういう誤解に基づいて別の(数百マイルも離れたところにある)装置に情報が伝えられます。そしてその情報に基づいてその二番目の装置が全く悪意もなく何も知らずに、(皆さんがすでにご存じの)出来事を引き起こします。その出来事が起こっているあいだ(それは僅か数分間に起こることですが)、わたしたちの頭上か背後で行われる装置の音のない共謀作戦について何かを予想している人は、わたしたちの中にはひとりもいないでしょう。むしろわたしたちが閃光に撃たれるのは、広島の男女や子供たちと変わりがないでしょう。広島の人々の焼け焦げた姿から、わたしたちは今日でも、あの閃光を浴びた日常の仕事を読み取ることができます。その姿を見た使者として、わたしはここで話しているわけです。

わたしたちが待ち受けねばならない戦争は、わたしたちが戦うのではなく「第二部隊」によって戦われることでしょう。その代理戦士たちは、今日すでに前もって送り出されるか、すでに送り出されてしまっています。――

＊2――追記(一九七一年)。今年の二月二〇日にこれが起こりそうになった。そのときアメリカの防空空軍部隊のひとりの職員が自分の機械に間違って違う穿孔テープを挿入したところ、「核による緊急事態」を意味する暗号文字である「Hatefulness」がテレタイプで打ち出され、ただちに国中で航空が禁止された。この突発事故から何事も起こらなかったのはまったくの偶然だった。――とにかく暗号文字の不合理さには注意してもらいたいものだ。不注意のために警報を発してあわや核戦争を起こさせかけた男は「憎しみに燃えて」いるどころか、そういう感情を抱く権利もなかった。暗号文字はまさしく断言なのだ。

皆さんは不気味なイメージだとおっしゃるでしょう。それはわたしも否定はしません。逆です。そして皆さんにその不気味な出来事を容赦なく明確に示すために、わたしは最後にそれを昔の不気味なものと比べておきたいと思います。

これまでの戦争には一種の不気味なものが存在していました。わたしたちは、特に二つの世界大戦にはそうだったことをよく知っています。しかもそれは兵士のあいだに常に「虚偽意識」、上部構造、イデオロギーが浸透していたからです。たとえばドイツ人とフランス人が戦えば、ドイツ人はドイツの利益集団がまき散らしたフランス人についてのエイドーロン、つまりイデオローギッシュなイメージと立ち向かうことになり、フランス人はフランスの利益集団がまき散らしたドイツ人についてのイデオローギッシュなイメージと立ち向かうことになります。つまりある意味では、戦闘は、現実の兵士の頭の中で荒れ狂うイメージ戦だったのです。どちら側も相手側のイメージを撃っていたわけです。――あるいは、ヒトラー政権下で六〇〇万のユダヤ人を殺した場合には、根本的には「突撃隊」が描いた歪められたイメージを殺したのです。――、もっとも、いずれの場合にも苦しんだのはイメージではなく、死なねばならなかったのは常に現実の人間でした。先に述べましたように、こういうイメージ戦やイメージによる虐殺もすでに不気味なものでした。そしてイメージが現実に取って代わるという不気味さが今日でもまだ存在しているのです。[*3] 世界を覆い隠して誤った意識を持たせ、赤裸々な真実、赤裸々な世界を見せまいとするイデオロギーや上部構造やイメージは、今日では有り余るほどになっています。今日では虚偽の世界観を押しつけて世界を見えなくしたり、世界を覆い隠したりする必要はありません。今日では巨大な道具の世界という形で虚偽の世界が、わたしたちにかぶせられているからです。嘘が世界になったところでは、……いずれ真理が世界となるから哲学は不要になるとマルクスが信じていたのと同じ意味で、明白な嘘は不要になります。今では人間の代わりに戦わされているのはイメージではなく、装置やロボットやミサイルの自動システムなのです。そしてこういう装置と戦うのはわたしたちではなくて、ミサイルがミサイルと戦うのであり、装置が装置の敵となって戦闘に赴くのです。それは「主なきハンマー（marteaux sans maître）」の戦い、事物間の戦闘となるでしょう。機械は憎しみに燃えて入り乱れ、配管設備は配管設備に押しつぶされてしまうでしょう。つまりわたしたちが戦闘するのではなく、むしろわたしたちが平和そのものの時期に、命令する権力と責任を譲り渡した事物が、――ギリシャとトロイの雑踏の彼方で、一方はギリシャ人のために、他方はトロイのために敵対して、オリンポスの山でそれぞれのやり方で最後まで戦ったホメロスの神々と同じように、――わたしたちを無視して戦闘を行うことでしょう。

そういう事物がわたしたちや、わたしたちの子や孫たちに残してくれるものは、死だけです。

＊3――イデオロギーが今日ではすでに遺物であり、やっと存在しているだけで、新しいイデオロギーが登場することはほとんどないと言っても過言ではない。――要するに、今日におけるイデオロギーの存在はすでにそれ自体がイデオローギッシュなもの、時代おくれになっているのである（イデオロギー終焉後の状態については、*Die Antiquiertheit des Menschen* 1, *S*. 195〔邦訳、『時代おくれの人間・上』、二〇七頁〕参照）。

これは、わたしたちが自分の責任や悪意を任せた代理人をあらかじめ呼び戻せる場合を除けばということです。代理人を今日のうちに呼び戻すのです。代理人が取っ組み合いを始める前にです。

そしてこれが現代におけるわたしたちの課題なのです。お話したような争いが起こらないために闘うことがまだ許されているかぎり、それがわたしたちの果たすべき課題なのです。平和が平和を獲得するための唯一のチャンスなのです。

平和を獲得するために闘うチャンスは以前よりも大きくなっているようです。というのは――ここで冒頭に述べた言葉に立ち返ることになりますが――、わたしたちは恐ろしい時代における恵まれた時点にいるのです。つまり無風状態にあるからです。しかしこの時点が静かであり、明日にも嵐になるとは思えないからこそ、そこには別の危険も含まれています。こういう時点だからわたしたちはぼんやり過ごし、安心しきっているからです。そうなることに、わたしたちは抵抗しなければなりません。「不幸に屈しないのは容易なことだ。性格が分かるのは幸福なときだ」という格言があります。

わたしたちは抵抗しなければならないと言うのは、そういう意味においてなのです。

VI　原子力時代への提言（一九五九年※）

ヒロシマと化した世界

一九四五年八月六日、あの広島原爆の日に新しい時代が始まった。いつ何時あらゆる場所が、いや世界全体がヒロシマと化してしまうかもしれない時代が始まったのだ。あの日からわれわれは負号つきの全能者になったのである。しかし、いつ何時抹殺されるか分からない以上、これは、あの日からわれわれは全く無力な存在になったことにほかならない。この時代がいかに永く、たとえ永遠に続いても、この時代に続く次の時代はない。われわれが自らの手で自分自身を抹殺することがこの時代の特質だが、その特質は——終末そのもので終わるのでないかぎり——終わることがないからである。

〈時の終わり〉を阻む最後の時代

したがって、われわれの在り方は「猶予期間」だと言うことができる。われわれは消滅を猶予されているにすぎないからだ。――こういう事実がある以上、倫理の根本問題は別物になってしまった。すなわち「いかに生きるべきか」という問いは、「生きていけるだろうか」という問いに帰着したのである。猶予期間を生きているわれわれにとって、「いかにという問い」の答えはひとつしかない。その唯一の答えは、「最後の時代はいつ〈時の終わり〉になるかもしれないが、この最後の時代が永続するように努めなければならない。つまり〈時の終わり〉へ激変しないようにしなければならない」というものである。――〈時の終わり〉が起こるかもしれないと考えるから、われわれはアポカリプス（全面的崩壊）が起こると考えているわけだが、闘いの相手がわれわれ自身が造りだしたものである以上、われわれはアポカリプスに逆らう者という前代未聞の存在なのだ。

政治動向が核兵器を生むのではない、実態はその逆である

現代の政治状況では、「核兵器」も他の兵器と同列に存在しているといういかにも尤もな説があるが、こういう言い方は誤解を招く。今日の状況が何よりも「核兵器」の存在によって規定されている以上、そういう説とは逆に、政治行動は核の状況に応じて起こる出来事となっている。

核は兵器ではない、われわれの敵である

われわれが闘う相手は、核兵器で攻撃できる敵でもなければ、全滅させ得る特定の敵でもない。われわれが闘う相手は核の状況そのものである。この敵はすべての人間にとっての敵だから、これまで敵対していた者が共通の脅威に対する同盟者として連帯しなければならない。――和平条約を当然結ぶべき者をすっかり抜きにして行われる平和行事など偽善に類する。それは自己正当化とか時間の浪費にしかならない。

※――一九五九年にベルリン自由大学のクラブハウスで開催された原子力時代の倫理問題に関するゼミナールの後で、テーゼを議論の基礎として書き残すようにという依頼を受けた。そこで急いでひとつのテキストを即席で書き上げたが、これは議論の目的のためにのみ使うようにお願いした。当時議論された事柄を後に公開したのは、議論がもっと広範に行われるためである。

核の脅威は全体主義的である

ヤスパースからシュトラウスに至る人々が主張している評判のいい意見では、「全体主義的な脅威を牽制する手段は、全体を絶滅させることになるという威嚇以外にはない」ことになっている。こういう言い方は無意味だ。第一に、原子爆弾はすでに使用されたのである。しかも使用する側が全体主義的権力の犠牲となる恐れはない状況で使用されたのだ。――第二に、こういう主張は核が独占されていた時代の化石であって、今日では無謀と言うべき説にすぎない。――第三に、「全体主義的」という言葉はひとつの政治状態から採られているが、政治の状態は本質的に変わっただけでなく、今後もさらに変化する。それに対して核戦争は、そういう変化の機会を奪ってしまうものなのだ。――第四に、核戦争の脅威、つまり全滅の脅威はその本性そのものが全体主義的である。その脅威の源となっているのが恐喝だからである。

誰にでも起こることは誰も免れられない

放射能雲には里程標も国境も鉄のカーテンも関係がない。最後の時代の状況には、距離というものがもう存在していない。どの放射能雲も誰にでも降りかかり、誰でもどういう放射能雲に降りかかられるか分からない。自分が製造したものの機能に倫理的に後れをとりたくなければ（後れをとれば致命的な恥辱どころか恥辱まみれの死となる）、自分に起こる出来事の地平を、つまりわれわれの責任の地平を、われわれが起こし襲われもする出来事の地平と同じ範囲まで拡大し、グローバルなものにしなければならない。もはやすべてが「射程に入っている」からである。

世代間の同盟

至近のものへの責任の空間的な地平を拡大するだけでなく、時間的な地平も拡大しなければならない。核実験のような今日の行動は次の世代にも影響を与える以上、次世代の人々もすでに現代という範囲に入っている。すべての「来たるべきもの」が、われわれ次第であるかぎり、それは常にすでに「到来」し、われわれと時間をともにしているのだ。今日では「世代間の同盟」が存在しており、それにはわれわれの子孫もすでに加わっている。われわれの子孫は時間的には同じ世代なのである。今日の家屋を炎上させれば、火炎は未来に達し、まだ生まれてもいない者たちの手つかずの家屋もわれわれの家屋とともに灰燼と化してしまう。――この「同盟」にはわれわれの先祖も加わっている。われわれが終わりを告げるとともに、――いわばもう一度、今度は最終的に――祖先も破滅するからである。祖先は今日でも「過去の人々」だが、もう一度死亡すると今度は、まるで存在したこともない者のようになるだろう。

想像を絶する虚無

われわれが経験しているアポカリプスの脅威が絶頂に達するのは、われわれには破局を思い描く用意ができていないからであり、その能力がないためである。(愛する者の死のような)消滅を想像するのさえ容易なことではないが、アポカリプスの到来を意識している者の課題と比べれば、それは児戯に類する。というのも、われわれの課題は、存在し持続すると思われる世界の範囲にある特定のものの消滅を想像することではなくて、その範囲そのもの、つまり世界そのもの、少なくとも人間の世界が消滅するのを想像することにほかならないからである。(思考力ないし想像力として、われわれの絶滅能力に対応できる)「完全消滅を想像する能力」は、われわれの自然な想像力を超えている。それは虚無の彼方なのだ。しかしわれわれは工作人としてそういう能力を有し、完全な虚無を造りだし得る以上、能力の有限性とか「限界」と言うべきではない。少なくとも虚無をも想像することを試みなければならない。

われわれは逆転したユートピアンである

われわれは自分自身より小さく、自分自身が造りだしたものについてイメージすることができない。これが現代の根本的ジレンマである。そうである以上、われわれは逆転したユートピアンなのだ。ユートピアンは自分が想像するものを製造できないが、それに対して、われわれは自分が製造するものを想像することができない。

「プロメテウス的落差」

この事実は、数ある事実のうちのひとつではなくて、むしろ今日の人間の倫理的状況を規定しているものである。今日の人間を引き裂いているというより人類を引き裂いている裂け目は、霊と肉、義務と傾向性とのあいだにあるのではない。それは、われわれの製造力と想像力とのあいだにある。それが「プロメテウス的落差」である。

「閾を超えるもの」

そういう落差によって引き裂かれているのは想像と製造だけではない。感情と製造、責任と製造も引き裂かれている。いざとなれば個人の殺人なら想像することも感じ取ることもできるだろう、責任をとることもできるかもしれない。ところが、十万人もの殺人となるとそうはいかない。行為のもたらす影響が大きければ大きいほど想像できなくなり、感じることもできず責任もとれなくなってしまう。「落差」が大きいほど、抑制するメカニズムは弱くなる。ボタンを押すだけで十万人を殺すことは、人ひとりを殺すより遥かに容易である。心理学では「閾下のもの」（小さすぎて反応が起こらない刺激）が知られているが、それに対応するように「閾を超えるもの」、すなわち、大きすぎて抑制メカニズムの反応が起こらないものがある。

感性は考え方を歪め、空想こそ現実的である

（上に述べたように）われわれが生きている地平（われわれが起こし襲われもする地平）も、われわれがもたらす効果の地平も、無限なものとなった以上、この試みがわれわれの想像力の「自然な偏狭

さ」にそぐわないとしても、無限な地平を想像してみなければならない。本性的に不十分な力だが、真実を伝える器官としては想像力しか考えられない。とにかく感覚は考えられない。感覚は「偽りの証言者」であり、しかもギリシャ哲学が警告していた以上に偽りに満ちている。感性が本質的に近視眼的で限界があり、その地平は「法外に」狭いからである。今日の現実逃避主義者が到達目標としているものは空想の国ではない。それは、実は感覚の国にすぎない。

（普通の遠近法で）描かれた普通の絵画に、われわれが（正当な）不安や不信感をいだくのはこのためである。従来の意味では現実的だが、広大な地平となった世界の現実と矛盾しているために、そういう絵画こそ非現実的なのだ。

不安をいだく勇気

生き生きとした「虚無の表象」は、心理学で「表象」として考えられるものとは異なる。それは具体的にはむしろ不安として現れる。つまりわれわれがいだく不安の規模は、小さすぎて現実に対応せず、脅威の規模にも対応していない。——われわれはどっちみちもう「不安の時代」に生きているのだという、生半可な教養人が好む言い方ほど間違ったものはない。そういうことを言いふらすのはマスコミの連中だけであって、かれらはわれわれが脅威にマッチした本当の不安を実際にいだくかもしれないと不安がっているのである。われわれが生きているのはむしろ「事態を矮小化して不安をいだけない時代」なのである。したがって想像を拡大せよという命令は、具体的には、不安を拡大せよという意味なのだ。要請。不安をいだくのを恐れるな、不安をいだく勇気を持て。不安がらせる勇気を持て、自分と同じように隣人を不安がらせよ。——無論われわれの言う不安は全く特殊なものだ。第一に、それは大胆な不安であって、われわれを臆病者だと嘲る人々の不安とは全く別物である。第二に、それは活気あふれる不安であって、われわれを書斎の隅に押し込むのでなく街頭へ駆り立てる。第三に、それは愛情に満ちた不安であり、われわれに襲いかかるものに対する不安どころか世界のための不安なのである。

創造的挫折

製造し生み出し得るものの大きさに対応するほど想像や不安の能力を拡大せよという命令は、実行できないことが明らかになることが多い。そういう試みが進歩しているという保証もない。しかしそれでも、われわれは怯えてはならない。挫折が繰り返されるからといって、繰り返し試みないわけにはいかない。逆に、どんな失敗でも有益である。想像を絶するものを漫然と製造し続けることの危険が分かってくるからである。

距離の移転

要約すると現代の状況がよく分かるので——「距離の終焉」や「落差」について述べたことを要約してみよう。すると明らかになるのは、時間的な距離も空間的な距離も「除去」されてしまっているが、その「除去」は新種の「距離」を代償にして得られたということ、そしてその代償は製造と消費との距離の拡大だということである。

比較級の終焉

産物とその効果は、想像（感覚、責任）を超えて大きくなっただけではない。有意義に使用できるものよりも、その効果のほうが大きくなってしまったのである。生産と供給が需要を凌駕することが多い（そして新しい欲求や需要をわざわざ作りださねばならない）。このことは知れ渡っている。しかし供給が需要を、まさに上回っている。供給は、必要とし得る以上のものから成り立っており、供給のほうが絶対に多すぎるようになっている。その結果、産物を自家消費せざるを得ない逆説的な状態に陥っている。その自家消費はこれまで自然力を取り込んだのと同じやり方で行われる。いわゆる「きれいな兵器」を製造しようとする試みがそのタイプでは最初のものだ。というのも、それは産物を劣化させ、その効力を低下させて、産物を改良するわけだからである。

つまり産物の向上には意味がなくなったのだ。今日すでに存在している兵器の数と性能が人類の絶滅というばかげた目標を達成するのに十分だとすると、今日でもまだ大規模に続行されている生産向上はさらにばかげ果てたものであり、生産者には自分が製造したものが何なのかが分かっていないことを示している。進歩や競争の原理である比較級は無意味になったのだ。死ぬ以上に死ぬほど殺すことはできない。現在絶滅できる以上のことは、後になってもやれるはずがない。

権限に訴えるのは倫理的無能の証である

政治的・軍事的に権力ある地位にあって責任を担っている人々、つまり「アポカリプスに対処すべき人々」なら、こういう要求なり過度の要求に応え得るとか、化け物じみた事態を単に「死の手に委ねられた者（moriturі）」であるわれわれよりも、適切に想像できると（ヤスパースのように）考えるのは軽率であろう。かれらには、本当はそうでなければならないことだけは分かっていると思うのも軽率だろう。むしろ疑ってしかるべきだ。かれらは何ひとつ気づいていないのではなかろうか。――それは、かれらが「核や核武装の問題領域」について君たちは専門知識がないと力説したり、「介入しない」ほうがいいと言ったりするとき歴然となる。こういう言葉を使うことこそ、まさにかれらの倫理的無能の証なのだ。そういう言葉から、かれらが自分の地位によって、人類の「生か死か（to be or not to be）」という問題を決定する独占権と専門知識が自分には与えられていると信じ、アポカリプスを「専門分野」のようなものとみなしているのは明らかである。——もちろんかれらの中には、自分たちの独占の反デモクラティックな問題点を誤魔化せるという理由だけで「権能」に訴える者もいる。——「デモクラシー」という言葉に意味があるとすれば、「公共（res publica）」の問題について、それゆえ職業上の権能の彼方にある問題で、専門家でなく市民ないし人間であるわれわれに関わりがある問題に関する決定に、参加する権利と義務を有するという意味だ。

そのことに「介入する」ということは問題にならない。市民であり人間であるわれわれは常にすでに「介入して」おり、われわれも公共の存在だからである。人類の存続に関わる今日の問題以上に「公共的」であった問題は存在したことがなく、決して現れることもないだろう。「介入」を諦めるならば、それはデモクラティックな義務を怠ることにほかならない。

「行為」の廃止

起こりかねない人類の絶滅はひとつの「行為」であるようにみえる。それに加担する者も行為する者のようだ。だが本当にそうなのだろうか。これは正しくもあり誤りでもある。それが誤りであるのは以下のような理由による。

行動主義的な意味での「行為」はもうほとんど存在していない。従来「行為」としてなされ、行為する者自身もそう理解していたものが、第一に「労働」、そして第二に「起動」という――別種の出来事によって取って代わられている。

第一に、労働――「行為」に代わるもの。すでにヒトラーの絶滅装置の作業員はこのため「何ひとつ行為せず」、何事もしなかったと信じていた。なぜならかれらは「労働していただけ」だったからである。「労働していただけ」と言ったものは、(産業革命の現代状況では自明的で唯一支配的な)種類の作業なのだが、そこでは、労働の形態(エイドス)が作業員に見えないだけでなく、作業員とは無関係だし、無関係であるべきであり、無関係でなければならない。今日の労働の特徴は、倫理的には善悪と無関係で「実態が分からない(non olet)」ことである。悪質な労働目標でも労働者を汚すことはない。今日ではすべての行動に取って代わったこういう唯一の作業によって、人間に課されるほとんどすべての行為が画一化されている。労働は――偽装された行為なのだ。こうした偽装のおかげで大量殺戮者も罪を意識せずにすむ。労働は責任をとる必要がないだけでなく、罪から解放できると称されているからだ。――こういう状況でわれわれに求められているのは、「行為はすべて労働である」という現代の等式を、「労働はすべて行為である」にあっさり逆転させることである。

第二に、起動――労働に代わるもの。労働について言えることは、起動動作にさらによく当てはまる。

起動動作では、労働の特質である緊張や緊張感さえ取り去られているからだ。起動動作は——偽装された労働である。実を言うと今日では、起動動作でほとんど何もかも成し遂げられている。一連の起動動作さえボタンを一回押すだけですみ、何百万人も殺すことができる。こういうことが起こると、（行動主義的にみれば）この操作はもはや労働ではなく、ましてや行為と言えるものではない。行為ではないこの無作為の結果が絶滅であり虚無であっても、実際には何もしなかったのだ。（こういう者がまだ必要だと仮定しての話だが）ボタン係は自分が何かを行っているという事実に気づかない。加害者のいる場所と被害者のいる場所が一致することはもうあり得ず、原因と結果が引き裂かれているから、誰も自分が何をしているのか分からない。——「精神分裂病」とのアナロジーを使えば、これは「場所分裂病」だ。（上述したことから）結果を想像できる者にしか真実に達する機会はなく、感覚だけでは何の役にも立たないことが明らかである。——この種の偽装は初めて現れたものである。偽装はかつては行為の犠牲になると予想される敵が身に迫る脅威に気づかないようにする（あるいは加害者を敵から守る）ことを目的としていたが、今では偽装の目的は、加害者自身が自分のしていることに気づかないようにすることになっている。そうである以上加害者もいまや犠牲者である。その限りでは〔広島原爆投下時の気象観測機長〕エザリー〔訳者注〕は、かれが殺した人々のひとりなのだ。

〔訳者注〕——Eatherlyの現地の発音は「エザリー」で、邦訳書『ヒロシマわが罪と罰——原爆パイロットの苦悩の手紙』（篠原正瑛訳、ちくま文庫、一九八七年）のように「イーザリー」ではない。

現代的虚偽の嘘八百な諸形態

偽装の実例から分かってくるのは虚偽の現代的形態である。すなわち今日では嘘はもう証言として登場する必要がない(「イデオロギーの終焉」)。その反対に、嘘のずる賢さは、嘘かもしれないと疑う余地がもはやないように偽装するところにある。しかも疑う余地がないというのは、その偽装が証言というものではないからだ。これまでは、嘘は真実であり最も誠実なものだと偽っていたのに対して、いまや嘘の偽装の仕方が違ったものになっている。

第一に、偽りの証言に代わって飾り気のないただの単語が現れる。無論実際には(嘘八百の)述語に主張が込められているのだが、そういう単語はまだ何も主張していないように思われる。——たとえば「核兵器」という言葉がすでに嘘八百な言い方だ。なぜなら、それは「兵器」のことを述べているように装っているからである。

第二に、現実に関する偽りの証言の代わりに(今述べたばかりの問題点に関わりのある)偽りの現実が現れている。行為が「労働」として現れることによって行為とは似もつかぬものとなるのがそれであり、行為とは似もつかぬだけに、それは(行為者自身にとってさえ)その本来の姿(行為)が何であるかをもはや伝えることはない。そして「良心的に」労働しているときにも、最高の良心を発揮することで良心を完全に失ってしまう機会が行為者に与えられることになる。

第三に、偽りの証言に代わって事物が現れる。――行動が「労働」に偽装されて登場しているかぎり、活動しているのは、たとえ人間が自分が労働しながら成し遂げていること、すなわち自分は行動しているという事実を知らなくとも、まだしも人間である。嘘が勝利を収めるのは、こういう最低限のことさえ取り去られたときだ。――そして、そういうことがすでに起こっている。行動は（もちろん人間的な行動によってだが）人間の手によって、産物という別の領域に移されてしまっているからである。産物はいわば「事物化された行動」なのだ。原子爆弾は（存在するという事実だけで）絶えざる恐喝である、――そして恐喝がひとつの行動であることに異論はないだろう。――ここに虚偽が到達した嘘八百の形態が見られる。われ関せずと知らぬ顔で平然としているのだ。――これは何といっても奇怪な状況である。世界の破壊という最も怖ろしい行動に出ることができるというのに、どう見てももはや「行動」が存在しないのだ。われわれの産物があるだけですでに「行動」なのだから、われわれの問題はこういうものになる。（たとえば「抑止」のためにしか使わないとしても）われわれが産物を使って「行動により」何を始めようとしているかという問いは、二次的な問題どころか欺瞞的な問題である。事物はそれが存在しているだけで結果的に常にすでに行動がなされているということが、そういう問い方によって隠されているからである。

物化でなく疑似人間化

「物化」という言葉では、産物は「事物化された行為」であるという事実を言い表すことはできない。というのも、この言葉はもっぱら人間が事物の機能に還元されているという事実を表しているにすぎないからである。そういう過程の別の（哲学ではこれまでいい加減に扱われてきた）側面、すなわち、物化によって人間から奪われるものが産物に引き渡されていることが問題であり、産物が存在しているだけですでに何事かをなしており、疑似人間になっていることが問題なのである。

疑似人間の信条

そういう疑似人間には牢固たる基本原則がある。たとえば「核兵器」の原則は完全にニヒリスティックなものだ。核兵器にとってはすべてが同じようなものだからである。核兵器においては、ニヒリズムが頂点に達して、恥も外聞もない絶滅のニヒリズム（Annihilismus）となっている。

われわれの「行為」が労働と産物のうちに移動している以上、良心による検閲は今日では、われわれがわが胸の内なる良心の声に耳を傾けるところだけにあるのではない。良心による検閲は、労働や産物の沈黙した原則や信条に耳を傾けるところにもあり、そういう「移動」を逆転させて、労働の産物がわれわれの直接の行為の産物である場合にも、産物に責任を負う労働しか行わず、産物の存在がわれわれも自分の行為として引き受けることのできるような行為を「具体的に表現する」産物しか作らないところにある。

敵意の不気味な消滅

（上に述べたように）加害者のいる場所と被害者のいる場所が引き離されていて、苦しみは犯行現場では起こらない場合には、行動は目に見える結果を欠いた行動となり、苦しみは明確な原因が認められない苦しみになってしまう。そこに生ずるのは、無論見かけだけの敵意さえもの喪失である。

万一核戦争が起これば、それは前例のない最も憎しみのない戦争となるだろう。攻撃する側に敵は見えないから憎むはずもなく、攻撃される側も攻撃する者が見えないから憎むわけはない。（積極的な人間愛とは全く無縁の）こういう平和な関係ほど不気味なものはない。ヒロシマの犠牲者の話を聴いて異様な感じを受けることがある。それは、加害者のことは滅多に話題にならない（そして加害者が話題になるときでも憎しみがほとんど感じられない）ことだ。言うまでもなく、この戦争でも憎しみは不可欠だと思われるだろうし、それだからこそ憎しみをことさら作りだすこともあろう。憎しみを強めるために、特定できる明確な憎悪の対象が作りだされたり発明されたりする。それがあらゆる種類の「ユダヤ人」だ。それはどういう場合も内政上の敵である。実際に憎み得るためには、手に取れるものが必要だからである。ところがこの憎しみは、本来の戦闘行為とは全く結びつかない。状況が精神分裂病的であることは、憎悪と攻撃がそれぞれ全く異なるものを目標としているところにも示されている。

最後の主張だけでなくここで述べたあらゆる主張は、こういうことが現実にならないためだ。こういうことが実現しないのは、われわれがその高度の蓋然性を絶えず念頭において、それにふさわしく行動する場合だけだからである。そういう行動を間違いなく続けることほど驚くべきことはない。——しかし気の滅入るような破局の可能性に気力を奪われ、勇気をなくしてしまう人々に残されているのは、人間への愛情からあのシニカルな信条に従うことである。「状況が絶望的であろうと、それがなんだ。そういう状況ではないかのように続けて行こうではないか」。

VII　アポカリプス不感症の根源（一九六二年）

1　拡散

十九世紀の社会主義の理論家たちには、貧困階級とか「悲惨のエリート」とみなせる階級を見いだすチャンスがあった。理論家たちは、そのエリートたる産業プロレタリアートに、自分たちが求める革命の中核集団として、あるいは最も重要な行動主体として登場する役割を振り当てることができた。「最も重要な」と言ったのは、少なくともマルクスによれば、プロレタリアートの課題は自分たちの解放に尽きるのではなく、人類全体の解放のための闘争だったからである。

理論家たちが中核集団とした労働者は、実際には完全な主体ではなかったし、とうていそれはあり得ないことだった。階級意識を生み出すこと、つまり大衆を主体となすことが組織論上の課題としても目標としても、常に前面に出ていたのは偶然ではなかった、――無定形な大衆を行動主体に変容させようというその考え方は、決してユートピア的なものではなかった。

この一般によく知られている事実に注意を促すのは、その事実が核に脅かされる今日の悲惨な状況を明らかにし得るからである。もっと正確に言うと、現代状況に必須のものを明らかにし得るからである、すなわちわれわれの「反核運動」に欠けているのは、あのプロレタリアートに相当する「自然的な中核集団」なのである。そういうものが存在しないのはなぜだろうか。

それは現代の悲惨が人類全体に一様に広がっているからである。他のもの以上に、核の危険に深刻に脅かされている(または、それほど脅かされていない)土地もなければ住民も階級もなく、そういう世代も存在しない。危険はあらゆるものに一様に迫っているのである。危険が一様に拡散されたこの状況に何かチャンスがあると考えられたら、それは素晴らしいことだろう。時にはオプティミストが、人類全体が脅かされているのだから、共通の危険が続けばそのうちにきっと放っておけなくなると言うこともある。危険が同じように拡散しているから、現代の人類全体が「悲惨のエリート」となって、そのためアヴァンギャルドにもなり、いわば人類という唯一の巨大なアヴァンギャルドになるというわけだ。――これは極めつけの夢想だ。脅威を免れている者はなく、あらゆる人間が「同じ船」の乗客で、沈みかけている同じ船に乗っていることに間違いはない。そしてこの乗客の中には、ヘロストラトスのように名を残したい一握りの犯罪者を除けば、船が沈没することを本気で願い、船を沈没させるために何かをやっている者はひとりもいないと言っていいだろう。だがそれにもかかわらず、当事者が無数であるとか圧倒的多数が沈没を望んでいないことから、危険は周知徹底していると考えたり、あるいは、悲惨は明らかに共通だから脅威を感じている者たちの主体的連帯と共同の反対運動が成功すると期待したり、そして最後には大多数の人々が破滅のために働くのを拒むと考えたりするのは、重大な結果をもたらす間違いだ。こういう期待はすべて叶わぬ望みである。われわれの後ろには、数百万あるいは数十億の「反核ゲリラ」が肩を並べて並んでいるなどということはあり得ない。それどころか反核運動に加わっているわれわれは惨めな少数派であり、――いや、われわれはばらばらになっていて、まとまることがないため、今もってごく小さな集団というものでさえない。

したがって一様な「悲惨の拡散」は、「すべての人が核によって同じように悲惨な目に遭う可能性がある」というだけではなく、「(ほとんど)すべての人が同じように核のもたらす悲惨を気にしておらず、大半の人々は全く気づいてもいない」ということなのである。――われわれの原子力のもたらす悲惨に関して恐るべきことは、それが現実に悲惨としては全くかほとんど感じられていないこと、一九世紀のプロレタリアートが搾取されている悲惨を感じ経験していたのと同じように、常に敏感に感じるということが全然ないことなのである。十九世紀のプロレタリアートには、自分たちの悲惨さをわざわざ習得する必要などなかった。かれらが習得しなければならなかったのは、自分たちの悲惨を克服する戦術や戦略だけだった。われわれの無感覚はそれに比べると遥かに根が深い。そのためわれわれの訓練はもっと深いところから始めなければならない。自分の悲惨に気づくところから訓練しなければならない。まずそこから活動の最初の一歩を踏み出さねばならない。その一歩が成功するのは、われわれの不感症の原因を完全に解明したときだ。これは明らかなことである。

われわれの不感症の原因は、数年前に初めて一度調べたことがある。[*1] したがって、その当時示した「アポカリプス不感症」の根源については少し触れるだけにして、その時はごく簡単にすましていたものを取り上げることにしたい。危険の状況が見えない原因は以下のようなことである。[*2]

1. 危険が普遍的である。先に述べたように、危険はあらゆるものにふりかかっている、目立ちもせず、それと対比すべきものもない。これは、――すでに見たように――われわれ自身の悲惨な状態とは異なる恵まれた境遇にいる特権的集団は存在しないということである。まさにこういう危険の普遍性が危険を不可視のものとしているのだ。王様も乞食も、祖国に生きる人々も祖国を失った人々も、搾取者も被搾取者も皆、核の脅威を前にすれば同じだ。違いがあってこそ認識があり得るのだから、何ひとつ認識され得ないのである。

2. 比べるものがないため、状況は敵対するものがないように思われる。誤解しないでいただきたい。敵対しないと思われるのは無論、自国側か自国との同盟国だけだ。[*3] 危険は「拡散し」、それと「対比するものがない」から、自分の国は平和が維持されている。そういう国では皆同じよう脅かされているから、他の人以上に脅迫的であるとか罪深い者はいないし、戦う理由のある者もいないというわけである。罪の問題について慎重に検討することを妨げて、抵抗運動の息の根を止めることがいかに容易であるかは、この前の世界大戦で十分分かっている。危険が共通であることは常に、問題が共通である証拠でもあるように思われるのである。危険にさらされている「事態」はわれわれ自身の幸福に反するから、われわれ自身がリスクを引き受けねばならないということが、こういう間違った推論が容易に生まれる原因である。われわれに迫っている危険を犯人がわれわれとともにしている場合に、問題は共通であるという意識がこの上もなく高まるのは疑いない。だがそのため、最後まで疑いを棄てきれなかった者さえ、人々が苦しみを覚悟している事態は自分も直面している事態であって、それは当然起こる事態だと思い込んでしまうのだ。

こういう誤った推論が今日では勝利を収めている。しかもそれは、犯人たちと犠牲者との「連帯」が前もって確保されているからなのだ。すなわち、われわれを危険に追い込んだ者たちにとっては、自殺の危険へ突進する勇気を出す必要はなくなったのだ。危険が自然に「拡散」しているから、そういう突進は自動的にすでになされており、一緒に危険にさらされていること以外の何かが犯人たちに残ってい

＊1――*Die Antiquiertheit des Menschen* 1, *S.* 232ff.〔邦訳、『時代おくれの人間・上』、二四五頁以下〕

＊2――ここに指摘した原因は、高度に産業化した諸国に住む現代人にしか当てはまらない。開発途上国の悲惨を見た人には、原子力に脅かされている人類についての不安が、そこでは日々の最低限の必要についての不安とは比べものにならない理由が分かっている。――要するに、飢えている者には世界の終焉を考えるのは贅沢なのである。

＊3――別の意味で敵意喪失を嘆く理由は残念ながら存在しない。逆に、敵意が今日ほど計画的にいだかされていた状況はなかった。敵意をこのように明確な形で育てることが要求されているのには二つの理由がある。

（a）敵同士を隔てている距離が大きくて感覚的に出会うことがなく、長距離弾道弾のように技術的な仕方でしか出会わないからである。相手が見えない以上、敵意が生まれないのは当然である。敵意はそのため人工的に作りだされなければならない。

（b）（核兵器の製造が示しているように）脅威を生みだすことは、脅威が相手に向けられる場合にのみ納得できることだからである。脅威を正当化する必要に迫られるのはこのためである。

るはずはない

将来の犠牲者であるわれわれをひどく誤らせるものとして、罪ある者も当然（eo ipso）一緒に危険にさらされているという事実にまさるものはないのが現実である＊4。われわれと同じように危険にさらされている無数の人々や、いわゆる「攻撃的な敵国」の住民たちと連帯する代わりに、同じ陣営の中でわれわれを脅かしている人々と連帯することにしようというわけだ。かれらはわれわれを脅かしている者として認められないどころか、逆に一緒に脅かされている人々だと誤解されている。これこそ、現代の状況に対する抵抗へ人々を動員することが、言いようもなく困難である主要な原因のひとつなのである。

3. 危険が「閾を超えている」。この言葉で表しているのは、意識できない（小さすぎて知覚可能で想像もできる刺激の閾を超えている）周知の刺激と違って、大きすぎて知覚することも想像することもできない刺激である。脅威は大きすぎるにもかかわらず見えないのではなくて、あまりにも大きすぎるから見えないのである。

人類がいつまでも気づかないように努めている連中にとっては、こういう致命的な「閾を超えた在り方」が大いに役立つことは言うまでもない。かれらはその「閾を超えた在り方」を頼りにし、それを遠慮なく自分の戦術に取り入れている[*5]。

4. 絶大な力はわれわれを打ちのめす前に、苦痛を感じるわれわれの能力を打ちのめす。アポカリプスへの待望は歴史のどういう時代にも現れるものではない。社会のどういう状態にも現れるものでもない。どういう「終末の時代の社会学」でも、支配的な権力に基づくアポカリプスへの待望などというものは、決して存在しなかったことを明らかにするだろう。そしてアポカリプスへの待望はおそらく、支配権力によって無傷のまま伝えられるものでもなかったであろう。支配者は自分自身の存続とともに世界が存続することを強く主張する。終わりを思い、終わりを切望し、終わりによって慰められるのは、「終わりかけている」者だけである。ポジティブな言い方をすれば、アポカリプスという考えは常に、世俗権力のほとんど絶対的な権力、少なくとも非常に専制的な権力によって無力化されている集団のおかげで生まれるのである。終末思想を必要とする（正しく言えば、必要とした）のは、そういう集団だけである。終末思想のおかげでそういう集団は、この世で耐えねばならない屈辱を乗り越えることができたからである。しかも、かれらが自分たちが屈服している力に打ち勝ったのは、その力以上に「絶対的な」力、まさしくすべての地上の勢力を破滅させる絶対的終末の力によることだったからである。終わりにさしかかった世界が特定の暴力支配という様相を呈さないようなアポカリプスという観念は、マルクスにもダニエル書にも存在したことがない。現代の状況はそういう観念についてのひとつの解説となっている。おそらくひとつの集団も、まして人類全体が、われわれが核の脅威によって陥っているよ

＊4――政府が自分のために特別な防空施設を造らせているという情報が洩れることがある。無論その場合には、必ず憤激が広まる。

＊5――（われわれの先祖には「崇高なもの」という美学的な形でしか知られていなかった）「閾を超えているもの」が、（十九世紀にはフェヒナーの「精神物理学（Psychophysik）」の理論的問題としてしか浮上したことのなかった）「意識下のもの」も「秘められた説得（hidden persuasion）」の方法として人心操作のために投入されたのと同じ時期に、抜群の実用的意味を持ち始めるのはもちろん偶然ではない。どちらの場合も人間は態度を決める前に隷属するだけである手段に引き渡されてしまう。いずれの場合も重要なことは、一定の方法によって自由を剝奪することである。

りも無力で怖ろしい状態に陥ったことはなかったに違いない。それにもかかわらず、われわれにはアポカリプスに備える心構えができていない。これはどう説明できるのだろうか。

それは、無力化が酷すぎるためである。――これは、われわれを無力化する絶大な力である技術が全体を支配するに至り、技術が絶大な力としては認められず、むしろ「われわれの世界」として現れ、「われわれの快適な世界」だとさえ思われていることを意味している。これはまた同時に、われわれが無力であるために、自分たちが無力であることを認識し得なくなっていることも示している。[*6] 言い換えれば、無力が完璧になり完全になると、自由の剝奪を自由の剝奪として認識したり、権力が権力であることに気づく能力を奪われて、自由を完全に剝奪されてしまう。恐怖政治が勝利の極致を祝うに至るのは、犠牲者に痛覚麻痺を起こさせることによってなのである。われわれが今日「打ちのめされた人間」になっているとすれば、それは、痛覚さえ打ちのめされているために、自分への打撃に気づけないからである。[*7] こういう最高の恐怖政治化がくまなく成功しているため、抵抗は不可能になり、最も弱々しい抵抗である望ましいユートピアという虚構の形態さえあり得なくなっている。[*8]

5. 危険は「われわれには関係がなく」、別の人々が対処する問題として現れている。その上、危険を認め危険を受け入れている場合には、われわれは危険を自分と無関係なものとしてしか受け取っていないのである、もっと正しく言えば、危険は分業や責任分担の枠内にいる自分と全く関わりがないことを理由にして、危険を受け入れているわけである。「われわれ」と言っているのは、危険を作りだすのに実際に加わっている人々だけでなく、脅威を多少とも直接に作りだすのに協力している人々のことでもある。そういう人々も含めるのは、現代の分業体制では、共同して作った製品（およびその製品の可能的な意図的効果）の合法性について、考えるとか感じようとするのを諦めていて、そうする楽しみも能力も失っていることが、労働者の本質の一部になってしまっているからである。

6. 危険というレッテルが偽装される。前に何度も指摘したことだが、計り知れない核の脅威が言葉で軽くあしらわれ、そのために脅威の真の大きさが捉えられなくなっている。だからここでは次のことだけにとどめておく。こういう欺瞞の形態によって、発明の技能や着想の豊かさが増すことはない。長いあいだわれわれは、――多くの場合、今日でも変わりはないが――核の事実を核以前の日常語で語り、それで満足していた。原子爆弾を「砲弾」に分類し、そういうものと呼んでいた。欺瞞はその用語そのもののうちにある。それと比べれば、核の事実についての発言が事実に合っているかどうかは大事なことではなかった。慣れ親しんだ用語は聞く者にとっては信頼できる用語であり、信じることができた、あるいはもっと正しく言えば、そういう用語は疑いが現れるのを妨げた。嘘つきが嘘を吐く前に欺瞞は成功していたのである。自己欺瞞も多くの場合そうである。

＊6――「人間は自分自身よりも小さい」。*Die Antiquiertheit des Menschen*, S. 264ff.〔邦訳、『時代おくれの人間・上』、二七七頁以下〕参照。

＊7――このような状態で鎮痛剤が流行するのは無理のないことである。

＊8――たとえばハックスレーのユートピアのような現代のユートピアは、現代状況を単純に延長した全くネガティブなものである。階級なき社会というような「王国」のポジティブな政治的観念は十九世紀のものにすぎない。

こういう嘘に似ているのが、「レッテルの偽装」と呼べるものである。この言葉で考えているのは以下のようなことである。

コカコーラの製造元は、過度に甘くして喉を渇かせ（そしてそのため余分にコカコーラを取らせ）、渇きを癒やす飲料として製品を市場に売りだしている。それに対応するのが核の脅威を作りだしている連中だ。かれらも製品に「脅威に対する防御」とか「危険に対抗する措置」いう偽のレッテルをつけている。かれらが予防のための戦争の利点や欠点を大っぴらに議論するときでも、自分たちがやっているレッテルの偽装をやめる気にはなりそうもない。

無数の人々が偽レッテル（および偽レッテルが貼られたもの）で誤魔化されていることに驚く必要はない。これにはいくつも理由がある。無論どういう「予防策」でもあれば、それに越したことはない。防衛に徹し、攻撃兵器も防衛のために製造しているのだという意識は、もちろん自分たちは正当だという いい気分にさせてくれる。しかしそれがわれわれが騙されやすい主な原因なのではない。主な原因は、核戦争が今日まで起こっていないという事実にある。核戦争が起こっていない朝を迎えることは、「防衛措置」が功を奏している確かな証拠だと思われる。核武装が進められているにもかかわらず平和な状態が持続していることを、欺瞞者たちは自分たちの独占的功績だと褒め立てる。この偽装トリックが受け入れられているのは、日常の思考では認容を表す「にもかかわらず」が小さな役割しか果たさず、「なぜなら」の役割とは比べものにならないからであり、次の事実が現れると前の事実が後の事実の原因だという無意味な考え方ほど自然で強制力を備えたものはないと思っているからである――もっとも、こういう考え方に強制力があることとの心理学的根源にここで立ち入ることはできない。とにかく、われわれの解明の仕事を妨げる多くの障害の中には、このような偽りの思考や欺瞞者による計画的な活用ほど乗り越えがたいものはない。

核の脅威は核による危険に対する防衛として作りだされるから、すでに一度言及した防衛問題にもう一度立ち返る必要がある。

核兵器の製造は防衛のためであるということだけが嘘なのではなくて、そのほかにも、(防空壕のような) 狭義の「防衛手段」と呼ばれる手段の生産が防衛を約束するというのも嘘である。むしろそういうものの生産もすでに敵による核攻撃の可能性を連想させるとともに、核戦争が起こると思い込ませるどころか、現実に起こる可能性を高めることになる。精神分析は自らを治療だと思い込んでいる精神病だというカール・クラウスの名言を模して、防衛のための核武装について、防衛と称する危険に属すると言っても差し支えはない。分類する必要はあるとしても、核ミサイルを防空壕と一緒に防衛装置の部類に入れるのではなく、防空壕をミサイルとともに攻撃装置の部類に入れねばならないだろう。実業家の観点からすれば、それは誰の目にも明らかである。「防衛手段」の製造者たちは核の脅威を頼りに生きているからである。現実に平和が訪れると、(脅威に対する安全確保に寄与すると称する) かれらの製品の買い手はなくなるだろう。それを避けるために、かれらは兵器製造業者と同じように核の脅威を維持すべく気を配ることになる。誤解しないでいただきたい。わたしが言っているのは、「核の脅威に対する安全確保」ではなくて「核の脅威そのものの確保」なのだ。結局、防空壕を造ることもひとつの産業にほかならず、このことは無論、それもまた他のすべての産業分野と同じように、「本来の製品のほかに、広告を使って販売と消費を、つまり需要を造りだせ」、あるいは「できれば製品をいわゆる〈必需品（must）〉の域まで、つまり絶対不可欠な商品の域まで高めよ」という命令である、これは生産の要請に従わざるを得ないことを意味している。ところが（攻撃兵器についても同じことだが）防衛装置を消費する機会の名称を尋ねると、それは戦争の危険だと言うのが、それに対する唯一の答えである。言い換えれば、その命令に従おうとする者に残されているのは、国家の苦境だけであり、世論操作によって敵に対して脅威を誇張し、必要であれば国家を苦境に陥れることだけである。「国家の苦境」というレッテルは、それ自体は不必要なものであっても、「防衛装置製造業者」には必要な産物であり、業者が兵器の製造と販売の前提条件として作りださずにおれないものである。そしてかれらは——「マイナスイメージを広める」という手段を使って（すなわち、敵を作りだし、敵を悪魔化することによって）、（たとえば警報を鳴らして）住民を不安に陥れることによって——そういう条件を作りだす。いかに高度な（特に議会の討論のような）手法を使って、かれらがこういう産物を作りだしているのをはっきり示す必要はない。その証拠なら、「冷たい戦争」の状況について簡単な説明をすればそれで十分だ。ここでは、そういう生産やその不正の実例をひとつだけ述べておこう。その名称は「ミサイル・ギャップ」というものである。

こういう専門用語を使って、周知のとおり、ソヴィエトのミサイル製造はアメリカより進んでいると言われていた、もっと正しく言えば——無論これが重要な問題なのだが——アメリカより優勢だと言われもした。実際には当時は決して優勢ではなかった。むしろ一九六一年半ばまでにソ連が造ったのは、落差があるという推定の元になっていたCIAの査定では、予想される量として空想されていた量の三・五%を造っていたにすぎない。ケネディ大統領が一九六〇年にはまだこの空想に基づくテーゼを、選挙キャンペーンの主要な論調にしていたことは理解できるかもしれない。それに対して信じられないのは、——あるいはむしろあまりにも信じ込まれていると言うべきであるのは——以前の空想に基づく数字そのものが修正された後も戦略爆弾を五〇%増やし、大陸間弾道弾を一〇〇%増やすという命令の根拠に使われたことだ。[*9]

しかし、われわれの危険な状況のイメージはこれとはまさに正反対だから、原理的な問題に戻って、それを極端に絞って述べる必要がある。政治情勢が緊迫しているから核兵器を作らねばならないというのは真実ではなく、逆に、核兵器の製造のほうがそういう政治情勢を必要としており、そのためにこそそういう情勢を作りだしているのである。[*10]

＊9——この点については、P. M. S. Blackett, „The Road to Disarmament“ in *New Statesman* 2. März 1962., および „The Menace of Preventive War“ von den Editore der *Monthly Review*, April 1962 を参照されたい。

＊10——一九七〇年の追記　その後、欺瞞の手口は第三段階に入った。偽レッテルで騙すのが——もちろん最初はパラドックスじみていたが——正しいレッテルで騙すようになったのである。つまり嘘は偽装されることなく、赤裸々に真実そのものとして現れるようになったのだ。モルーシア〔「訳者あとがき」を参照〕ではそういうやり方は「本当のことを言って嘘をつく」と言われていた。第一段階では事実を偽って欺瞞が行われていた。第二段階では偽りの用語を使って欺瞞がなされていた。いまでは適切な

ここでしばらく中断すべきだろう。先ほどわれわれが到達した論点は矛盾だらけだからである。それについて説明しなければならない。どういうところに矛盾があるのだろうか。

ついさっきこう述べた。産業は自衛のためには危険を確保しなければならない。実際に共同して危険を作りだすのでなく、危険を強調する必要がある。

しかしこれは、われわれが繰り返し重視した、そしてそれは間違いではなかったあの「矮小化する」という傾向とは逆向きである。矛盾する二つの傾向が同時に起こるのは、二つの異なる集団が問題になっていて、その一方は危険を矮小化することに関心があり、もう一方は危険を誇張することに関心がある場合であるのはわかりやすいことだろう。ところが実際にはそうではない。問題になっているのは唯一の集団であり、ある意味ではそれが「強調しながら矮小化する」とともに「矮小化して強調する」のだ。

もちろん危険を継続させ危険を深めることに「利権（vested interest）」を有する連中が、破局をあからさまに呼び寄せようとしていると考えるのはばかげている。しかしもっとばかげているのは、絶滅やその防衛への関連産業を振興することによって結局、危険を阻止したり、なくしたりすることをめざすのだという説明を信じることである。戦争で稼ぐ者ではないとしても、かれらは戦争の危険をネタに稼ぐ連中なのだ。あの連中が望み、必要としているものは、現実の戦争でもなければ現実の平和でもなくて、緊張の連続であり、冷たい戦争の継続なのである。すなわち、危険が続き、危険が高まり続けることが保証されている〔一九三八年チェンバレンがミュンヘン協定を称えた言葉を借りれば〕「現代の平和（peace in our time）」なのだ。できればダレスが作りだした越えがたい対立の線上で永久に綱渡りし続けられれば、かれらにはそれが最高なのだ。実際に転落したり破局が起こったりすることよりも、そういう綱渡りが永続するほうを、かれらが望んでいるのは疑う余地がない。あわや破局が起ころうとするところまで達していても、永遠に漸近線にとどまっていると、かれらは夢見ているのだろう。こういう「平和」な状態にあっても、製品は絶えず改良され、昨日の製品は間違いなく時代おくれになるから、生産は安定しており利益も確実に得られるだけに、これは納得できることだ。利益をもたらす危険を止めることより、無論かれらは核兵器の生産を続けるほうを優先させるとしか考えようがない。

それがどうあれ、戦争の危険が決してなくならないことがかれらには重要だから、かれらは危険を誇張する。ところがもう一方で、本来は核戦争そのものではなく、むしろ核戦争の危険だけに関心を寄せ

用語を使って欺瞞が行われている。この欺瞞の手口は非常にでたらめなものだ。というのは、真実を実に明確に語り、偽りを言わないことによって欺くからである。真実がいまや明白で自明的な仕方か型どおりの大げさな仕方で示され、——もちろん意図的だが——真実が重大なものではないか重大な意味はないように見えるから、大事なのは欺くことなのだ。実際、そういう具合に示されると、真実はわれわれには問題にならない。一世紀前には考えられもしなかったことが——、一般のものだけでなく公務上のものでも、口頭や書類で「危険のアポカリプス的性格」などとあっけらかんと言ったりするのが当たり前になっているのは、まさにこういう理由で起こっていることである。今日では核の脅威を擁護する者たちが、もともとは警告者たちが用いた言葉を使う率直さに騙されないようにしてもらいたい。終末論的な用語は今日では日曜評論家が何の抵抗もなく口にし、絶えず繰り返し紋切り型の言葉になっているため、真面目な人でももう誰も耳を傾けず、述べられていることを信じず、退屈するばかりで「また世界破滅のおしゃべりか」とそっぽを向く有様だ、——言うまでもなくこれこそ、アポカリプスを口にする連中が望んでいる反応だ。昔から求められていた大衆の無関心が、いまやいとも容易に新しい方法で、欺瞞のために使われる真実を手段にして作りだされている。

ているので、かれらは戦争の恐怖を矮小化して、戦争が起こるとは考えていない。――そこで、危険を誇張すると同時に危険を矮小化するために生じる矛盾が明らかになる。

7. われわれが将来を見失っているのは、欠如しているという意識が欠落しているためである。核による悲惨についての不感症の決定的理由は――これは最初のパラグラフで見たとおりだが――(十九世紀の産業プロレタリアートの飢餓や寒気や悲惨と違って)核による悲惨が直接に悲惨として感じられず、むしろ(非常に恵まれた場合でさえ)(安全性の)欠陥として意識されるにすぎないという事実である。この事実については後でもう一度立ち返らねばならない。ここでまずそれについて述べたのは、ここで必要だった議論のために、アポカリプス不感症の一連の根源が混乱してしまったからである。

2 生活水準

もうひとつの根源は現在におけるわれわれの生活水準である。これが、われわれの欠陥の理解を妨げている。それはなぜか。

それは――周知のとおり――、われわれが〔ガルブレイスの言う〕「ゆたかな社会(affluent society)」に生きているからである。この言葉は、特別に興味深い経済状況だけを表しているのではなくて、前代未聞の最も革命的な状況である大食漢の天国、すなわち人類がアダム当時から最近まで夢見てきた歓楽境が実現した状態を表している。言い換えれば、すべてが目の前に現れている世界、つまり欠如なき世界にわれわれは生きているのである。

われわれがこういう状態に陥った過程は弁証法的なものであった。すなわち、われわれに欠けているものが減れば減るほど、われわれ自身のほうが欠如したものとなったのである。現代では事実化している欠如の欠如がいまや有り難くない贈り物として作用している。欠如の欠如がわれわれにもたらした損害は、今日では「文明の悪弊」について言うような無害な意味の損害ではなくて――モータリゼーションによる歩行能力の衰弱はまだしも克服できるが――むしろわれわれの根底への侵害が問題なのであって、われわれの空間意識や時間意識のアプリオリと称される形式そのものが、そこでは無傷ではすまないのである。[*11]

ここで、最後に挙げた時間意識への侵害を考えなければならない。

言いたいのはこういうことだ。すべてが目の前に現れるか存在している者にとって、現存するものはすべて未来を見えなくしてしまうものとなる。そして無論それとともに、ここにいるわれわれに襲いかかっている未来、つまりおそらくわれわれに迫っている未来喪失を見えなくしてしまう。

＊11――受けた危害に気づかないことは、危害を受けていないことではない。逆に、危害を受けたために危害が見えなくなっているのだ。――このことについてはモルーシアの支配規則第一二二条「食事をさせようとしなければ、食欲も同時に奪っておくこと」、および第一三四条「手足を切り取られる者が自分に加えられる危害を認識できないように、手足を切り取ることが申し分のないやり方である」を参照されたい。

現代の無数の事物は、すでにわれわれの所有物であるものも、供給という旗のもとにランクづけられた大群となって、絶え間なく前後左右から同時にわれわれに押し寄せてくるものも、一緒になって巨大な壁でわれわれを閉じ込め、われわれを現在の囚人にしている。

もちろん、われわれがいま囚人として閉じ込められている監房は立法メーターでは表せない。その監房の壁でわれわれが閉めだされている土地は空間的な土地ではないからである。[*12] それでもわれわれは囚人となっている。普通の意味での囚人以上に容赦ない意味で、われわれは囚人となっている。われわれを取り巻いている壁には窓がなく。どこを向いても見えるのは、未来の風景ではなくて、いつもその都度現れている商品の光景だけだからである。――要するに、われわれは「現在」という「時間の監房」に閉じ込められているのだ。われわれはそこで生活しているため、未来に対する感受性がなく、目前に迫っているかもしれない未来喪失に対する感受性を失っているのである。[*13]

補遺　時間の本質についての追記

使用できる形ですべてが提供されると未来は衰弱するという主張には、その根拠を示す必要がある。この主張の裏には何があるのだろうか。

この主張の裏には「未来の構成」に関するひとつの理論がある。ここではその理論を詳しく（in extenso）

述べられないので、要点だけを説明しておく。以下にその理論を述べてみよう。

われわれが「未来」へ向かって生きている根拠は、「われわれの在り方の欠陥」、つまり欠けたところがあり脅かされているという事実にある。すなわち第一に、本来持っているはずのもの（あるいは本質）を持っていないこと、第二に、本来なら所有されているはずのないもの（あるいは本質）に、われわれが所有されているか、少なくとも脅かされているという事実がそれである。もっと正確に言えば、未来が「発生する」のは、われわれが自分に欠けているものを獲得しようと追い回し、または自分に欠けているものを製作しようとし、あるいは迫り来る危険を逃れようとするからである。未来を構成する三つの活動は狩猟、製作、逃走である。狩りをし、製作し、逃走するかぎり、われわれは「まだない」

＊12――ここで使った監獄用語は単なるメタファーではない。「現実に囚われている」と思うのは空間的に囚われている者だけだというのは誤りである。むしろ文字通りの意味で監房である監房の数は、起こり得る隷属の数と同じなのだ。たとえば、あるイデオロギーの犠牲になる者は、懲役囚のように監房に確かに監禁されて（経験から閉め出されて）いるのだ。――誤解しないでいただきたい。もちろん、われわれが閉じ込められているこの「現在」と呼ばれている「時間的な監房」は、空間的には遠くまで広がっているかもしれない。早くから世界中を絶えず飛び回るのに慣れている人々を知っているが、かれらは時間という監房を脱出したことはなく、航空機が音速の壁を突き破ったときでも時間という監房を脱出することはできない。長い時間が空間的牢獄と矛盾しないように、広大な空間も時間的牢獄と矛盾することはない。

＊13――自分自身という監房に（つまり自分であるという偶然のうちに）生涯閉じ込められていることも、世界周航をやっても取り除かれることはない。旅への衝動は、場所を変えることによってそういう幽閉状態を脱しようとするが、その試みは無駄である（„Pathologie de la liberté“ in *Recherches Philosophiques* 1936 参照）。

という様態で生きており、未来は「まだない」ものとして、つまり「まだない」時間によって生じるのである。

ところが先ほど強調したように、われわれ現代人は過剰に生産する産業の顧客であり、福祉国家の受益者である。即座に提供される者としてわれわれは、自分から逃れるものを追いかけることもなければ、自分を追いかけるものから逃れることもない。言い換えれば、――この状態の新しさを誇張するまでもないが――われわれは日常生活において欠如や脅威が欠けている存在である。少なくとも狩猟は、昔は予想できなかったほどわれわれには縁遠いものになっている。昔はいつでも入手できるわけではなかったために自分で追いかけねばならなかった獲物が、いまでは自宅に届けてもらえる安心な消費財となっている。欲求と満足とのあいだの「時間」という隔たり、つまりわれわれの先祖が、獲物を手に入れるために通り抜けねばならなかった隔たりは縮められてなくなっている。[*14]

そのために、志向性の次元である未来そのものが、その未来という特性を明らかに失っている。その代わりに一種の貯蔵庫である「時間の貯蔵庫 (time pool)」が登場し、そこから明日や明後日が商品として流れてくるのだ。こういう「時間商品」の存在は、いつも技術的・行政的に保証されていて、それがほかならぬ電気や水、語彙や心情として、――冷凍食品か保存食品として自宅に貯蔵されていなければ――少しずつ家に提供される。これは「缶詰にされた時間 (canned time)」だ。事実、保存食品が今日果たしている大きな役割は、空間の征服に似た「未来の征服」の証拠、すなわち未来が現在に一変したことの圧倒的な証拠である。[*15] ローベルト・ユンクが付けた「未来はすでに始まっている」という書名を、その元々の意味とは異なる意味に転用することができる。本来の未来の特性、つまり思い通りにならないことや不確かさといった特性を未来から剝ぎ取って、未来を常に現在の一部にしてしまおうとすることが、現代人の努力の本質をなしている。

誤解されないように願いたい。未来を「現在化する」傾向はそれ自体としては、もちろん決して欠点ではない。欠点どころか、それは正反対に配慮や計画というプロメテウス的才能であり、明日や明後日

*14――つまり時間はもともと「直観の形式」ではなくて妨害の形式なのである。すなわち現在あるべきものが不在である形式であるか、あるいは不在であるべきものが現存する形式なのである。――このことは空間についても同様に妥当する。――両者の違い。「空間」として理解されているのは、存在しているが現存しないものの範囲であり、「時間」、少なくとも「未来」として理解されているのは、不在であるが現存し得るものの範囲である。空間は存在しているものの範囲を示すものだから、古典的形而上学で空間が得ていた存在論的優位性は納得できるものである。

*15――無傷である明日といえば、それは商業上の明日だけだ。ショーウィンドウに並べられているものはすべて、言葉を持っていたら、「きみはまだわたしを持っていない」と言うことだろう。――そして「まだない」というこの言葉を使うことによって、未来がまだなんらかの仕方で示されていることは争う余地がない。しかしこの種のものは、完全に逆立ちしている。正しい未来が、われわれが何か（必要とするもの）を持っていないで、その現存していないものを現在的なものにしようと（ないしそれが現存するところへ赴こうと）熱望しているのに対して、――ここでは逆に、商品が顧客であるわれわれを持っていないで、われわれを渇望し、われわれの所有が現実性を獲得しよう（そして他の生産物に道を開こう）としていることによって、未来が発生しているのだ。こういう可能性は時間の哲学では、物象化論においても考えられていなかった。ここでは、未来はもっぱら物の世界、正確には商品世界によって構成されているからである。顧客としてわれわれは、商品によって与えられ、割り当てられた空間に

を今日のうちに多少とも思いのまま操る能力は、まさに人間の本質や誇りをなしている。そしてある意味では、現代の集団的計画をこういう能力の頂点である活動だと認めることができる。

こういう展開は他のあらゆるものほど非弁証法的であるわけではない——これは東西いずれの陣営にも当てはまることだ。未来を思いのまま操る習慣があるため、われわれは「未来」という概念を打ち消そうとしている。未来はすでに「処理され（taken care of）」、すでに手に入って現存している以上、われわれは未来をまだ未来とみなす習慣を失い始めているどころか、手に入れていない未来を想像する能力を失っている。未来の理解を失うとともにわれわれは当然——これは証明済みのこと（quod erat demonstrandum）だが——未来喪失の可能性についての理解も失う。

別の言い方をすれば、われわれは今日すでに、心理学的な意味で未来を失って生きていて、この心理学的な未来喪失がまさに初めて事実上の未来喪失（すなわち破局）に脅かされている時代に発展した以上、われわれはこれまでの時代の人間より遙かにこの脅威を理解する準備ができていない。われわれが事実上の未来喪失に陥ったのが、心理学的にはすでに未来を失っているからでもあることは、決して考えられないことではない。進歩する製品世界とともに未来へ向かっているという、進歩宗教の自己満足に基づく確信は全く一面的なものでしかない。この事実がいかに未知のものであろうと、その正反対が正しい。われわれは未来をできる限り未来ならぬものにしており、未来からなんとかできるだけのものを現在に引き込んで、現代に取り込もうとしているからである。

今日われわれはすでに、公私いずれの生活においても、無数の明日の偶発的事態に対して保証されている、少なくとも自分には保証されていると思っている——その結果、われわれはいわば再び幼稚化して、純粋な現在に生きている。必要なものがすべて保証され、あらゆる欲求が満たされることが保証されている状態が、世界そのものの存続がまさに極度に不確実になったときに頂点に達したのは、確かに偶然かもしれない。しかし重要なのは、未来を現在に取り込むことがわれわれの未来への目をくらますとともに、当然にも未来に関わる感情を、何よりも不安を衰弱させてしまったという事実である。これでまたもわれわれのテーマに戻ったことになる。不安をいだくことができなければ、脅威を、つまり核の脅威を理解することはできないからである。

投げ込まれる。こういう流れから逃れることはできない。それはわれわれが消費者以外の何者でもないものに徹底的に変化してしまっているからである。時間との別の関係を見いだすことはほとんど不可能にされている。たとえば新しい自動車のモデルをまだ獲得しておらず、「まだない」というストレスを感じながら生きている者は、そのために（たとえば明日の破局のような）別の明日を考慮する能力を失っている。いやそれどころではない。そういう者にとっては、明日購入する約束（責務〈must〉）を撤回して打ち消すことはできないから、「明日はない」という可能性はあっさり否定されてしまう。肯定的に言えば、そういう者には世界の存続は証明ずみなのである。

Ⅷ　矮小化――その手口（一九六二年）

矮小化する者たちはさまざまな手口を使う。ここではそれを分類して少し考えてみよう。

第一の手口――危険の分類を偽る

核の危険を矮小化するのに最もよく使われる手口は、分類を偽ることである。まず最初に、――「兵器」という言い方がすでにこういう誤魔化しのひとつなのだが――核「兵器」という言い方そのものが偽りの分類である。核「兵器」がもたらす恐ろしい結果を見れば、もう「兵器」というのは論外だからである。特に好んで使われるのが核を「砲弾」の部類に入れることだ――こういう分類をすると、「核兵器」の質的な違いが単に量的な違いに変えられてしまう。——同じことは「きたない」核兵器と「きれいな」核兵器という言い方についても言える。

核とそれがもたらす結果だけでなく、核とその効果に対してとるべき態度についても誤魔化しの分類がなされる。周知のようにエザリーの主治医たちは、かれが「広島への原爆投下というミッション」に参加した後に感じた実に正当な良心の呵責を、「病理学的罪悪感」とか「エディプス・コンプレックス」とさえ分類（表向きには診断）して、クロード〔エザリー〕のまっとうな、上に述べたように実に正当で無理もない恐怖を何か解明を要するもの、病的なものと見るように説得しようとした。たとえばドイツ連邦の心理学者シュトリーグルは、（解明すべきものは核に対する不安の欠如ではなく、核に対する神秘的な不安であるかのように）核に対する不安の「神秘的背景」を調べたと称して、大気中の放射能の増加に対する不安は隠れた「去勢に対する不安」だと主張している。そういうばかげた話を鵜呑みにすれば、アウシュヴィッツ強制収容所に入れられた人々が、過去のトラウマを思い出して陥るパニックを、性的なトラウマに還元しても構わないことになる。

そうではない。正当な不安の原因が明らかな場合に、隠れた原因を探そうとするのは意図的なミスリーディングだ。少なくとも実際に脅かしている危険に不安をいだく権利を要求すべきである。「核兵器」という怖ろしいものへの適切な態度を未然に防ぐために、そういう自由をわれわれは奪われているのだ。

第二の手口――怖ろしいものを控えめに言う

第一の手口と非常に似ていて多くの場合「同じように」矮小化する手口がある。わたしはそれを「控、え、め、に言う」と呼びたい。これは英語では understatement というやり方で、多くは学術用語や官庁用語を使って冷静な調子で、怖ろしいものを提示するやり方である。統計や図表で示すやり方が最もよく使われる。

こういう調子でなされる主張はいつも嘘だと言っているのではない。嘘のつき方が巧みなほど、真実を偽ることが多い。巧みに嘘をつく者は真実を偽るのも巧みだ。当人の言うことは正しくても、言い方しだいで欺瞞的なものになってしまう。それが欺瞞的なのは、信頼できるとかきれいだと思わせて問題の本質を忘れさせ（あるいは始めから気づかせず）、（その結果）安心感を与えるからである。

第三の手口――厳かに語る

こういう「控えめな言い方（understatement-idiom）」に劣らず矮小化する欺瞞のやり方は、いわば正反対に「誇張した言い方（overstatement）」である。すなわち、怖ろしいものを「厳かに語る」手口である。この手口も直接に嘘をつこうとしているわけではない。「控えめに言う手口」と同じように、この厳かに語る手口も、恐ろしさを包み隠さず真実を述べることができる。怖ろしいものを美しいものを表す言葉に翻訳して、すなわち怖ろしいものをその（気高いという意味での）素晴らしさを強調して崇高なものとして語り、悪の極致を神学的なもの、「地獄的なもの」として語るからである。厳かに語る者がジェノサイドを語るときには、途方もなく怖ろしいものも低俗なものも見事な物悲しい光に包まれる。——これは問題にしている事柄とは、実に嫌な形で（つまり実際には、ものの見事に）正反対だ。大げさに騒いではならないのだ。荘厳なものでなくても、積極的なものに役立つところのない葬列など存在しないではないか。地獄に落ちるという語り方はバロック時代にはふさわしかったが、現代にふさわしいものではない。破局という言い方も（よく聞かれるが）、住まいの装飾として壁に掛けられている（an die Wand hängt）のではなく、ブレヒトの言い方をすれば「〔銃殺して〕壁に貼り付けられている（an die Wand gestellt）」のだ。これは強調しておかねばならない。「犠牲」とか「自己犠牲」とか「犠牲者」のような、宗教や芸術から借り受けた荘厳で「肯定的な」言葉に出会うことがよくあるが、——これは、人類の抹殺の可能性が問題である以上、全く破廉恥なことだからである。冷静に確認しておかねばならないのは、あまりにも大きすぎて、厳かに語ろうにも語りきれないものがある[*1]ということなのだ。

　厳かに語るやり方には二通りの異なるタイプがある。そのひとつが怖ろしいものを間接的に荘厳なものに変えて肯定的なものに変えるのに対して、もうひとつのタイプに属するものは、怖ろしいものの肯定的な性格をそのまま表現してひとを大胆にしようとする。このやり方が好んで断言するのは、脅威が大きくなればなるほど、より確実に「救済」も近づくということである。ヘルダリーンのパトモス讃歌の「危険のあるところ、救うものもまた育つ」という決定的な一行が現れない核武装を支持する論説は、「真面目な」ドイツ語の新聞ではとうとうほとんど読めなくなってしまった。この言葉の引用は禁止されるべきだろう。アメリカ人が広島を爆撃する一日前に、このヘルダリーンの引用で慰めたと想像してみるがいい。あるいはナチスがこの言葉をアウシュヴィッツの正面入口に碑文として使ったと想像してみるがいい――その荘厳さに潜むシニシズムが嫌でも見えてくるはずだ。

たとえば国家社会主義の登場を直に体験した人々のように、歴史を真剣に受け止める人々なら、破局的状況が自動的に救済されるという信念を吹き込もうとすれば、それは厚顔無恥なデマゴギーだと感じることだろう。ヘルダリーンの荘厳な言葉がかつては正しかったかどうか疑問は残るが、個人的には、それが詩人の口をついて出たときにはとっくに信じがたいものだったろうと思っている。それはともかくとして、クリスチャンやヘルダリーン信奉者は、核オポチュニストや公認の日曜弁士や〔シュライヤマッハーの『宗教論』の副題から借りて言えば〕「真理を軽蔑する輩の仲間たる知識人」などが、詩人の口からこの言葉を取りだして、無知な人々を厳かに眠り込ませようとすることに対して抗議すべきだ。[*2]

第四の手口――間違った比較をする

明らかに偽りを語る者は、(それが偽りであることを見抜いていなければ) 馬鹿か、(それが偽りであることを見抜いているにもかかわらず偽りを語っていれば) 詐欺師であるかだ。

政治家がたびたび力説することがある——ここで第四番目の矮小化する手口になるわけだが——、それは、交通事故による死亡者数のほうが核実験による死亡者数より多いということである。こういう政治家が、自動車は誰ひとり殺さないときこそよく機能しているのに対して、核兵器はできるだけ多くの人々を殺すときによく機能していることになる、——すなわち核による死は、核兵器の構造または機能に関する不可避的な欠陥によるのではなく、核兵器の存在理由と目的によるものであることを知らないとすれば、先にも述べたようにかれらは馬鹿なのだ。偽りを知りながらこういう比較をしているなら、かれらは詐欺師である。誰であろうと、何に分類されたいかを自分で選ぶのは勝手だ。ドイツ連邦共和

*1——同じことはいわゆる「深刻な音楽」についても言える。それはわれわれの状況と比べると深刻なものではない。人類に起こりかねない滅亡を扱っている悲劇的なカンタータは怖ろしいものの美化であるとともに矮小化であり冒瀆である。——一九七〇年の付記。ここで念頭にあったのはペンデレッキのアウシュヴィッツ音楽だけではなかった。ノーノの「広島の橋の上で(„Sul Ponte di Hiroshima“)〔1962〕」のことも考えていた。〔訳者注。原文には「ペンデレッキのアウシュヴィッツ音楽」とあるが、ペンデレッキの「怒りの日——アウシュヴィッツ・オラトリオ(„Dies Irae. Auschwitz Oratorium“)」が作曲されたのは一九六七年なので、一九六二年この文章を書きながらアンダースの念頭にあったのは、ペンデレッキの「広島の犠牲者のための哀歌(„Threnody to the Victims of Hiroshima“ 1960)」ではなかったかと思われる。〕

*2——もともとヘルダリーンの言葉は、サタンによる最後の激動が怖ろしいものになるにつれて、神の国が近づくというユダヤ・キリスト教的な黙示録を表現していた。——パトモスはヨハネが黙示録を書いた場所だから、この言葉がヘルダリーンのパトモス讃歌にあるのは無理もない。

国の原子力担当大臣も勝手にやればいい。かれはインスブルックで公然と断言した。「現代最も危険な産物は原子物理学ではなくて自動車である」と。

第五の手口――反対のものを持ちだして脅す

最も狡猾なのは、われわれを脅かしているものと正反対のものを、最大の危険として描いてみせる連中である。今日では、怖ろしい脅威として好んで引き合いに出され成果を上げるものとしては、地球上の人口過剰の脅威にまさるものはないが、それは偶然ではない。核の危険を警告する者と違って、人口爆発の脅威を警告する人々は決してパニックを引き起こす者とはみなされず、むしろ常に専門家として賞賛されている。そういう「専門家」がわれわれとは比べものにならないくらい信頼されているのは、何よりも、たいていの人々は人で溢れるかそれに近い歩道を歩く通行人と同じ反応をするからである。すなわちこれ以上に人が増えるのを歓迎しないからである。[*3] 通行人の目にはどの歩道も人で溢れているのだ。こういう場合には、嫉妬が信念を生みだす。事実、人口は十倍になると考えて、世界人口をできれば減らすか抹殺すべきだとひそかに考えている人々が何百万もいる。そういう人々の中には、産児制限と同じ効果があること、すなわち世界人口の怖ろしい増大を制限する効果があることを理由に、ある程度は意識的に、やや断固として戦争を肯定する人々が何十万もいる。

第六の手口──茶化す

同じように好んで使われる黙示録的危険を矮小化するやり方は、怖ろしいものを滑稽なものとして茶化すことである。そういう茶化し方の最も不快な実例を提供したのが、アメリカのジャーナリストであるハル・ボイルである。放射能事故のために偶々生じた蛙の（足が多かったり頭が二つあったりする）奇形や突然変異を嘲笑するところから始めて、かれは話を人間に移して、蛙の代わりにわれわれが放射能の犠牲になれば、突然変異はどういう利点となって現れるだろうかと問いを出して考えてみようとする。かれのふざけたテキストの要点は本書の別の箇所で紹介しているので、[*4] その引用を見ていただくことにして、ここでは、放射能障害を実用的で好都合な突然変異として捉えようというボイルの提案を、単に一回限りのくだらない冗談と考えないように警告するにとどめておく。おそらく最終結論というものでなくても、そういうもののように受け止められるから、われわれとしてはこういう冗談を重要視してもしすぎることはない。ヒムラーが『突撃隊（Stürmer）』紙に寄せた冗談と自称する記事が、アウシュ

＊3──「全く何の用事もないくせに乗ってきてと、ぼんやり思っているような様子で乗合馬車の乗客が、新しい乗客を眺めるのは注目に値する」。Dickens, *Sketches by Boz.*〔ディケンズ、『ボズのスケッチ』〕

＊4──本書 S. 76〔本邦訳書、一〇六頁〕参照。

ヴィッツやマイダネックにとって最終結論として受け止められたのは疑いないだろう。先に述べたように、意図的であろうとなかろうと（私は意図的だと言いたいが）、こういう冗談が果たす役割の本質は、深刻な事態を、少なくとも深刻な事態に対する態度を、単純化するところにある。蛙に関するボイルの冗談を聞いてにやにや笑った者は、深刻な事態に際しても同じように反応するようになってしまっている。蛙に似た突然変異やその他の突然変異が人間に現れた場合に、そういう者は――われわれはそうなっていないかもしれないが――ボイルの冗談に反応したのと異なる反応ができない、あるいは、もう異なる反応を起こせなくなっている。――すなわち、そういう人物は欠陥を「進歩」に分類して、少なくとも警告しようと試みた他の人々を俗物だとか進歩を妨げる者として笑いものにすることだろう。――ある通信社がボイルの駄作を送ることに同意できたことは、こういう破廉恥に対する無感覚が例外的でなく一般化した証である。

ボイルの冗談は代表的ではなく例外なのだという意見は、ここで取り上げる必要はない。そういう冗談から完全に「事実に関する（factual）」実に客観的に報じられたルポルタージュに至る道は遠くないため、ほとんど述べるまでもない。たとえばヒロシマの日の次週号の『ニューズウィーク』（一九五九年八月一〇日）を取り上げて、この広く読まれている雑誌が、そういう機会に放射能の影響について何を伝えようとしたかを見てみよう。実際にわれわれがそこに見いだすのは一見、あるいはいかにも広島から送られて来たように見える「原爆後遺症」という記事である。この記事にこういう表題がつけられているだけでも、控え目に言っても場違いである。というのは、その「後遺症（aftermath）」という言葉そのものが、メタファーとして使われているところでさえ「二番収穫」という響きをもっているため、その表題が、本文では血まみれだった種子から十四年後に、最後まで残っていた農作物が収穫されるかのような効果を発揮しているからである。それが記事でも実際に試みられているのだ。というのは、「男の子が増えた〈遺伝子の変化〉(More Boy Babies)」という表題が太字で書かれている段落には、「これまで唯一全く疑われなかった〈遺伝子の変化〉は、男の子が生まれる比率の上昇に認められるからである。――これは、男の子のほうが望まれる日本では大きな変動として重視され得ることである」と書かれている。勘違いしないでいただきたい。この文章は、広島の徹底的破壊の結果は語らない、語らねばならない理由はないという意味なのである。原爆を投下したことはわれわれアメリカ人のみならず犠牲者と言われる人々にとっても善いことだったからだ。われわれの子供だけがわれわれの作戦行動によって救われたのではなく、われわれの行動は男の子の出生率を上げる手段だったのだから犠牲者の子供たちにとっても善いことだったのだ。これ以上に素晴らしいこと、これ以上に愛他的なことは、理性的な人間なら要求できないというのが嘘偽りのないところだ。

第七の手口――無知につけ込む

さまざまな手口を並べてきた最後に、ひとつの文書を提示しておきたい。それは「偽りの分類によって矮小化する手口」の古典的な説明であるばかりか、同時に数百万の犠牲者に対する許し難い侮辱の実例でもあるからである。それは明らかに、痴呆化したというより痴呆化された読者を相手にしている。わたしが言っているのは、「空襲の際の行動」という一九五九年にドイツ連邦共和国で配布された説明書のことである。[*5]

以下において「説明書」から引用されたどの文章にもごく簡潔なコメント、正確に言えばテキストに含まれている欺瞞の解明をつけている。

1. 「強烈な光が核爆弾の爆発の最初の印である。核爆弾による高熱作用が火傷の原因となる」。破局が単なる「印」に変えられ矮小化されているところに、欺瞞がある。警告と言うなら、「きみが死んだときには——注意せよ。危険が迫っている」という警告ほど有効なものはない。

2. 「したがって……目、顔、首筋、手のような敏感な身体部分を素早く覆うこと」。覆うものをひとが携え、携えることができるという前提に、欺瞞がある。この前提と同様に、ある身体部分は核の危険に対して他の部分よりも敏感ではないという前提も偽りである。

3. 「地下壕や穴や墓に素早く飛び込むこと」。地下壕や穴や墓がどこにでもいつでも使えるようになっているという主張に、欺瞞がある。そこでこう問うほかはない。どこから取ってくるか、どこから盗んでくるのか。原子力時代の守護神が不測の事態に備えて地下壕などを携えているとしても、かれは(上述のように)「素早く目を覆って」地下壕などにどうやって飛び込めるのか。

4.「交通機関に乗っているときには直ちに窓より低く身をかがめ、乗物を停止させ、乗物の床に横たわり、体を縮めて顔と手を守ること」。

ここでは運転手だけが問題にされているようだから、運転手は座席より三十センチ低く構えておれば、核兵器の光を浴びにくくなり、光にさらされないというテーゼに、欺瞞がある。

5.「なるべく頑丈な机やデスクや作業台やベッドその他の家具の下に隠れること」。

核兵器の光を小心な侵入者に等しいものとみなしているばかばかしさに、欺瞞がある。

6.「地下室にいるほうが上の階にいるより生き延びる見込みがある。どの地下室の天井も落下するとは限らない」。

落下するとは限らないと称して気休めを与えようとするところに、欺瞞がある。

7.「大量破壊兵器が使用されたら直ちに防護マスクを着用すること」。

誰でも使用された兵器が何であるかを直ちに見分けることができるという前提に、欺瞞がある。——どこで「直ちに」防護マスクを入手できるというのか。そして防護マスクが実際に防護に役立つとか、ひとはそういうものを携えていると前提しているわけだが、——目を閉じたままどうしてそれを見つけだすというのだろうか。核攻撃を「兵器の使用」と言うことがすでに嘘であることは言うまでもない。

＊5——„Wehrpolitische Information", *Wehrberichterstattung aus aller Welt*, Köln, Oktober 1959.

8.「防護マスクを持たない場合には深呼吸し、なるべく湿ったタオルを口と鼻に当てて気道を守ること」。

核攻撃を隣の人がくしゃみするのと同列視しているところに、欺瞞がある。それに劣らず空想的なのが、顔を覆って地下壕に座っていながら、あるいは自動車の中にうずくまって、湿ったタオルを手に入れることができるという主張に、欺瞞がある。

9.「状況に応じて浄化し、放射能を除去し、汚染を除去し、消毒すること」。

この助言の全くの言葉遊びに欺瞞がある。こういう助言に従うことは全く不可能である。どうやって「状況に応じて」放射能を除去したりするのか、どれもこれも同じように謎めいていることは言うまでもない。

10.「パニックに陥らぬようにせよ、無闇に慌てることなく行動せよ」。

この命令が率直であるところに欺瞞がある。「行動せよ」とは何か。どう行動するのか。口をできるだけ湿ったタオルで覆って、しかも目を閉じて、自動車の中にうずくまり、あるいはベッドの下に横たわって、どうやってパニックを防ぐというのか。

――要するに、日常的なやり方でアポカリプス的な破局から救われると現代人に吹き込もうとしているのだから、この文書は最初から最後まで全くの無駄話、しかも恥知らずな無駄話である。

IX　ヒポクラテスの誓い――「生産スト」問題の検討（一九六三年）

他者に直接関わることをするのが立派なことなのではない。戸口に立っている乞食を門前払いしないとか、自分に近寄ってきた通行人に殴りかからないというのは美徳ではなく、冷酷さや粗暴な振舞いが称えられても、それで美徳になるわけでもない。逆に気分の悪い人を立たせておくとか、悪気のない人に向かって手を上げるのは難しいだろう。倫理が始まるのは、狭い範囲の感覚的なものが終わり、無限な超感覚的な王国が始まるときである。行為の結果は間接的で犠牲者は目に見えないから、行為の結果や犠牲者を想像するとき、つまり報酬がもらえそうな行為でも、それをやると、二番目の人がきみたちふたりには見えない三番目の人を殴り、きみたちに見えない四番目の人がきみたち皆に見えない五番目の人に殴りかかるかもしれないから、その行為をやめるとき、――つまり、見えないものを見えるものと等しく現実的なものと認め、すなわち行為の結果が見えないから許されるとすることなく、感覚的には目の前にないものを自分の前に置き、想像することを目に見える形で明らかにするとき、――初めて価値あることを成し遂げることになるのだ。美徳の唯一の器官は想像力であり、行為の倫理性は想像力しだいだからである。したがって最初の命令は「想像せよ」だ。そして最初の命令と直接つながっている第二の命令は「想像力を萎縮させるものと闘え」である。
(*Die molussische Katakombe*〔『モルーシアの墓場』〔「訳者あとがき」参照〕より〕)

普遍的なヒポクラテスの誓いを立てる試み

完全に無害で非難の余地のないものとみなされ、われわれに強いられている科学的、技術的、機械的、行政的な仕事の多くが、全く責任の取りようのない結果である破壊を——しかも個人の殺戮とか集団や民族の絶滅どころか人類の決定的絶滅を——起こしかねないこと、そして仕事の中には絶滅そのものをめざす仕事も含まれていることは、われわれにはよく分かっている。

さらには、科学的、技術的、機械的、行政的なさまざまな活動の大規模な分業によって、われわれ労働者に有害な結果がもたらされ、われわれは共同作業の最終製品も結果も知らず想像もできないこと、すなわちたいていの場合、われわれが製品や結果を知ることや想像することを望まれるどころか、知ることも想像することも全くできないようにされていること、しかもそれは、認識や想像は、われわれに科学的活動その他を求める連中の利益に反し、その連中が叩き込んだ「忠実」という理想に反するからであることもよく分かっている。

こういうことが分かっている以上、今日の仕事と結びついている強制が、昔われわれの先祖に与えられていた強制とは比較にならぬほど酷いこともわれわれは知っている。

したがってこう誓うことにしよう。

仕事が直接的にも間接的にも絶滅の仕事であるかどうかを事前に吟味せずには、仕事を引き受けたり遂行したりしない。

加わっている仕事それ自体が直接的・間接的に絶滅の仕事であると分かれば仕事をやめる。

同僚が自分は何をしているか知らなければ、同僚にかれらの仕事の実態を教える。

上司が絶滅の仕事を強制しようとすれば、そういう上司は倫理的にそうする資格はないと拒絶するか、かれに従うことを拒否して上司と闘う。

最後に、この誓いを守って不利になろうと危険にさらされようと決意を守る。

＊

ヒポクラテスの誓いにどこか似ているが、異様なほど拡大すれば以上のような誓いになるだろう。こういう言葉で気兼ねなく誓えれば素晴らしいだろう。「だろう」とか「できたら」と言うのは、こう誓える人は少ないからだ。その上この誓いの言葉には、気兼ねなく誓えないようにする要素が含まれている。そして世界には、こういう誓いを守る機会は残されていない。――無数の賢者しか守れないことより多くを誓うのは馬鹿だけだ。

言うまでもないが、上に述べた言葉に露わになっている疑念をいだいていたら、以下のような考察を始めるはずがない。疑う前にまず次のような考察から始めるつもりだった。最初に考えていたのは、「自然科学者や技術者や無数の産業労働者の行動に人類の運命が等しくかかっているのに、医者だけが（まさにヒポクラテスの誓いによって）、患者に危害を与えないように強いられ、医者以外の職業についている無数の人々に要求されもしなければ、かれら自身がヒポクラテスの誓いに相当する義務を引き受けようともしないのは、耐えがたいだけでなく許し得ないことだ」ということであった。それこそわたしが最初に考えていたことだったのである。

生産ストライキ

このように考えたのは、人間の生命を預かっているのは医者に限らないからである。医者は直接的に生命を預かっている。それに対して間接的には、われわれすべてが人間の生命を握っている。人間の生命は、少なくとも科学者や技師や技術者や工場労働者、実業家、ジャーナリスト、公務員、軍人、政治家として、現代の分業化された生産へのそれぞれの貢献によって、人類の破滅を可能にするか起こりそうにする製品、あるいはそういう製品の投下に至るかもしれない状況を共同して作りだしている無数の人々に握られている。人間の生命を勝手に傷つけないように強制されるのは人間を直接に治療する医者だけで、しかもそういう活動を許されるのは、（ヒポクラテスの誓いを）誓った場合だけというのは、人間が直接に人間を傷つけたり手当てしたりすることはほとんどない分業の時代であり、間接性が幅をきかせている今日では、計画的な偽善である。倫理は分割できないからだ。特定の小集団の専有物とか特殊な職業上の専門領域の境界内だけの義務として実行される「倫理」というもの、つまりその境界外では権利を有しないとされるような「倫理」は、それ自体がすでに分業の犠牲になっていて、倫理の名に値しない。その倫理という名称は制度化された退廃の偽名にすぎない。

信じられないこういう状態への苛立ちはここ数年、何よりも核の危険に強烈な印象を受けていちだんと募った。こう言ってよければ、――六年前になるが――住み慣れた学者共和国の壁を打ち破って、外部世界に達するように、とりわけ想像力を欠いた政治家たちの耳に届くように、声を挙げて警告を発した自然科学者たちに感謝しなければならない。その物理学者たちは――ここでわたしが特に考えているのは「ゲッティンゲン大学の研究者たち」だが――実際に、今日問題となっていること、すなわち自分たちが黙っていては、自分たちも協力したことになり、自分たちのささやかな貢献で造られるかもしれないものの効果について、たとえ効果はかなり先にしか現れなくても、自分たちには責任があることを認識したのである。自然科学の歴史にはこういう「専門分野」から「専門外の事柄」への突破は、これまでなされたことがなかった。――無論自然科学研究の影響が今日ほど巨大になったこともまだ一度もなかった——それでも、自然科学者が自分たちの研究の「価値からの自由」とか「中立性」を断固として強調しがちであっただけに、この出来事は印象深く、自然科学者以外の人々にとってはさらに恥ずかしいことである。決定的瞬間であるいま、その人々の中には、「中立性」を拠り所とするのでなく、むしろ「価値」や「無価値」とは何かと自由に問いかけるとともに、独特の仕方でヒポクラテスの誓いを誓った方々、すなわち自分たちの知識も能力も核武装のために、核戦争のためには決して用立てまいという誓いをした方々、数人の著名な方々もおいでだった。

しかしながら、こうした突破が注目され称賛の対象となり、ひとつの実例として確立されてわれわれの前にあるという事実がいかに重要で、いかに広く流布していても——この実例によって、普遍的な根本的変化が起こることは全く問題外であった。物理学者たちの行動は特定の企てであり、特定集団によるひとつの企てにすぎず、世界中のすべての物理学者や化学者が署名したわけでもなかった。たとえそういう場合でも、その行動はあくまでも特定の行動にすぎなかっただろう。先に述べたように、自然科学者だけがさまざまな破局や最終破局に手を貸しているわけではないからである。さらに——何よりもとは言わないが——、いかに間接的でいかに目立たない仕事でも、自分の仕事によって将来の地球規模のヒロシマを準備している労働者は数知れない。そういう無数の労働者を見れば、かれらは物理学者たちの実例を一度も耳にしたことがないのではないかという印象を受ける。産業労働者が製造して給料をもらっている製品の性質について議論を始めたとか、その種の製品の製造に抗議したとか、そのためにストライキまで起こしたことなど聞いたこともない。確かに労働賃金や労働条件についての見解の相違のためでなく、労働の成果とそれが引き起こしかねない結果についての見解の相違のために行われるストライキという考え、つまり生産ストライキという考えは全く滅多に出会えないものだ。[*1] しかしそういうストライキが起こって当然ではないだろうか。労働者がそういうストを思いつかなかったのはどうしてなのだろうか。ヒロシマ後の十八年間この成果に関する情報は、労働者には、こともあろうに労働者には伝えられなかったのだろうか。それとも、労働者たちは自分の行ったことがどういう結果をもたらしたかには無関心だったということだろうか。あるいは、どういう世界を自分たちが作りだしているかは、かれらには無関係だということだろうか。それとも、決定的な破局を自分たちが共同して作りだしているかどうかということにさえ、かれらは無関心だということなのだろうか。

　そうではなくて、それを明らかにすること、およそ何事かを明らかにすることが、労働者たちには縁遠いことであって、「悪意」があって何もしないというのでは決してない。無関心な「だけ」なのだ。想像力が欠け、想像する喜びを感じられないのだ。いずれにせよ状況が根本的に変わるのは、生産過程に取り込まれている人々が——無数の人々がそうであるのは先に述べたとおりだが——、自分の労働によって世界が存続するか否かを決定していることを実際に考えるようになってからである。つまり、かれらが自分にも本来は、医者と同じように「ヒポクラテスの誓い」を立てる義務があると考えるように

＊1——ちなみに、これは全く新しいものではない。第一次世界大戦の最後の数ヶ月には、弾薬製造者がストライキを起こした例はいくつもある

なってからなのだ。「かれらも」という言い方はかなり控えめな言い方である。かれらがそういう誓いを求められている度合いは、誓約を求められる医者とは比べものにならないほど大きいからである。人々を助けるのではなく傷つけ殺そうとする誘惑は、これまでほとんど現れたことはなかったが、人類全体を危険にさらそうとする誘惑など一度も現れたことはなかった。ヒトラー政権下での収容所の医者や安楽死させた医者たちの犯罪や破廉恥な行為は、あくまで例外的なものだった。ところが科学者にも労働者にもそういう幸運は与えられず、「例外」というようなものではない。かれらには誘惑は日常的なもので、かれらがそれを誘惑として一度も認識したことがないほど日常的なものなのだ。かれらが投げ込まれて自分の仕事を通じて積極的に貢献している生産システムには、生産分野として傷害や破壊のための生産が含まれているが、――昔は軍神マルスの鍛冶場は煤だらけだったが、今日ではクロムメッキしたキッチンのようになっているため――外面的には、その実態は見ただけでは分からない。軍備に携わる仕事についても同じことが言える。こういう仕事も、今日の労働形態が「製品による区別がない」(すなわちすべて分野が酷似している)ものになっているため、他の産業労働の形態とほとんど区別がつかない。絶滅のための部門は、他の部門と同時に同等の権利を有するもののように存在していて、敢えて言えば、たいてい規模も大きく、大きくて当然と思われているため、常に他の部門以上にそうであるのが当然だと思われるほどだ。そしてこの部門は、経済や社会福祉全体と密接に絡み合っているため、その部門を取り除いたり破壊したりすれば社会全体の破壊が起こり、(課題としている自分たち自身の利益をボスたちが詐称して)社会全体の利益というものを考えれば、社会全体を破壊するリスクを冒すのは無責任だと思い込ませるのは、この生産部門のボスたちにとっては簡単なことである。「そんなヒマはない（We can't afford it）」というあまりにも聞き慣れたかれらの言い草は、ボスたちがまさに、自分たちの特殊な仕事の低下や「停止（アポカリプス）」を回避するためには、人類全体の現実のアポカリプスによって絶えず脅威を与える必要があると考えていることを表している。しかし工場労働者がこの不愉快な言葉を繰り返すとき、——堂々とかれらがそう言うのを何度も聞いたことがあるが——、かれらは、日当をもらって死刑宣告を毎日受けている死刑囚となんら変わりがない。

絶滅が起こりかねない時代には、一見したところでは破壊と無関係なように見える多くの生産が、絶滅の実現に間接的にいくらか寄与していると言えるだけでなく、特殊な破壊産業が従業員のみならず世界中の人々の目にも、他のどの産業とも同じ産業のように見える。こういう状況では無論、無数の人々がこういう産業に、ソックスとか教科書とか粉ミルクを作るのと同じように何も考えずに加わっている。完全に正常で個人的には非常に礼儀正しいのに死によって生活している人々、すなわち起こり得る世界の破滅を作りだすことで生活している人々、日々多種多様な国々で軍需工場の仕事場で堂々と働く人々の数は想像を絶する。たとえば今日（一九六三年）合衆国では一八〇〇万人以上の人々が防衛産業で生活している。まさにこの分野ではオートメーションの使用が、他国より遥かに進んでいるにもかかわらずそうなのである。[*2]

＊2——*Newsweek*, 7. Januar 1963.

つまりこういう産業では、われわれに親しい礼儀正しい無数の人々が労働者や従業員として熱心に働いているわけである。そしてその無数の人々はすべて絶えず、自分自身や同時代の人々や後世の人々を破滅させる仕事に加わる無茶苦茶な危険にさらされているどころか、そういう破滅に間違いなく参加しているのである。それと比べれば、医者がおかれている倫理的な危険の大きさはもう全く問題にならないのは明らかである。それにもかかわらず、細心に注意しているのは数少ない医者だ——無数の労働者ではない。細心に誓いを守っている数少ない医者であって労働者ではない。さらに惨めなことに、そういう細心さが欠けているのが無数の人々の日常的な労働生活の前提であり、それが日常的な美徳の模範の一部となっている以上、そうした欠陥を指摘するか、それには疑問の余地があることを示し、あるいはそれは紛れもないスキャンダルだと言えば、間違いなく馬鹿だと罵られ、ユートピアンと嘲笑われるか裏切り者と非難される。しょっちゅう聞かされるのは次のような言葉だ。「コピー機で仕事をしている職員は、自分の作ったコピーがどこでどういう結果をもたらすかを問い合わせるべきだろうか。溶接工は自分の操作が結局いつか誰かを犠牲にするのではないかを考えるだろうか。かれらは調査（Research）をしなければならないだろうか。かれらの共同作業はその研究成果を待たねばならないのか。なんと過大な要求だろう。なんという夢物語だ」。

実態は分からない（Non olet）

「そんなことはない。過大な要求など問題にならない。逆に、われわれが無数の人々について、かれらは人倫についてアプリオリに決定的に無知な人々だ、つまり倫理的に今日求められているものを少しも理解していない人々だと言うのは、傲慢である証拠ではないか。商社の事務員や溶接工は自分の活動の影響を見ることができず、〈効果についての意識〉をもって働くことができず、医者や物理学者ほどには無責任な活動を拒否できないのは一体なぜだ」という返事が返ってくるかもしれない。そう問うのは許されるかもしれない。医者や物理学者たちが奮い起こした洞察や力はかれらにはないと言っても、労働者を軽蔑することにはならないのではないか。われわれが期待しているように言われている「調査（Research）」に関して言えば、そういうものは全然必要ないのではないだろうか。粉ミルクや玩具の会社だと思い込んで軍需工場で働いている労働者はいないだろうか。自分の労働の実態について最小限でも明確な知識を持っているとは限らないが、作業に参加するかしないかを決定するためには、その最小限の知識以上のものが必要ではないだろうか。

先に述べたように、こう問い返したくなる。「しかしそういう問いは、あまりにも楽観的ではないだろうか」と。

労働者には今日求められている洞察があるとは思えないと言うのが、名誉に関わる不信の表明であるのは間違いない。しかしわれわれが労働者に結果を意識して働いていると期待できるとか、若干の労働者だけにでも「生産スト」という観念が生きていると、間違いなく期待できるだろうか。

幻想はいだかないようにしよう。そういうことは期待できない。かれらにそういう観念が意識されていないだけではなく、そういう観念が潜在的にいだかれていたことは一度もないのだ。先に述べた物理学者を除けば、仕事や委任を引き受ける前に起こり得るか起こりそうな直接・間接の結果について考えてみた人はひとりもいない。すなわち、偶発的な仕事の実態について調べてみようとする人もいなければ、自分の共同作業や非共同作業について得た情報を文章にしてみようとする人もいない。

「少なくとも失業時代では、何千もの人々にそのような細心さとか几帳面さが欠けていて当然だ」という異論があるだろう。それは認めよう。しかし思慮が欠けている原因はそれではない。仕事の選択が労働者にとって失業時代より「自由になっている」完全雇用の時代においてこそ、そういう軽率さが目立っているのである。その原因は、労働者が思慮を欠くように計画的にされていることにある。すなわち、労働者は提供されたあらゆる活動を、どういう結果になろうと、あるいはどういう結果になるか明らかであっても、「仕事」としてのみ捉え、つまり（結局かれらは仕事の出所には無関心だから）倫理的に無関心で、倫理的評価は後回しにするように育てられていることにその原因があるのだ。本来は超人に認められていた「善悪の彼岸」という名誉称号が無数の人々にふさわしいものになろうとは、ニーチェには実際思いも寄らなかっただろう。あらゆる労働者の目には、正しく言えば、かれらの鼻には、労働は「臭わない」、つまり「実態は分からない（non olet）」のである。仕事は全然、臭くないわけだ。労働者が根本的無臭性という臭いにはまり込めるのは、われわれを不可避的に取り込む分業システムが、労働の目的や結果からわれわれを、少なくとも目標や結果を心配することから同じように不可避的に閉めだすからである。——要するに、われわれが例外なく、自分のしているのが何であるかを知ってはならず、——多くは避けようのないことだが——自分のしていることを知っていても現実認識への関心を掻き立ててはならず、そういう関心を掻き立てられない存在に変えられてしまっているからである。

確かに、共同作業の重大な結果を問うことが、露骨に禁じられているわけではない。われわれは結果を知ることから露骨に閉めだされてはいない。しかし、禁止する必要がない理由は二つしかない。まずここに「知識」とされているものは、知識についての現実的観念ではない。つまりそれ自体が断片的な知識にすぎず、「知られたもの」への関係は見かけだけだ。そういう「断片的知識」は無害なため、当然のように大っぴらに認められている。

さらに、共同作業の結果を問うことが露骨に禁じられていないのは、われわれが知識そのものから閉めだされているからではなく、(遙かに影響は大きいが)知るべきものへの関心から閉めだされているからである、もっと正確に言えば、計画的かつ継続的に閉めだされているからだ。[*3] そしてこの排除がいったん始まると——作業開始後の数秒間に——、われわれは良心まで奪われる。それこそこの排除の狙いなのだ。すなわち、自分の仕事(労働)について多少詳しく知っていても、その知識はわれわれには完全に関係がなく、何らの疚しさも覚えずに、結局無責任に働き続けることができる。

＊3——この出来事は「宣伝」とは正反対の事態を表している。すなわち、宣伝が興味を掻き立てることによってやるのと同じように、「排除」は「われわれのもの」である製品への関心を奪うことによって、われわれを製品の所有者に仕立て上げるのである。

別の言い方をすれば、分業は常に良心の分割でもある。分業の課題は、与えられた労働部分を、しかもそれだけを可能なかぎり良心的に遂行することにある。そうである以上、本当の良心があることは、つまり現在の仕事に関する良心ではなく仕事の結果に関する良心があることは、そのかぎりで、自分の権限をこの上もなく超えてしまうことなのだ。良心＝厚顔無恥というモルーシアの有名な等式は、現代の分業化された世界でこそ完全に確証されたと言わざるを得ない。

仮に統制はまだ不完全で、良心も口出しをしようと最後の努力をしているとしても――もう良心に従おうとする者はいないだろう。というのは、こういう困難な状況では、正当化がこういう場合のために準備されていて、何か起これればすぐ現れる尤もらしい説明のほうが、ほとんど消え失せた良心の囁きより遙かに親しみ深く、遙かに信頼できる立派なもののように思われるからである。行為に先だって尤もらしく説明して、行為への躊躇を取り去ろうとするわけだが、その低俗な寛大さは極めて効果的である。すなわちその説明は「共同作業をきみがしなければ、別の者がきみの代わりに仕事をする――結果も変わらない」とか、「きみのすることは〈共同作業〉だけに限られ、断片化したきみの責任や責務はごく些細なものだ。きみがその些細なものにこだわって、作業をゼロにする必要はない」と言ったり、男心をくすぐるように「そんなことをしたら、小さな過ちを犯すわけでなくてもお笑い種になるのは間違いない」と言ってみたりするのだ。

言い換えれば、無数の産業労働者が格別考えることもなくそれぞれの仕事に努め、自分たちが作りだす「製品を見ることもなく」働こうとしていることは、事実として確認しておかねばならない。

ありとあらゆる手段を使って、こういう惨めな状態に立ち向かわなければならないのは明らかである。分業の世界が良心を分割する世界であり、良心を停止させる世界となっていても、そういう状態に立ち向かうのは幼稚に見えるかもしれない。しかし、それ以上に酷い非難が存在するし、われわれを幼稚だと決めつける人々以上に専門的な判定者もいる。いかに嘲笑されても、仕事において良心をくそ真面目に黙らせ責任を放棄して、仕事以外の行為だけに、つまり私的な行為だけに責任を限定しているかぎり、「倫理」に関するわれわれの話が見せかけに終わるのは間違いない。いずれにしても良心に恥じることなく堂々と再び語ることができるのは、私生活でやっているのと同じように、いかに先のことで間接的な結果であろうと、起こりそうな結果を見極めて仕事に参加するかしないかを決める場合だけなのだ。

「われわれの労働は偽装された行為である」と先に述べた。そういう行為が共同の行為だとしてもこの言葉に間違いはない。働いているかぎり行為の効果は現れておらず目に見えず、つまり無数の媒介をへて事後的に（post festum）初めて効果は現れるにしても、これは間違いないことである。いかに媒介されていても、それを自己正当化の口実にしてはならない。逆に、間接的な効果もわれわれの効果である以上、無数の媒介を経ていることはわれわれに直接に関係があるということなのだ。つまり克服すべきものとして、われわれはそれに関わることになる。媒介を経ていることをわれわれは、まずその効果を想像することによって克服しなければならない。効果を想像して初めて、効果は目に見える効果に変わるからである。それを成し遂げれば、すなわち媒介された効果のイメージと直接に向かい合ったら、効果がわれわれの行為の直接的効果であれば、その効果に責任を取り得るかどうかを検討しなければならない。そして最後にその検討によって、自分たちの共同作業を肯定するか否定するかを決めなければならない。——要するに、現代の基本的課題は、間接性に対する闘いと間接性の克服にあるのだ。

しかし先に述べたように、わたしは幻想をいだいているわけではない。責任を持てないことは拒否しよう、つまりストをやろうと要求するだけでは、ほとんど何もやったことにならないのは分かっている。そういうストの課題をどうすれば現実の行動に転換できるかという戦術的・政治的問題は、「ストライキ」に関するわれわれの話だけでは答えようがない。そのため強調しておきたいのだが、わたしがここでやっているのは、ねじ曲げられた活動の間接性の克服、つまり「労働」に偽装されている行動の間接性の克服こそ、現代の倫理的課題の基本であるのを示すことにすぎない。

ストライキ反対論?——二面性

今日では誰でも多少とも欺かれている。指定された仕事に従事しながら「成果を見ることもない」無数の人々よりも、労働のヒエラルキーでは遙かに高い地位についている多くの人々もその事情に変わりはない。「自分が何をやっているかを知らず」、知るべきでないばかりか、知ろうともしないでいるというのが、確かに技術者や学者、それに「基礎研究に従事している人々」の実情である。しかし、問題はそれにとどまるものではない。かれらの「仕事との隔たり」や「無知」にはもっと別の事情がある。研究者が——仮にX氏としよう——（悪用され得ない発見は少ないが）自分が始めた方法なり一連の発見が怖ろしいやり方で使われているのを、具体的に思い描く想像力を持っていると仮定しても——その怖ろしい光景は、かれにとって拘束力を有するものとなるだろうか。X氏は目の前に現れた可能性に基づいて、研究を進めることを直ちにやめて、自分が中断した研究を他の人が継続するのを止めねばならないと思うだろうか。

これは厄介な問題である。これは容易に肯定的に答えられる問題ではない。しかもそれは、X氏が今後の研究をやめれば、角を矯めて牛を殺すことになりかねないからではない。つまり、かれが自分の科学的理念に基づいて、危険があることを理由に研究を拒絶すれば、そこに秘められているチャンスまでリスクにさらすことになる。この規則は根本的に拡張できるのではないだろうか。科学技術の一部停止を勧める者は事情によっては、科学技術全体の停止を勧めることになるのではないだろうか。「全体」というのは、自然科学の研究活動を有害な研究と人間に有益な研究とにきれいに分ける、はっきり言えば、有害な研究は締めだし、人間に有益な研究は取っておくというのはばかげたことであり、少なくとも極めて問題だからである。そのようにきれいに分割できると思うのはずぶの素人だけだ。そういう分割が不可能なのは、あらゆる研究は、つまり有害な研究も有益な研究も入り組んで相互に依存しているからだけではない。何よりもたいていの研究は、特に基礎研究は最初のしばしば非常に長期にわたり（特に発明の前段階である発見段階では）最終的評価については少しも予測できないからである。こういう理由で、研究とその結果との関係は常に間接的なものである。自然科学的研究は本質的に二義的なものであり、本質的に二面的なものなのである。これが意味しているのは、研究者の誰かの責任ではないのだが、どの研究にも「良い応用」か「悪い応用」かに目を向けている二つの面があるということである。――これは「目を向けている」と言えるかぎりでの話であって、――たいていの場合、逆方向を向いている両眼はどちらの面の目も閉じていて、ヤヌスの顔には全く目がないことが多いからである。そのためイメージが得られず、二義性が研究からなくなることはないが、自然科学研究の二義性は研究そのものの性質ではなくて、研究が実際に行われる場における立場の性質なのである。自然科学は原理的に二つの目標を追うと主張するのは、もちろんばかげている。自然科学の「受動的な二義性」に関するテーゼは有意義で正しいのだが、それによると、自然科学的方法や研究成果はすべて二通りかそれ以上にも解釈され、応用され得るのであり、どういう結果も二つ以上の方向から狙われ、取り込まれ、利用されることがあり得る。*4

自然科学者の「二次的な中立性」については以上で明らかになった。そしてこの二面性は偶然的欠陥でもなければ、見かけの善し悪しという外観上の欠陥でもなくて、実践（Praxis）の世界における自然科学研究の立場の本質的特徴なのである。善悪いずれも行う自由のない自由意志が自由な意志ではないのと同じように、こういう欠陥のない自然科学研究は自然科学的研究ではない以上、モラリストにとっては自然科学研究に対して特定の倫理的立場を取る可能性は全くないように思われる。いずれにせよ、「二面性」はそれを見いだしたからには、それを汚れのようにこすり落として、きれいな服で研究し、それ以上は二義的だと非難されないようにして、課題を追究しようと考えるのは愚かであろう。善意でやってもこの欠点は取り除かれない。善意を組織しても科学的研究の本質的属性を簡単に消すことはできない。すなわち、「拡大されたヒポクラテスの誓い」を普遍的な義務として現実に守ることができたとしても、自然科学の倫理的ジレンマは取り除くことはできないだろう。

知ある無知 (Docta Ignorantia)

科学研究の成果には「二面性」という呪いがかかっているという事実があるだけに、われわれの倫理的ジレンマは深刻なものになる。科学研究の各段階で善悪いずれのためであるかが疑いなく認識できておれば、われわれの状況は比較にならぬほど単純なものであろう。それでも研究拒否は事情によってはリスクと、それも酷いリスクと結びついているかもしれない。――いずれにしても、肯定すべき時と否定すべき時は分かるだろう。間違いを冒す危険にさらされているのでも、アリバイを作ろうと誘惑されているのでもない。しかしそういうチャンスがいつもあるわけではなく、われわれは無知のままである。

＊4――時にはこの呪いが逆に祝福となることもあり得る。時には極めて悪質な目的を追求している研究者から、研究方法や研究成果が取り上げられて、思いもよらなかった良い目的のために「誤用」されることがあるからだ。

明らかにこういう無知は、これまで述べてきた大勢の労働者の無知とはタイプが違う。覚えておいでのように、そういう無知はイデオロギーの成果であることが明らかになった。それは、無数の人々が無知に固執しているのは、かれらには偽レッテルをつけて、つまり行動が非倫理的ではあり得ない独特の活動である「労働」として、割り当てられているからであることを意味していた。

そのように欺かれている群れに属する科学者が同じように無数にいることは、異論の余地のないところだが、それでかれらの無知が十分に説明できるわけではない。すなわち「偽りの割り当て」にひっかかっていなくても、科学者たちは「無知な者」のままなのである。しかも、いかに逆説じみているように思えても、それはまさにかれらの研究がもっぱら真理をめざしているからなのだ。真理だけをめざしているかぎり、かれらは有効活用の可能性が可能性として浮上してこない次元で研究しているからである。その次元は専門以前であり、そのため「二面的」である。かれらが無知な人々（すなわち成果について無知な人々）であり続けるのは、かれらの研究が純粋理論だからであり、純粋理論であるかぎりにおいてであって、かれらが純粋理論家であるにもかかわらずではなくて、純粋理論家だから（そしてそうであるかぎりにおいて）なのである。実態として理論は——「知ある無知（*docta ignorantia*）」にすぎない。

科学研究が基礎研究になるにつれて、研究と応用の関係が間接的になるのは納得できる。確実な推測や発見が発明に変えられて提供される場合、その改変がまだ始まらないうちは、推測や発見がどのように倫理的または非倫理的に応用されるかは予想できない。それだけではない。むしろたいていの推測や発見はそれ自体は本当に「倫理的に中立」である。他方ではこのことは、(それが善悪いずれにも応用され得ることを無視すれば)、応用のことは知的研究の最初の段階では多くの場合まだ考えられていないことを意味している。そういう研究の始まりと研究の最終結果との関係は数多くの媒介を経て成立している。「自分のやっていることが分かっていない」という命題は、それを基礎研究者について使うのと、その命題を工場労働に動員された榴弾職工や国防省で義務を果たしている大量殺戮の専門家について使う場合とでは意味が全く異なる。この命題は、個人的な無責任さや「非倫理的な」製品の製造や使用に対する無関心という意味ではなくて、かれらの工夫が実質的にはまだ中立で現実には応用とはまだ無関係な次元にとどまっていて、善悪いずれの目標のためにも使われることがあり得る段階にとどまっていることを意味している。「あり得る」ということを強調したい。この非現実話法的な言葉は、科学者を決断できず政治的に無力化して、特殊な研究をしている同僚とともに(その気になりさえすれば)拒否できたものをきっぱりと拒否することを不可能にするものだからである。完成品が中立であるかぎりは、こういう客観的な中立性が保たれることは間違いない。すなわち、爆薬はトンネル造りにも都市の破壊にも使われ、核分裂や核融合は膨大なエネルギー獲得にもジェノサイドにも使われるからである。

ここでは「間接性」という言葉で、応用の方向が未確定であることを意味するにしよう。したがって、(状況によって技術者でも研究者でもあり得る)発見者は、発明が使われる善用と悪用に間接的にしか関わりようがなく、倫理的にも間接的であるほかはない。実際こういう「中立性」とか「間接性」には有効な手立てはない。実態はもっと悪い。おそらくこの意味で「中立的」とか「間接的」でないようなアイデアはなく、否定的にも肯定的にも評価できるものしか存在しないのだ。

こういうことが発端となって、最大の倫理的難問が現れ、「ヒポクラテス的な」誓いの定式を不可能にするように思われる。先に述べた問いを繰り返すことになるが――これには責任を負いかねる危険があるからといって研究を拒否すれば、それと同時に研究に同じように含まれているかもしれないポジティブなチャンスを拒否することになるのではないだろうか。

このジレンマを黙っていることは許されない。このように強調するのは、無論、こういう「中立性」を自分の「無関心」に対する口実として歓迎する科学者や、倫理以前の状態に満足していることを理由にして手を汚さずにいる科学者を守るためではない。こうした倫理以前の状態に満足しきっていて、責任を問い得ない人々の振る舞いに関して、「発見したことが後であれこれと悪用されるのに対して、わたしに何ができるか」と、問い返す人々は少なくない。もともとかれらには本当に何も「できなかった」かもしれない。しかしかれらが悪用の可能性に驚く代わりに、自分のやっていることをまだ特殊な明確な形で応用されていないから研究し続けるのであれば、工場で自分が何を作っているかを把握していない多くの人々の大半と同じように分別を失っているだけでなく、むしろ意識的に研究を続けようと自分で分別を失っていくことになる。モルーシアの剣鍛冶は、光り輝く剣の切れ味を殺戮で見事に示したことへの称賛をはねつけて、「芸術は芸術だ」と言った。「切れ味を見せたと皆さんが言っているものは、わたしには何の関係もないものです。わたしはそれを豪華なサンプルとして、つまりそれだけで満足できるものとして鍛え上げたのです。そしてそういうものとして明日も明後日も剣を鍛えるのです。

剣を買った皆さんのような人がやった使い方や今後の使い方に口出しするようなことはしません。口出しをしたりみなさんの自由を制限したりするようなことを、どうしてわたしがいたしましょうか」。

これでは駄目だ。科学研究に疑いもなく内在しているある種の中立性は、倫理には無関心であることを赦したり正当化するために与えられたもののように使ってはならない。——ところが先にも述べたように、残念なことにこれがしばしば行われている。「科学は科学である」というスローガンや「研究の純粋さと自律」への愛についての言説が、（研究の九九％は工場や政府の注文で行われているのに）好んで触れ回られ、それは多くの場合、責任回避の隠れ蓑か、自立した決定の断念を正当化する口実にすぎないからである。

この考察のすべてから引き出すべき結論は、われわれを何歩も立ち戻らせるのではなかろうか。自然科学的研究は「二面性がある」か、そうでなければ科学的研究ではないかであって、起こり得る使用には間違った使い方が常につきまとっている（junctim）というのが正しければ、科学研究を部分的に中立化させる可能性も「ヒポクラテスの誓い」の可能性も再び消滅するように思われないだろうか。そうであれば、オールタナティブとして残るのは科学全体の停止か廃止しかないのではないか。しかしそれも部分的な廃止さえ考えられないようなものに終わるのではなかろうか。起こり得る間違った使用に対して、慎重に警告するようにせねばならないのではないだろうか。そういう慎重さを欠くと、正しい使い方を妨害することになりはしないだろうか。ポジティブな応用の可能性も妨害するのではないか。すなわち、間違った使い方に対する警告の使い方を間違えることになるのではないだろうか。こういう疑いが出てくるだろう。

二面性のある製品

もちろん、二面性という呪いがかかっているのは科学者の活動だけではない。むしろこの呪いは、病気のように広がって、生産の各部門にも伸びて、最後には製品にまでとりついている。――つまりこの呪いは衰えもしないで力を発揮するまで保存されているわけだ。――一例を挙げると――善悪いずれにも使えず、住民を救うために必要な免疫血清の量も判断できないばかりか、ある国に対する核攻撃の際に「見込まれる」大量の死体の数の概算もやれないような電子計算機は存在しない。こういう機械は恥ずかしがること以外ならやれないことは何もないから、二つの全く異なる仕事でも、求められれば、同時にやることも連続して素早くやりとげることも妨げるものは何もない。

同様に、無数の薬剤が神秘的に閉ざされて置かれたままで、現実にはまだ害を与えていない薬剤として、すなわち治療薬として使うか有害毒物として利用するかがまだ決定されていないかぎり、目的はまだ「決まって（olent）」いない。そういう薬剤についても、文字通りではないが（cum grano salis）「自分のしていることが何であるか分かっていない」と言うことができる。それについてはさらに「曖昧だ」とも言える。

無論、こういう事実が知られていないわけではない。逆だ。爆弾や核エネルギーが破壊目的のためにも建設目的のためにも投入される事実ほどよく知られている事実はないだろう。ただそれは、打開策も同じように広く探求されているということではない。むしろ「二面性」を無害な問題として片付けるのが慣例になっている。そういう片付け方が非常にうまくいっているのは、無知は別とすれば、共通認識ほど矮小化するメカニズムをうまく動かし、それを使い続けられるものは何もないからである。すなわち、周知であることがあらゆる人に知れ渡っている事柄は、日常世界の一部として、つまり些細な「ほぼ解決済みの」ものとみなされ、少なくとももう頭を悩ますまでもないと思われるのだ。そしてそういう態度が「製品の二面性」に対するわれわれの大半の態度なのである。

しかし、誤解しないでいただきたい。こういう製品の二面性を強調しても、製品の大半が完成し「軌道に乗る」こと、——すなわち、製品が別の道をとって——全く想定外の目標を除けば——別の目標はめざせないことを否定するつもりはない。製品が現れるにつれて特殊なものになり、使い道が狭くなるにつれてその役目の幅も狭くなる。ミサイル発射台や核ミサイルは、それを造った完全に明確な課題以外のものに使われることはない。そういうものには、出番がくれば何をしなければならないか、何をするのかが「分かっている」。そういうものには「二面性」を口実にして言い逃れるのはふさわしくない。目的が明確であるだけ極めて危険なこういう完成した——しかも無数に存在している製品を、われわれはまず最も憂慮すべきである。われわれの製品に「二面性」があることを知っても、こういう製品の生産や投入を妨げようとする努力を一瞬たりとも控えるわけにはいかない。特殊な製品を抑え込めば、ジレンマから決定的に逃れられると自分に言い聞かせるのも、同じように間違っている。「二面性」という性質が科学や技術そのものに内在している以上、個々の製品や製品部門を取り除けば、この「二面性」を世界から追い出せるというものでないのは無論のことである。現に存在しているものも今後現れるものもすべてまだ除去されていない重要な製品が存在するのは、除去に成功した重要な製品の除去されていない根のおかげであることに、つまり、Aという製品を除去したことはBからZに至る製品の根を除去したことにはならないことに、われわれは幻想をいだかずに注目しておかねばならない。別の言い方をすれば、われわれが一瞬たりとも忘れてならないのは、除去された製品Aが存在したのは特殊科学と本来的に悪質な特殊技術のおかげであること、つまり重要な製品の可能性の条件は科学や技術と同じように存在し続けること、すなわち科学や技術、そしてわれわれも、「二面性」という付随物からもう決して逃れられないということである。

専門知識（know how）と結果に関する無知（not knowing how）

（繰り返しやったことだが）先ほどわたしは、間違ったオプティミズムを未然に防ぐために、既存の核兵器を破壊しても核に対する安全の保証にならないことを特に強調した。それでは核に対する安全が保証されないのは、先にも述べたように、われわれの破壊力を妨げるものがあるからだ。すなわち、「われわれの能力はわれわれ自身の能力によって制限されている」からである。――これは、われわれが破壊力を破壊しても、潜在的な製造である「ノウハウ」は同時に破壊されるわけではなく、製造方法に関する知識は無傷のまま残るからである。[*5]

仮にこういう障害はなくなって、われわれは世界中のすべての自然科学者に反核ストライキを起こすように呼びかけ、全員が破壊兵器の準備作業には手を染めまいと決意し、すべての破壊兵器が本当に廃棄されたとしてみよう。――危険はそれでなくなったのだろうか。それでも危険は残っている。しかもそれは、それに限界があるからではなくて、無責任なことは避けて有益なことだけを推進しようという善意に、もうひとつの障害があるからである。その障害がわれわれの力では破壊できない能力のうちにあるからだ。こう言いながらわたしが考えている能力が、まさに「二面性」にほかならない。この言葉で自然科学的・技術的な研究が「万能」であるという事実を表してきた――しかも、公然と明らかに破壊をめざしている特殊研究に限らずそうである事実を表してきたからである。あらゆる研究がそうであ

*5――われわれが「複製」を作りだすことができるのは、プラトン的に言えば、われわれが破壊できるのは事物だけであって、事物の条件であるその原型やわれわれの能力は破壊できないからである。ポジティブな言い方をすれば、われわれが処分した製品の複製品を新たに作りだすことができるわけである。それどころか、われわれは古い製品は処理して新たに生産することを正当化したがっているのであって、新製品を生産することが経済的に可能なのは、旧製品をあらかじめ処分しているからにほかならない。

る。なぜなら、どういう可能性があるかが確定している研究はひとつもなく、どういう結果をもたらすかが分かっている研究もひとつもなく、起こりそうな結果や影響を明日にも明後日、明明後日にももたらすかが、われわれに分かっている研究はひとつもないからである。

しかしわれわれが――これは自然にこうなるわけだが――、研究のそのつどの「危険な副作用」を知らなければ、つまり（その最初の目的は破壊とはなんの関係もないように思われる）自分の研究がどういう評価を受けるかを見極められなければ、それは、善意が「専門知識（know how）」の邪魔になるだけでなく、「結果に関する無知（not knowing how）」、すなわち個々の成果がどう評価されるかについての無知も妨げることを意味する。――そして実態的にはそれは、ひとつの研究分野から他の研究分野へ鞍替えするだけでは、ジレンマから脱出できないことを意味している。つまり責任のとれない領域を決定的に抜けだして、責任のとれる自然科学の研究が百%保証されている象牙の塔に閉じこもるチャンスはあると思うのは自己欺瞞であることを意味する。これがいかに残念なことだと思われても、自然科学や技術の方式で研究しているかぎり、――それは避けようがないことは繰り返して言うまでもないが――「象牙の塔」は、抜けだそうとしたのと同じ場所にしか立っていない。われわれは感染した者に似ているのだ。逃れようとしている呪いは、どこに移っても、われわれにつきまとう。倫理の避難所にした塔の「象牙」が本物であり続けるものかどうかは決して予想できない以上、われわれにはそれを本物だと考える権利がない。――しかも塔に閉じこもったときすでにそういう権利を失っていたのだ。破壊という課題を拒絶した後でやりだした研究がいかに無害に思われても、どれほど満足のいくものであっても、それほど疚しさを覚えずにやっていけるとしても、科学的なものとしてはそれも「何でも可なり」であって、それにも知り得ない未知の可能性が含まれ、したがって破壊の可能性も含まれている。そして「ヒポクラテスのように」誓いを立てたところで、疑いもなく有害な特定の狭い範囲に属する研究とみなされるかもしれない以上、研究を拒否したために新しい研究が妨げられる可能性も一緒に拒絶されたわけではなく、まして取り除かれたわけではない。そういう可能性が未知である以上、われわれはそれを秘密にしておくこともできないし取り除くこともできない。剣鍛冶をやめて鋤鍛冶になっても、可能的で間接的にしか目に見えない共同責任から、疑う余地のない直接に目に見える共同責任へ逃れることはできない。アポカリプスの時代の悲喜劇的な人々ではあるが、——Aという「軒先」からBという別の「軒先」へ逃れた科学者、すなわち「剣」とはもう縁を切って「鋤」に熱中したが、そのために剣の改良に貢献することになってしまった科学者がいたのは疑いない。拒絶するということ以上に難しいものはない。*6〔訳者注〕

*6——世界中のあらゆる科学者がこういう運命に基づいて自分たちのあらゆる研究を断念し、科学や技術によって可能になった世界全体を再び破壊しようと決断すると仮定しても（これは無数のその他の理由は別にして、そういう破壊は複雑きわまる科学的・技術的処置なしには実現できず、新しい科学的・技術的方法を投入しなければコントロールできないが）、結局、運命を阻止することはできない。なぜなら、物理的な科学研究は、破壊されたものを再建する能力は同時に破壊されてはいないからである。注5参照。

〔訳者注〕——剣と鋤は「イザヤ書」2・4や「ミカ書」4・3の「剣を打ち直して鋤となし」を踏まえつつ、核兵器と原子炉を示唆していることに注意されたい。

つまりわれわれは第一に、自分が生産した製品しか破壊できず、自分の生産能力を破壊することはできないから、すなわち、自分の「専門知識（know how）」を処分してしまうことはできず、第二に、無害に見える研究の危険率を判定できないから、すなわち自分の「結果に関する無知（not knowing how）」を処分できないから、ジレンマの確実な解決策が見つかる望みはかなえられそうもない。少なくとも自然科学自身の枠内では救済策が見つかる望みはかなえられそうもない。われわれは研究者としては明らかに、ときたま抵抗するだけで満足しているわけにはいかない。正確に言えば、研究の無責任さが本当に明白になった場合にしか、科学研究上のストライキは起こらない。無数の賢者しか守れないことより多くを約束するのは馬鹿だけだ。

原罪（Peccatum originale）と汚れなき手

科学や技術の研究にはもともと「二面性がある」のだから、研究者の一種の誠実さを疑う余地はない。二十世紀初頭の数十年間の偉大な理論家、発見者、発明家について陰口をたたいたり、現代の放射能による大気汚染をかれらのせいにしたりするのは途方もないことだろう。そういう基礎研究で連想される地平線に、ヒロシマやビキニのキノコ雲が現れることは一度もなかっただろう。自然科学者は予言者ではない。

しかしこれは、かれらには予言する力はないことを理由にして、そういう能力を欠いているために、自分に提供された研究に元気に楽しく恭しく没頭することを自動的に赦されているという意味ではない。かれらの無知は倫理的無関心を免罪するものではない。――独創的科学者のMという知人が核・生物・化学兵器産業のある部門で務めていたとき、新しい仕事はどんな具合だ、毎日の仕事の目標で日々充実しているかと尋ねると、かれはレトリカルにこう問い返した。「こういう研究では全く新しくて人類のためになるものが出て来るかどうか、分かる人がいるだろうか」。

そんな人はいないだろうが、このMという人物のように簡単にすましてはならない。というのは、不可避的に無知だから免罪されるという主張が間違っているように、逆に自然科学者としてどういう状況にあっても罪があるという主張、すなわち、初めて実験室に入ったときから、その部屋にはわれわれが入る前からすでに「原罪（peccatum originale）」の雰囲気があって、その「原罪」が自動的にわれわれを捕らえてしまったのだという主張も間違っているからである。この点については結論を出さないでおく。しかし、この逆の主張が全く間違っているのは、われわれが行っている活動が沈黙していることは知れ渡っているからではない。――これは、多くの場合その活動が何を引き起こすか分からないことではなく、活動の実態はふつう明らかにならないことを意味しているからである。これはさらに、倫理的な言い方をすれば、研究を始めたとき、自分が何をやっているかを知らない何事かに巻き込まれたことを意味している。これが罪でないとしたら、「罪」という言葉が何を意味するのか分からない。こういう罪はまさに――これだからこそ「原罪」という言葉を使っているのだが――自分の存在（ここでは自然科学者としての存在）の事実そのものによって（ipso facto）関与している罪（peccata）に属するもの、すなわちわれわれ自身に由来するものではなく、そのために自分を責めることもできない罪に属するものだからである。

それにもかかわらず、責任を問われる状況から抜けだすことは不可能である。しかもそれは、汚れなき仕事を保証できる象牙の塔は存在しないからである。——

しかしわれわれの無能についてのこういう洞察がいかに重要であっても、それに劣らず重要なことは、われわれが抜けだして実際に外に出ることができても、それでは今日、決定的なことが成し遂げられないということである。手はそれで汚さずにすむかもしれないが、——前にこういう問いを出していたわけだが——本当に汚れなき手なのだろうか。危険が迫っているというのに、放火犯に背を向けているのはなぜか。手を汚していないのは贅沢であり、自分の清潔さを重要視することは独善であり、道徳的退廃なのだ。消されねばならないものは、われわれが有罪であるという身を焼く思いではない。有罪であろうとなかろうと、われわれがみな巻き込まれている火災こそ消さねばならないものなのだ。

この危険が科学研究の間接的結果だという事実は、言うまでもなく、科学に関わる研究をしながら、そういう危険に立ち向かわねばならないことを意味しているわけではない。逆である。危険がそれほど途方もないものになったのは、危険がわれわれとは独立に生じたからではなく、森林火災と同じように、発生源の限界を超えたからであり、貯蔵されている無数のミサイルとか爆弾という形になって存在しているからであり、そういう形で途方もない威力を維持するためにアカデミックな協力はもうほとんど必要ではないからである。というのは、周知のように、何を意味するにしても、人類を何度も絶滅するに十分な量が貯蔵されるに至っているからである。迫り来る火に立ち向かうには、マッチの発明者が、マッチの研究やすでに優れた役割を果たしているマッチ生産には、今後はもう加わらないと改まって宣言すればすむ話ではない。

そして科学的共同研究に参加しないこと、つまり個人的なストライキも、同じようにそれだけで事態が収まるわけではない。われわれが研究に参加しないとかストをやっているあいだも、科学の研究はそれと無関係であり、生産は続けられ、政治ももちろん相変わらずだからである。研究から抜けだすだけでは何ひとつ成し遂げることができない。研究の成果はわれわれが生みだしたものだが、もう「われわれの手を離れている」のだ。したがってわれわれはその後を追いかけ、その成果が幅をきかしている領域に飛び込むことになる。別の言い方をすれば、研究成果を自分の目標のために（あるいは時代のアポカリプス的な性格には無関心に自分の目的とするもののために）悪用し、そういう悪用に関わっている手合いが政治家である以上、そしてわれわれが漂っている危険が巨大なのは、政治家には今日のさまざまな手段を自分たちの戦術や政策の道具以外のものとしては考えられないからである以上、――われわれが飛び込んだ領域は政治の領域なのである。明らかにわれわれは、政治的に活動しなければならないのだ。そうでなければ、政治家たちはわれわれを単なるクレーマー、すなわち政治家には「関わりのない」問題に首を突っ込むクレーマー[*7]とみなして、政治を超えたわれわれの議論が政治的な議論であるとは決して思わないだろう。要するに無論、政治的実践への参加は特別な飛躍というものではない。どういう飛躍も（自殺は別として）どこかに着地する以上、同時に参加とならない脱出というものは存在しない、――それに実践的世界の代理人として振る舞っている政治家もそういう見方しかしないものだ。良心的な自然科学者による核時代についての多種多様な発言を、政治家が自動的に政治への介入として捉えた、つまり自分（政治家）の領分への許しがたい不当な介入として捉えたことはよく知られている。必ずしもその貴族的振る舞いで有名になったわけではないが、アデナウワーが「ゲッティンゲン大学の研究者たち」のアピールに対して示した最初の反応はそのほんの一例にすぎない。学者の中にはその当時、自分が発言したという事実によって政治家として行動したことを認識していなかった人々もいたこととか、そういう人々がアデナウアーに誤解されていると感じたことは言うまでもない。しかし、あり得ない驚くべきことだと思われるかもしれないが、（アデナウアー自身は気づいていなかったが）ある意味では、反対する学者たちをかれら自身よりもよく理解していたのはアデナウワーであり、しかもそれはかれが繊細ではなかったからであった。学者たち自身が自分たちの行動を誤解しているということに、かれが気づかなかったからである。学者たちは自分たちの行動を政治的行動ではないと誤解していた。教授たちの行動は反対者とか反乱分子の露骨な行動ではなく、声を聴いてもらおうとする助言者による重要な礼儀正しい行動であった。しかしそれを、アデナウアーも理解していなかった。

先に述べたように、学者たちは非政治的に振る舞ったとき、自分たちを誤解していた。政治的であるかないかを決めるのはいつでも支配者だからである。――これがまさに支配の基準なのである。逆に、自分の行動は非政治的だと主張する自由は、支配者でない者には決して与えられていない。つまりゲッティンゲン大学の研究者たちの非政治的な口調や振る舞いを、アデナウワーは信用せず、不信以外の何かだと感じることが全然できなかった。かれの権威主義的性格のために、自分の政治的策略に合わない思想とか明らかに矛盾する思想を、政治的意図に基づくものとして捉えることはできなかったのである。もちろんそのほかにも、かれの資質の中でも想像力あるいは共感の能力が最も発達していない能力だったということがある。良心に動かされてまさに政治的・戦術的な予測に関心をいだいた学者たちの全く新しい状況に身を置いてみることは、アデナウワーには荷が勝ちすぎていた。学者たちについて言えば、初めて自分の仕事から抜けだした人々が、自分の行動によって自分に起こった変化を完全に把握していたのは驚くべきことだろう。かれらの行動をまさに政治的反対派の行動として捉え得た戦術家だけが、つまりごく限られた人々だけが、しかもかれらが少数派だったからこそ、真実を捉えることができたのである。自分たちの企ての政治的性格を完全には分からないまま署名した人々が自分自身を誤解していたのに対して、アデナウワーは精神的に粗雑だっただけでなく、その権威主義的な無分別状態にあったためにも、ゲッティンゲン大学の研究者たちの文章が紛れもない政治的文章であることを理解したが、それは結局、間違ったことではなかった。

＊7――「政治的」という言葉そのものが、われわれが不十分ながら参加している領域を表している。というのは、世界が存続するかどうかが事情によっては、われわれの研究をどう利用するかにかかっていて、ここでは「政治を超えるもの」が危険にさらされている以上、われわれはこの「政治を超える（metapolitisch）」領域に飛び込んでいかねばならない。――このことがどういう意味であるかという問題に、ポジティブに答えることはできない。人類の消滅は政治を超える出来事であるという、おそらく誰も反対しないことを確認するだけにしておく。

そこから学ぶべきことは、政治だけにとどまっている支配者は、非政治的な身振りと実際に政治的な役割との違いを例外なく政治的な弱点とか無能と捉えるということである。われわれが成功を期待できるのは、本当に敵とみなされることを受け入れたときだけである。それを受け入れることができるのは、われわれが「脱走者」であると同時に「参加者」である、すなわち政治的現実への――抵抗する者として――参加者であることを、少しでも疑う余地のないほど明らかにするときだけだ。

追記（一九七一年）

自分の説明に後で「生産スト問題の検討」という副題をつけたのは、本文が今日の緊急問題に対する最終的解答でないどころか、およそ解答を与えるものではなく、むしろこの問題を初めて提起するものであることを明示するためであった。それが成功したかどうかさえ、わたしには分からない。それにもかかわらず、ここで問題にしているのは現代世界の完全な苦境の提示であり、問題提起を行おうとする試みなのである。

そういう苦境を提示するだけでも全く無意味ではないと、わたしは思っている。しかしその効用を過大評価すべきでもない。こういう警告を行うことで、「問題設定がよければ半ば答えが出たようなものだ」という言い方は楽観的すぎると思っていることを伝えておきたい。

それには二つの理由がある……

第一に、現在の苦境を本当に有意義な形で問題にすることができるという確信は、わたしには全くないからである。

第二に、(そういう問題化が成功するとか自分はどこかで成功したと仮定しても)こういう問題に満足できるほど答えることができるかどうか分からないからである。現在われわれが陥っている苦境には、本当の逃げ道はないとも考えられるかもしれない。わたしの研究につきまとっている弱点や欠陥はわたし個人の無力だけのせいではなくて、問題(*in re*)そのものにその根源があるのかもしれない。わたしとしてはそうでないことを願うばかりで、別のお方が、わたしはそれ以上進めなかったところまで進んで洞察を獲得して、助言を与え戦術を教えてくださったら幸いだと思う。われわれの「テーマ」を掘り下げるためには、わたし以上に多くの時間が必要だが、無論その余裕はない。もしかすると余裕など全くないのかもしれない。破局はいつ起こるか分からないからである。しかし、破局を引き延ばすか破局を回避するチャンスを与えるだけの猶予期間は与えられているかもしれない。そのために少しでも役立ったなら、わたしの考察も無駄ではなかったわけである。

X　途方もない事実（一九六七年）

報道が抑えられているかどうかは不明だが、現代人に知られていないと思われる事実がある。その事実を知れば、その奇怪さに日々新たに息をのむ思いをするだろう。最も信じがたい実例は次の事実である。それは、ニュルンベルクの「国際軍事裁判」の憲章、つまり「人道に反する罪」という概念やその種の犯罪に荷担した個人の責任と処罰が初めて確定された文書の日付が――一九四五年八月八日であるという事実だ。

一九四五年八月八日に何が起こったか。

一九四五年八月八日には、前々日の放射能を浴びた広島の犠牲者たちが瓦礫の中を這いずり回り、救いを求めて町の周辺に出て、苦しみながら惨めな死を遂げた。

そして一九四五年八月八日には、長崎の住人たちは二十四時間後に何事が起こるか知るよしもなく、歩き回り、横になり、働き、食事し、眠り、笑い、泣き、愛していた。あれが人々を襲うまではそうだったのだ。言い換えれば、「人道に反する罪」やその種の犯罪に荷担した個人の責任や処罰が初めて現実に法制化されたあの文書は、ヒロシマの二日後、ナガサキの一日前に作られたのだ。人道に反する罪についての文書が前もって準備されていたのである。しかも無論、この文書に基づいて判定されたこともなければ、この文書に基づいて処罰されたためしもない。

世界史においてこれ以上に信じられない事実はない。次の事実ほど気の滅入る事実はあるまい。ニュルンベルクと原爆という二つの出来事について聞いたことのある人、その二つの出来事が同時に起こったことに注目した人は、数十億の現代人の中にただのひとりもいなかったという事実こそそれだ。

XI　猶予期間（一九六〇年）

「世界は終わりかけている。世界が存続し得るとしても、それは現に存在しているからにすぎぬ。逆に世界の滅亡を告げているあらゆる理由と比べれば、この理由のなんと薄弱なことか。……われわれが滅びるのは、われわれが生きる根拠のように思っていたものによってであろう。機構のためにわれわれはあまりにもアメリカナイズされ、進歩するとともにわれわれの精神的部分はすっかり衰微してしまうのだ。そうである以上、そこに確実に現れる結末は、非現実的な理想家たちが思い描いた血みどろの夢想や冒瀆的な夢想、あるいは反自然的な夢想のいずれとも、比較を絶したものとなるだろう」。

ボードレール、「火箭」

われわれの形而上学的状態の変化——人類から絶滅危惧種へ

われわれ人間は一九四五年以後、精神的に「新しい人間」になった、つまりわれわれは広島の出来事によって内的に変わってしまった。これは言うまでもない。ところがその変化が目につく場合でも、取るに足らないものだとされ続けていた。しかしその変化を、自動車やテレビのような装置を扱う日常経験によって起こった明らかな精神的変化と同列に扱うのは、何も考えていない証拠だ。重要なのは、われわれが出遭ったような新しい出来事に出遭おうとは、これまではほとんど考えたことがなく、変わり果てた世界に対して、われわれが自ら変化して対応するのを怠ってきたことである。要するに、われわれが精神的に時代おくれになっているという事実こそ、まさに現代の欠陥なのである。

われわれは別ものになってしまった。われわれは新種の存在なのである。広島の出来事のような途方もない出来事は、われわれがそれに注目して、それに対応してくれるかどうかを待ってはいない。そういう出来事こそ、われわれを変えてしまったものなのだ。では広島の出来事によって、われわれのどこが変わってしまったのだろうか。

変わってしまったのは、われわれの形而上学的な状態である。

どういうところが変わったのか。

一九四五年までは、われわれは終わりなきドラマ、少なくとも終わるか終わらないかと頭を悩ます必要のないドラマの端役を演じる役者にすぎなかった。ところがいまや、われわれが端役を演じるドラマそのものが無用なものとなっている。——抽象的な言い方をすれば、一九四五年まではわれわれは、不朽と思われる種属、少なくとも「絶滅するか永続するか」と問うたことのない種属に属する死すべき一員にすぎなかった。それがいまやわれわれが所属しているのは、それ自体が絶滅を危惧される種属である。(この違いは勘違いされることはないだろうが)死を免れぬという意味でなくて、絶滅する可能性があるという意味で、死に定められているのだ。われわれは「死を免れぬ種族=人類(genus mortalium)」という状態から、「絶滅危惧種(genus mortale)」の状態へと移ってしまったのである。

これは現実に起こった大変動である。これは過去における最も根本的な変動より、つまり数千年前の古い地球中心の世界像の滅亡を先祖が突破せねばならなかった変動より、もっと根本的な変動である。宇宙の中心に住んでいるという昔の素朴な形而上学的幻想を信じていた人々の、突然に自分たちがいなくても宇宙は動き、自分たちの都は他の惑星からは目にも入らない片田舎にすぎないことを認めざるを得なかったときの幻滅、宇宙から見れば太陽系の時代おくれの田舎者として生きていくことを我慢せねばならないことを知った人々の幻滅——その幻滅的な体験が相当酷いものだったのは間違いない。

しかしそれが破滅をもたらすことにはならなかった。われわれの先祖は、田舎者にすぎぬというショックを克服する手段を見いだしていたからである。われわれの先祖は、絶対的なものの埋め合わせをして、格下げという汚点を拭い去り、新しい人間中心的な品位を自分に与えることに成功していた。それに成功したやり方は周知のように、歴史を絶対化することであった。われわれの先祖は。歴史は世界精神が自己実現する次元だと信じ（正確に言えば待望し）たからである。われわれ現代人は「世界精神の選民」であるという確信はもうとてもいだけない。それでもわれわれは、宇宙の中で自分に与えられた場所は中心からかけ離れたみすぼらしい場所だと認めざるを得なくても、新たに自信を持てる、少なくとも慰めになり得る（自分が中心に場を占めているという）夢に耽ることができた。

もっともそういう夢もいつか消え失せることは、もともとから予想できることだった。ヘーゲルがその形而上学においてこの歴史の絶対化の絶頂に達すると同時に、早くも歴史の終焉を、すなわち世界精神の自己実現の終わりを主張したとき、すでにこのことは予想できていた。成熟の極致に達した後で世界精神が何に従事するかは、ヘーゲルの体系からは推察できない。同様に、われわれが今も世界精神が自己実現していくための通路として不可欠なものかどうか、あるいは世界精神によって自己実現のために使われた後では、われわれは無数の他の存在の中のひとつとして無視され、偶然的な存在のゴミの山に投げ込まれてしまうかどうかも分からない。とにかく今日ではそれも片がついて、歴史は落ちぶれてしまっている。歴史そのものが（自然や歴史のその他の断片と全く同じように）死を遂げることが明らかになったとき、歴史の信憑性は最後の輝きを失ったからである。われわれの先祖が以前には地球が占めていた宇宙の中心という名誉ある地位に据えていたにもかかわらず、歴史は、地球が犠牲になったのと同じように、なくてもよい存在になる運命を授けられたのだ。

わずか数十年前、「すべては相対的である」という陳腐な決まり文句を口にしていたときには、それは、「非歴史的な現象は、ましてや非歴史的な真理など、結局存在しない」という意味であった。ところがそういう歴史的相対主義は、今日では中途半端なものでしかないように思われる。つまり歴史的相対主義のうちにはひとつの絶対化が認められるが、それが歴史の絶対化にほかならない。(その内部で歴史が展開し、その中へ歴史が没落していく次元をどう呼ぶにしても)歴史そのものは死すべきものであり、したがって歴史自体が「相対的なもの」だからである。

自分自身が歴史であるわれわれにとっては、このことは、われわれは地球中心的な誇りが崩れ去ったときの先祖の状態よりもよい状態にいるわけではなく、自分がいなくても宇宙に変わりはないという事実を嫌でも再び認めざるを得ない宇宙の田舎者という状態にあることを示している。

われわれも先祖と同じように成功できるかどうか、すなわち宇宙の片隅に追いやられたショックを代わりの絶対者で克服できるかどうか、これは予測できない。しかしそれが望ましいことであるかどうかも全く分からない。数世紀にわたって別の絶対者を王座につけておくよりも、おそらく王座は空席のままにしておくほうがよいだろう。とにかく、新しい絶対者を泥縄式に王座につけようとすることほど、われわれ自身が自ら救おうとする場合以外に救われようのない危険に対して、われわれを盲目にするものはない。

終末論的状況——存在論にとっての好機

われわれの存在が短命であるのは昔から変わっていない。しかし現代ではわれわれは、「幕間劇中の幕間劇」と言えるほど短命なものになっている。

「幕間劇」という言葉が示しているのは、今後はもう、歴史の断片が示している歴史的な個々の存在でもなければ、ある歴史的時代と他の時代とのあいだの出来事でもなく、歴史という場の範囲内で起こる幕間劇だけでもない。いまでは歴史そのものが危険に陥り、(歴史が歴史自身の一部でもあるかのように)有限で一回限りの個々の出来事に切り詰められている以上、「幕間劇」という言葉は、歴史そのものを表すものとなっているのだ。

「昔々」という言葉が彫り込まれた門は昔も立っていた。しかし碑文に記されていたのは個々の時代であり、個々の民族であり、個々の人々であり、そういうものしか碑文は「告げて」いなかった、——門の内に入って振り返って見る機会があり、碑文を読める人々がいることがいつも頭にあったわけである。

伝えられる非存在があった場合でも、存在の領域内における非存在が問題であり、その非存在を伝えられる存在者がいたのであって、問題になっていたのは「われわれにとっての非存在」であり、「人間用の非存在（Nichtsein ad usum hominium）」であった。

こういう「われわれにとっての非存在」という牧歌的な時代は、もう終わってしまった。われわれの前に現れているのは「人間と無関係な非存在」である。もう誰にも碑文を読む機会はない。昔の人類の童話的存在について報告するために、こういう形式を使って語る語り部もいない。なぜなら、われわれを待っている墓地は、生き残っている者のいない墓地だからである。

抽象的な言い方になるが、（歴史そのものの内部での出来事と違って）誰ひとり歴史を記憶しておらず後世に伝えることもできないということが、過去の歴史全体の「本質」の一部となるだろう。そういう歴史の非存在は虚無そのものである「本当の非存在」であろう。それと比べれば、これまで「非存在」として知られていたのはすべてほとんど遊び半分の一種の存在としか思えないであろう。——なおこのようにあろうと言わざるを得ないのは、誰にとっても存在せず、誰によっても以前の「非存在」と比べようがないことが、この非存在の「本質」をなしているからだ。

以前なら「非存在」とみなされていたものと、いまや「本当の非存在」となろうとしているものとを比較できる者がいるとすれば、それは多分われわれの世代以外にない。われわれは最後の人間の最初の世代だからだ。これまでの世代にはそういう比較はできなかっただろう。なぜなら、そういう区別が視野に入ることはあり得なかったからである。そして、最後の人間の二代目か三代目は（ことによると）もう現れないかもしれないから、後の世代は（ことによると）もうそういう比較はやれないだろう。

二千年以上も前から人類を不安にしてきたのも無理のなかった——「非存在が存在する」ということだけでなく、非存在のさまざまな形態どころか「もはや存在しない非存在」の様々な形態もあると言えば、これは確かに頭が混乱する話だ。しかし何も助けにならず、ありとあらゆる不条理に出くわすことになる。もはや存在しない歴史は、もはや存在しない個々の歴史的出来事とは根本的に種類の異なる、もはや存在しないものなのであろう。それはもはや「過去」ではなくて、決して存在していなかったかのように過ぎ去ったことになる（すなわち「存在しない」ことになる）ものだからである。

理由はともかくとして過ぎ去ったものが覚えられていることを重要だと考え、時間がまだ存在している時代まで覚えられていたいと思えば、覚えておくという仕事を前もって（praenumerando）やり遂げておくがいい、つまりわれわれのことを思い出す孫や曽孫の仕事を急いで先取りしておくがいい。死んでから遺書を書くわけにはいかない。したがって時代の徴候を見るだけでなく、迫り来る時間消滅の前兆としてその徴候を読み取る能力のある歴史家や小説家には、自分の物語を「昔には歴史があったことでしょう」という形でもう今日から始めるように忠告すべきである。

「昔には名高い偉大な人類の歴史があったことでしょう。しかしそれがあったことになる時は時間というものではないでしょう。そしてその時間ならぬものにおいては、われわれが君たちに物語る人類はもう知られていないことでしょう。そしてわれわれが語ろうとしている歴史も同じように知られていないでしょう。なぜなら、知られているためには褒め讃える者が、歴史には歴史を物語る者がいなければならないからです。ところがその時には、褒め讃える者も歴史を物語る者も歴史を聞く者もいません。過去を伝えることのできる未来が、過去が没落すると共に没落して、未来そのものが過去になっている、いや、決して存在したことのない未来となっているからです。そこでわれわれは、現代から見ればまだ未来であるものも現れる、来たるべき過去について、今日のうちに述べておくことにしました」。このように歴史家も小説家も語るべきだ。

これまで数頁にわたって存在論的な言葉を使ってきた。これは驚きかもしれない。核の問題を語るに当たって存在論的な事柄を取り上げるのは確かに普通ではない。しかしこれに驚くのは間違いだ。逆にアポカリプス的な瞬間がわれわれに非存在と出会う機会を提供する以上、アポカリプス的瞬間を、正しく言えば、起こり得るアポカリプスという危険な瞬間を、存在論的反省がそこで初めて十分に正当化される瞬間である「存在論にとっての好機」とみなすことができる。

しかしその好機が、提供された存在論的チャンスを生かすだけの時間をわれわれに残していると言っているわけではない。倫理的に言えば、存在論が理論的に正当であれば、存在論にためらうことなく関わる権利もあると言っているのではない。そういう権利はおそらくないからである。したがって、ここでは以下のような注をつけておくだけにする。

三十年以上も前に、ハイデガーは「現存在」を「自分の存在が問題である」存在者として定義した。今日になってようやく、すなわちアポカリプス的な状況に陥って初めて、「問題である」という決まり文句が十分な意味を獲得し、今日ではまさに真実となっている。今日では、今日まだ存在しているが明日にはもう存在しないかもしれないものを存在させることがまさに「問題である」からだ。――ハイデガーの有名な「存在論的差異」についても同様なことが言える。(存在しないものの非存在とは明らかに異なる) 存在するものの非存在が現実にあり得るものとなったからである。そしてこの明日現れるかもしれない非存在と比べると、今日における存在は、すなわち存在者が今なお存在し続けていることは、奇跡のように思われるから、ハイデガーによる存在と存在者との区別がいまこそ現実に意味あるものとなったのである。「存在者が存在する」という命題を同語反復として無視する者も、「存在者がまだ存在している」という命題には意味や実質があることは否定できない。言い換えれば、存在者が非存在となるかもしれない出来事として地平線に現れたとき初めて、存在者と存在との差異が明白な合法性を獲得するのである。すなわち、存在と存在者との分裂が「非存在による恵みによって」正当性を獲得する。「存在論的差異」というものは、現れ得る非存在が今日存在者に投げかけている冷たい影のお陰で存在しているのだ。「存在者」と違って、「存在」が存在するのは「非存在」が存在するからである。[*1]

「存在論的差異」に執拗にこだわる存在論と（その差異を「信頼に値するもの」とした）アポカリプス的状況とが同時に現れたのは、単なる偶然だと信じる気にはなれない。むしろわたしには、起こり得る破局がその最初の冷たい影を三十年以上も前の時代に、つまりハイデガーが昔の区別を新たに取り上げたときに、すでに投げかけていたことこそ遥かに信じるに足ることだと思われる。ハイデガーの考えに無批判に染まった現代の存在論が、自分を哲学だと誤解したか哲学に変装している黙示録的予言であることは、多くの事柄の示しているところである。

＊1――世界がパルメニデス的な一者である存在者であり、存在しないものは無論存在しないが、そのほかに別の存在者が存在するわけでもなく、世界の存在に対抗し得るものがあり得ないほど堅固にその存在の中に閉じ込められているとすれば、――そういう存在は、まさにその「在り方」からして、「存在者」としての自己と自己の「存在」とを区別する考え方を理解することができないだろう。そういう考え方を理解できないだけではない。そういう差異がないからである。すなわちこういう状況では、そういう区別も対応するものがないからである。

「核による自殺」という言い方は正しいか

これまでわれわれが「人類」であったこと、そして今ではさらに「最初の最後の人間」として生きるべく運命づけられていて、われわれが生きることができるからには、「絶滅危惧種」として生きるほかはなく、そこに形而上学的な変容が示されているのは間違いがない。しかし、こう言っただけではまだ不十分だ。われわれが変化「してしまった」こと、つまりわれわれがこの新しい種へ変化させられたことは言うまでもない。むしろ真実は、その変容がわれわれ自身の手によって起こったということである。その事実を直視して、われわれが世界をアポカリプス的な世界にするとともに、自分自身を変容させたことをありのまま把握することがいかに怖ろしいことであっても、——ひとつの自殺の状況が問題であるこの事実は独自の事実であって、まだひとつの現実的な修正の可能性が残されている。こう言うときわたしが考えているのは、われわれの状態の定義の修正ではなくて、状態そのものの修正である。

これはどういうことか。

その答えは次のとおりだ。そういう自殺の状況にも、まだ自由という要素が含まれている。自由であることは、われわれがなし得るものを状況しだいでは控えることができ、自分の作品として作りだし得るものを、事情しだいでは阻止することもできることを意味する。自殺の状況では被害者は同時に加害者である以上、犠牲が存在するかどうか、犠牲が存在しなければならないかどうかを決定するのは、被害者自身である。われわれはまさにそういう状況にあるように思われる。すなわち、われわれの世界の終末はわれわれの作品である。そして時の終わりが来るとすれば、それはわれわれの作品であろう、少なくともわれわれのさまざまな作品から生まれた作品であろう。こういう理由で、われわれは時の終わりを妨げ、世界の終末を除くことを不可能なこととして排除する必要はないように思われる。つまりわれわれは、破局が自殺の状況ではないことに一息つけるように思われる。そしてわれわれに覆い被さっているものが、怪しげで手の届かないか容赦のない強い力によるものではなくて、われわれ自身の力によるものであるかぎり、それがわれわれに不可避的に科されているものでないのは幸いだと思われる。[*2]

以上のことには同時に、現代という世界の終末において、われわれが新しい種に変化しただけでなく、新種の黙示録記者になったことが含まれている。少なくとも、われわれが新種の黙示録記者として、すなわち「前黙示録的状況における黙示録記者」として登場する機会があることが含まれている。われわれが古典的なユダヤ・キリスト教的な黙示録記者と違うのは、(ユダヤ・キリスト教的な黙示録記者が待望していた)終末をわれわれは怖れているからだけでなく、何よりも、われわれのアポカリプスに関する情熱がめざしているものが、アポカリプスを阻止することにほかならないからである。われわれが黙示録記者だと言うのは、われわれの主張が間違っていることを願っているからこその話である。すな

*2――この自殺の状況の問題点については、本書 S. 55〔本邦訳書、八〇頁〕も参照されたい。

わち毎日、新たに笑いものになることを喜んでいるからこそなのだ。こういう目標がめざされたことは終末論の歴史において未だかつてなかったことである。宗教の歴史においては周知の黙示録的な態度を背景にすれば、こういう目標をめざすのはばかげたことだと思われるだろう。しかし、われわれがそういう目標を掲げて対峙しようとしているものこそ、まさにばかげたものにほかならない。

「われわれがなし得るものを事情しだいでは阻止することができる」とも言った。この命題は非常に悦ばしいものに聞こえるが、そこには問題がある。現代の核の状況と結びつけてみれば、この命題に含まれている無害そうなわれわれという言葉が何を意味しているかが明確でないからである。この言葉は無害そうだが、そうではないのではなかろうか。破局に陥らせる道具を作ることができ、現に作りだし、脅かすのに使っている「われわれ」と——そういう道具に脅かされている「われわれ」は本当に同じものなのだろうか。それともこの言葉は二通りのものをさしているのではないだろうか。つまり一方では、製造に関わりたまたま使用に携わった自然科学、技術や生産や政治のこと、つまりごく僅かな人々のことではないか。そしてもう一方では、そういうものと関わったことのない無力で情報を得ていない無数の者たちであるわれわれ、犠牲となると思われる地球の住人たるわれわれのことなのではないか。われわれが「自殺」と言うときモデルにしているものは、われわれの場合には当たらないのではないだろうか。それはいわば「胸に二つの心」〔ゲーテ、『ファウスト』第一部一一一二行〕をいだきながらひとつである存在ではなかろうか。それは戦うときには常に自分の四つの壁の中でしか戦わず、自分自身としか戦わない童話的な幸運の持ち主なのではないだろうか。人類Aと人類Bという二つの完全に区別され得る

「人類」がひとつの名前で、つまり単数の「人類」としてひとつにまとめられているのではないか。そして、いわゆる「ひとつ」の人類が問題であるかのように論じられる場合には、一種の倫理的に決断し行為し得る「人間」が問題とされているのではないか。

こう問うことはイエスと答えることを意味している。われわれの場合、「人類」という単数形はミスリーディングだ。こう言うとき、そこに示されているのは無論、「人類の自殺」という言葉に反対する決意であり、その言葉に結びついている期待に反対する決意でもある。この言葉がいかに胡散臭く思われようが、矮小化するありきたりの言葉という平板な背景からいかに際立っているように思われようが、――この言葉が間違った「人類」という単数形に由来するものである以上、この言葉も役に立たない。

確かに、ヒロシマ原爆を製造した者もその犠牲となったのも人間である。しかし同じく人間だからと言っても、たとえば日本人の被爆死は「自由に」自分に対して加えたものだろうか。あるいは、Aという人間が別のBという人間を、あるいはAという人間集団が別のBという集団を抹殺すると言うのであれば、――たとえば殺人者集団と被害者集団が同類であるのは事実であっても、その事実のためにその犯罪は自殺になるだろうか。

（現代の核戦争のように）Aも一緒に死ぬ場合でも、そうはならないだろう。（たとえばヤスパースが考えているように）Aが自分の死を自分の行為の副作用として予め計算に入れている場合でも、やはり自殺ということにはならないだろう。双方が異なることを隠すのは許されない。その行為が殺人であることに変わりはない。

幻想をいだくのは止めよう。間を置くわけにはいかないのだ。人類が「自分で自分を脅迫している」とか「人類の自殺」などという言い方は誤りであることは明らかであり、こういう言葉を使って期待をいくらかでももつなごうとするのは止めねばならない。時の終わりは別として、われわれの世界の終末という状況には、加害者と被害者という二種類の人間が含まれている。したがって反対運動を行う場合も、われわれはこのことを念頭においておかねばならない――われわれの仕事は「闘争」なのである。

保有＝使用 (Habere = adhibere)

もちろん、誰が加害者で誰が被害者であるかは奇妙に不明確なままだ。最も単純なのは無論、「加害者」を兵器所有者だと理解し、「被害者」を無防備な人類の圧倒的多数あるいは「非保有国 (have not)」と理解すべきだと確定することであろう。これは冷戦で二分された人類の両側に加害者がいることを意味している。しかしそれではあまりにも単純ではないだろうか。二つの主要な保有国を「加害者」として同等に扱っていいものだろうか。(兵器を一度も投入したことがないのは完全に度外視しても) ソ連のほうが罪は軽いのだろうか。ソ連は後から追いかけねばならなかったのではないか。ソ連は同様の兵器を製造することによって、自分に対する脅迫を無力化することを強いられていたのではないか。最初のうちは支配的だったアメリカが独占した結果、バランスが大きく崩れて危険な状態になったが、そのバランスが欠けた状態を核の「同等の保有」によって終わらせた以上、ソ連が核兵器を製造したことは幸せであったのではないだろうか。

歴史的・倫理的にはこれに間違いはない。しかし時代は変わったのだ。現代では、東西両陣営における核武装の歴史の違いは、もう重要なことではない。今日重要なのは現に存在していて有効なものだけである。そして現に存在していて有効なものとは、——いつどこで、どのようにして起こったかではなく——核の脅威そのものがあるということ、そしてその力が両陣営でほぼ均衡しているという事実だけである。その均衡には極めて注目すべき境界の新しい移動がともなっている。その境界の移動は、加害者と被害者とのあいだの境目の推移について述べたときすでに示していたものである。

われわれが考えている境界の移動を理解するためには、すでに十年前に一度注目したことのあるひとつの事実を思いださねばならない。[*3] すなわち、保有と使用との区別は他の場合には明確だが、核の力が本質的に保有(habere)と使用(adhibere)との区別を無効にして、その代わりに保有=使用という等式を正しいものとする事実を思いださねばならない。これはたとえば核兵器を保有するものは、保有した後に使用する、つまり核爆弾を投下したり発射したりするということではない。——保有した後で使用するということには必ずしもならないことは、ナガサキ以後の数年間に明らかになったとおりである。保有=使用という等式はむしろ、核兵器の保有国は保有することによってすでに核兵器を使用しているこ

＊3——*Die Antiquiertheit des Menschen* 1, S. 256.〔邦訳、『時代おくれの人間・上』、二六九頁〕

とを意味している。「非保有国」の視点から見れば、この等式が正しいことは歴然としている。非保有国はどこかの国が核兵器を保有していることを知るだけで十分であって、それだけでもう恐喝されていると感じ、そのように振る舞うことになる、つまり非保有国は有効に恐喝され無力化されるものとなっているのである。保有国が現実には核攻撃によって脅して恐喝しようと思っていない場合でもそうである。保有国が望むか否かと無関係に、原爆の保有だけで恐喝者になっている事実を覆す力は保有国にはない。保有しているという事実によって、欲するか否かと無関係に、全能の道具をすでに稼働させている。保有することによって使用しているのだ（Habendo adhibent）[*4]。

原子力時代の基本認識のひとつとしてこう言わねばならない。同時にすでに投下となっていない核兵器は存在しない。簡単に言えば、すでに存在している核兵器を使用しないことはあり得ない。

この規則は一般的に妥当する。各地で核武装が行われるさまざまな動機は、この原理には全く無関係である。核戦争の場合には、危険はほぼ同時に両側から起こるだけに、それは全く無関係である。「核兵器」という事実によってすでに実質的に恐喝されている側が一組になっている以上、保有国としてすでに有効に恐喝している側も同様に一組になっている。つまり境目は、「保有国」と「非保有国」とのあいだにあるように見える。このことは趨勢としては、たとえば両核大国が「核クラブ」の脅威的な（そして現実となっていた）拡大に対して取っていた態度の類似に基づいて、〔一九五九年九月米ソ両国首脳の〕キャンプ・デービッド会談以前にすでに認められていた。いまや「保有国」と「非保有国」とのあいだに境目があることが明らかになっている。この「展開」を「弁証法的」と呼ぶのは、それがまさに相互の闘争の準備にほかならなかったからだが、最初の二つの核大国がひとつの陣営に纏まろうとしだしたのである。

ところで、「二つの人類」と言ったとき考えていたのは、「保有国 (haves)」と「非保有国 (have nots)」とのこういう分割のことだったのだろうか。

そうではなかった。この分割もすでに古くさくなり始めているから、そうではなかったのである。核戦力の保有あるいは「個人的願望」の実現によっては、救済や安全は少なくとも保証されることはないからである。逆に核戦力の保有が、「非保有諸国 (have nots)」が過ごさざるを得ない不安定な状態と少なくとも同じような危険をともなうのは明らかである。核武装をした国々のほうが、核攻撃の目標としては、危害を与えない「非保有諸国」よりも比較にならぬくらい危険にさらされていることは明白だからである。今日正しい命題は、「保有する者は安全だ」でないだけではない。「保有する者も不安定である」でもない。「保有する者はそのためにいっそう不安定である」というものだ。要するに、「核保有諸国 (haves)」の無力さは、「非保有諸国」の無力さと少なくとも同じくらい危険である以上、現実に切り分けることなど問題外であるほど人類全体に等しく分け与えられているのだ。

＊4――この等式はあらゆる兵器にも多かれ少なかれ言えるものである。しかし核兵器を有効に投入すれば敵を殲滅するわけだから、核兵器にはこの等式が無制限に妥当する。――ある意味では「力」は「暴力」と違って、この等式によって定義される。

そのときには一緒に皆くたばるわけだ

（今日では近視眼的でない関心などありそうもないが）近視眼的な関心から、途方もない脅威を粘り強く本気で矮小化しようとしている者たちは、同盟を結ぼうと思っている相手に最後は助けを求める。同盟しようとする相手は脅威そのものである。それは脅威が矮小化によってひとりでに重大な影響を与えるからだが、奇妙なことにそれは脅威が途方もなく大きいにもかかわらずでなく、そういうものだからこそ重大な影響を与えるからである。[*5]

これはどういうことか。

これには二通りの意味がある。

1. 脅威があまりにも大きいために、（知覚や想像力でも同じようなものだが）われわれの理解力の限界を超えていて、脅威が「分からない」、脅威は「遙か彼方にあって」、個人や社会の手に負える範囲を超えている——つまり脅威の存在が認められていない。小さすぎて（「閾下」という意味で）捉えられないだけでなく、大きすぎて（「閾を超えている」という意味で）捉えられないのである。[*6]

2. 第一の問題点についてはすでに前に明確にしていたから、[*7] ここではさらに進むことができる。第二の問題点は第一の問題点ほど知られていないが、それに劣らず重大である。なぜならそれは、現代人のうちでも危険の状況をどうにか理解したように見え、破局が普遍的で最終的である可能性を認めている人々も当てにならず、そういう人々でさえ脅威を誤解しており、しかもそれは危険が大きいにもかかわらずではなく、危険が大きいことがその原因であるのを示しているからである。

われわれが注目している第二のタイプの誤解者たちは、第一のタイプより分かりにくい。かれらの誤解の原因となっているのは（すぐ分かる）理解力の乏しさではなく、もっと複雑なメカニズムであり「錯覚に基づく推理」だからである。日常の些細な出来事に注目すれば、この言葉の意味は明らかになる。鉄道で旅行したとき、「核の脅威」という言葉を使ったことがある。向かいの席にいた悠然としていかにも裕福そうな男は、ちょうど葉巻を吸いかけたところだったが、ちょっと目を上げて肩をすくめ、不満そうにこう言った。「そのときには一緒に皆くたばるわけだ」。そう言いながら葉巻を吸う（別の旅客の顔にもすぐ浮かんだ）いたずらっぽい表情は、保険金が規則正しく振り込まれるので葉巻をやめる

＊5――矮小化のプロはこの助けを自分たちの計画に組み込んでいなかったが、それが在ることにさえ注意していなかったかもしれない。人々が考えていなかったか理解していないものの今後を見通すとか、正しく観察するためだけにも必要な公平さや沈着さを、こういうプロに期待してはならない。逆にそういうプロのやることは――そういう想定ができなければ、かれらの矮小化しようとするキャンペーンは効果がないわけだが――、途方もない危険が人類を実際に途方もない不安に陥れているとか陥らせるに違いないという（せいぜい今日好まれている不安の語り方から認められる）前提から出発している。そういう前提が正しければ結構だが、その前提は経験に基づくものではない。一般に広がっている不安とは言わないまでも、途方もない不安などどこにも見当たらないのだ。しかも不安が見当たらないのは、矮小化する仕事は、経験されていなくても――すでに述べたように――危険そのものによって基本的に果たされていたし、日々果たされているからである。

＊6――„Der Mann suf der Brücke“, S. 117 参照。

＊7――同書 S. 240 および S. 267.

必要はなく、結局何事も起こらないと安心しきっている人らしい表情に見えた。事実かれはすぐ再び葉巻の香りを吟味し始めた。この男の心の中では何が起こっていたのだろうか。

かれの言葉をよく聴いてもらいたい。その男が、対象が大きすぎるため何ひとつ把握できない人々のひとりでないのは明らかだった。かれは普遍的終末の可能性を否定しなかったからだ。自分だけは破局に陥ることはないとも言わなかった。しかしそういうことは一言も言わなかったとき、かれは何を考えていたのだろうか。かれをどう理解したらいいのだろうか。

それに対する唯一可能な答えは次のようなものだと思われる。すなわち、（かれが「罹っていた」かぎりでは）かれが罹っていた欠陥は明らかに「アポカリプス不感症[*8]」ではない。むしろアポカリプスへの無関心であった。かれは自分が思っている通りに言ったが、かれには自分の言葉が酷いものだとは全く思えなかったのだ。しかもそれは、破局そのものがそれほど酷いとは思えなかったからではなかった。破局がそれほど酷いと思えなかったのは、破局は普遍的なものだからかれだけを襲うわけではないからであった。かれが認めたのは、かれがくたばるのではなくわれわれがくたばる、つまり「一緒に皆くたばる」だけだということだった。するとわれわれは前に述べた、そしてあの男が（進んで）犠牲になっていた、錯覚に基づく推理に直面しているわけである。

この錯覚に基づく推理を言い表すと、次のようになる。

基本定式。「われわれ」は「わたし」だけではない。したがって「わたし個人のこと」ではない。

応用。「わたしだけでなく、〈われわれ〉が脅かされている危険は、わたしを個人的に脅かしているものではない。したがってその脅威は個人的には誰も脅かしていない。だからそれはわたしには個人的には関係がない。したがって、そのためにわたしが個人的に不安がったり憤慨したりする必要はない」。

こう言い表せば、あの男のひとつの特性が露わになってくるように思われる。少なくともかれに個性がないのは明らかだ。破局が起これば自分も一緒に死ぬに違いないことは、かれには確かに分かっていたが、それが分かっていても感情的にはかれにとっては無いに等しい。むしろ破局があまりにも大きいので、かれを脅かすのではなく、他の人々と一緒に自分も脅かされているにすぎず、自分の死に対して覚悟しておく必要もなければ、個人としては何も怖れる必要もない。むしろ破局はあまりにも大きいため、せいぜい破局が狙い定めた犠牲である人々にしか起こらない、つまり人類全体に起こるだけなのだ。だから人類が憤慨すればいいのだ。「せいぜい」と言ったのは、――人類全体はかれにとってはおそらく極めて抽象的なものであって、人類が憤慨することができるとか、憤慨すべきだとか憤慨しなければならないなどとは、かれにはおよそ考えようがないという意味である。

それはどうでもいいが、普遍的な破局は起こる前にすでにかれの小さな個人的な死を呑み込んでいる。破局がかれの命を奪う前に、かれの死も死への不安も破局によってすでに奪い去られているのだ。この「奪い去られている」という言葉を使えば、この男が周知の平凡な現代人であることがよく分かる。というのは、現代全体を特徴づけるもの、快適さから隷属に至る、つまりテレビ映像から強制収容所に至

＊8――*Die Antiquiertheit des Menschen* 1, S.265ff.〔邦訳、『時代おくれの人間・上』、二七九頁以下〕参照。

る現代の多種多様な現象をひとつの公分母で表せる特徴があるとすれば、それはまさに「負担軽減」だからである。すなわち、（労働や休暇や消費に共通の）技術的な活動様式によって、最高の最も重要なものが奪い去られている事実である。われわれはもう決して行為者ではなくて「（能動的でも受動的でもない）中間的な共同作業者」にすぎない以上、たとえば自分の行為に対する責任も自分の行為についての後悔も、われわれから「奪い去られている」のである。

周知のとおり、安全を埋め合わせに使っているもの、少なくとも安全だという幻想を埋め合わせに使っているものは、[*9] 自由を含めてすべてをわれわれから奪っている状況そのものである。単なる共同作業の場合にそれは明白だ。都市の下水道設置でも強制収容所建設でも、共同作業するだけに制限するか制限されるとたちまち、――「行為」とは到底認められない出来事の大きな流れがわれわれを押し流し始める。その現実の主体はわれわれがそれと一体化するのはまず完全に不可能であるが、われわれが知っていると思っているように、現実の主体は責任を引き受ける唯一のものでありながらそれ自体は何ものにも責任をとる必要がない。そういう現実の主体が、われわれが安全だと感じる保護状態の暖かさを発散させ始めるのだ。その保護状態にあるという感覚は、われわれが自分の責任を放棄している、つまり自由を奪われている代わりに、その代償として与えられる補償金なのである。そしてこの代償としての補償金は、水やガスや世界像などと同じように、頼みもしないのに自動的に家の中に流れ込んでくる。

これでわれわれはほぼ行き着いた。残りの一歩、能動性から受動性への一歩、われわれが行うものから与えられるものへの一歩は、全く楽なものだからである。その一歩を言い表せばこうなる。今日われわれの能動性について言えることは、われわれの受動性についても言える。――これは具体的には、われわれが与える攻撃のみならず、攻撃の効果もわれわれにはもう何の関係もないだけではなく、われわれが受けねばならない攻撃もその効果もわれわれには何の関係もないという意味である。最初に攻撃するときも攻撃されたときも、われわれはもうそれに気づかないのだ。――まだそうなっていない今日でさえ、攻撃はすでにもう「われわれの仕事（our business）」ではなくなっていて、今日でもわれわれは攻撃を怖れる必要はもうないのである。

要するに、（誰それのものであるにはあまりにも大きな）見渡しがたい大きさのために、われわれが労働者として参加しているだけの巨大企業や共同作業がわれわれの責任を奪ってしまうのと同じように、破局はわれわれの不安を取り除いてしまう。その補償金額も同じだ。それは、保護されているという感覚である。つまり相手が確信をもってこの感覚の光をあたり一面に発散すると、その光を浴びて相手の顔もたちまち輝き始めるわけである。

まとめよう。われわれがすでに経験した心の切断は完璧なものとなっている。われわれがこれまで知っていたのは、われわれは行為者から共同作業者になった、つまり自分の作業の結果を気にする必要がなく、そうする能力ももはや持ち合わせていない存在になってしまったということにすぎなかった。

＊9――この埋め合わせは時にはさらに寛大なものである。というのは、「わたしには無関係だ、わたしが（わたし自身として）行ったものが何かあり得るだろうか」と言う無関心さが、自由だと誤解されている場合は少なくないからである。すなわち、自由の幻想はまさに自由の剝奪から生まれるのである。

――ところが今日明らかになっているのは、同様に容赦なくわれわれが、苦しみを感じ得る存在から無感覚な存在、つまり、自分が直面しているものを感じ取る必要がもはやなく、その能力もない存在へ変化してしまったことである。公式の言葉ではこの事実はもちろん逆さまになっている。というのは、今日何かが勇気とか円熟とか不動心とみなされているとすれば、それはまさにこの無感覚であり、われわれから感覚も感じる権利も完全に奪うのに成功した状態だからである。そこで「臆病」とみなされるものがあれば、それは感じる自由を無抵抗に心からもぎ取られるままにしていない少数の人々の力にほかならない。

このパラグラフの始めのテーゼがいまこそ裏づけられたのだ。

危険を矮小化するプロがわれわれの心に引き起こす歪みがいかに酷いものであろうと――これについてはまだ多くのことを述べねばならないが、――その最初の歪みは利害関係者のせいではなく、それはむしろ大いなる脅威がもたらす結果なのである。

しかし脅威には矮小化の毒素が含まれているとすると、そのことは同時に、破局論のプロであるわれわれが、破局の大きさを依然として過小評価していることを意味している。そこからわれわれは結論を引きださなければならない。

逆転の法則

無邪気さの法則。効果が大きくなるにつれて、効果をもたらすのに必要な悪意は小さくなる。犯罪を犯すに必要な憎悪の程度は、犯罪の程度と反比例する。アカデミックな倫理学にこういう法則が見いだせないのは、そういう倫理学と今日の現実との隔たりが大きくなって、対岸を見ることが妨げられているどころか、見ようと試みられることも全くなくなっているからだ。

個人が仲間を殺すために必要な憎悪や悪意は、制御盤の係員には不必要だ。ボタンを押しさえすればいい。制御盤を使ってフルーツシャーベット製造機を動かすか、発電所を動かすか、あるいは最終的破局をもたらすかのいずれであろうと――心構えに変わりはない。このような場合には、何らかの種類の感情なり考え方なりが要求されることはない。ボタンの係員は善悪から切り離されている。ボタンを押すとき憎むべきでもなければ、憎む必要などあるはずもなく、それどころか決して憎むことができない。[10] 悪人であるべきでもなければ、悪人である必要などあるはずもなく、それどころか、決して悪人ではあり得ない。もっと正確に言えば、もはや悪人ではあり得ない状態にあるのだ。しかもそれは、もはや「あり得ない状態にある」からではない。そのときには倫理的なものから締め出されているが――その状態にあるほかないからである。要するに、アポカリプスが起こる最初のきっかけは他のきっかけと異なるところはなく、(それが完全に自動的に、他の道具の反応へのある道具の反応としてなされるので

*10――「ボタンを押すとき切歯扼腕するなどということはあり得ない」(*Der Mann auf der Brücke*, S. 144)。

ないかぎり)、点灯したシグナルの指示に従う無邪気な係員によって退屈そうに遂行される。われわれの状況を象徴するものがあるとすれば、それはこの無邪気さなのだ。そして今日の状況が日々に悪魔的になっているとすれば、それは(いまさき定式化した)法則が、犯罪の大きさとそれに必要な悪意とのあいだの現代の関係を規制しているからであり、技術的装置の力が日々増大するにつれて、法則に言い表した裂け目はますます開く一方だからである。

ヒロシマの航空士たちは、自分の弟であるアベルを殺すためにカインに必要だったほどの悪意をいだく必要はなかった[*11]。極限的な途方もない犯罪を犯すのに必要な悪意の量はすでにゼロに近かっただろう。われわれは「悪意の終焉」を前にしているわけだが、このことは無論——繰り返して言えば——悪事の終焉を意味するのではなく、卑劣にも悪事が容易にやれるようになっていることにほかならない。悪意以上に無用なものはないからである。犯人が犯罪を犯すのに悪意を必要としなくなった瞬間に、犯人は自分の犯罪を考えてみるとか変更するチャンスも失う。そのとき、行為と行為者との結びつきは壊れている。残っているのは、行為と行為者のあいだにぱっくり開いて、架橋して結びつけようのない両岸であり、こちら側には(もしかすると——いや、十分あり得ることだが——善意をいだいている)人間のいる岸辺があり、向こう側には怖ろしい行為の効果が認められる岸辺がある。行為と行為者のあいだの隔たりは完璧なものとなっており、一九四五年以後、もう十五年経ってもそのままだ。ヒロシマの航空士たちも自分たちの行動を「行為」だとか「自分の」行為だとは全く認めようがなかったからである。「ミッション」とは絶滅のための空襲をさす職務上の用語だったが——ミッションを命じられた人々のほとんどの場合、(「ミッション」の結果との)結びつきは完全に断たれていたため、今日も依然として断たれたままである。つまりヒロシマで起こったこの事態は、われわれのすべてに起こる事態なのだ。われわれはみな労働者としては、自分のやっていることが何であるか分からないようにされているからである。しかもおそらくわれわれは「善を望みながら」容赦なく「悪をなす」ことによって、皆いわば「負号つきのメフィストフェレス」となっている。悪意が悪事の条件だった昔はなんと素晴らしい時代だったのだろう。

周知のとおり、合衆国大統領だったトルーマンは、ヒロシマとナガサキの後に流れ去った十五年間、何も考えず、何も洞察せず、何ひとつ遺憾に思うこともなかった。しかもかれが何ひとつ遺憾に思わなかったことは、明確に一般の人々に「ニュース」として伝えられた。つまりこういう考え方は、(たとえ時にはかれがそういう性格だったと言う者がいても)トルーマンが特別に悪意に満ち、他者の不幸を喜ぶ冷酷な男だったということで説明してはならず、かれには悪意は不要であり、犯罪を遂行しようと決心するためにも悪意は必要なかったことで説明すればすむ。事実、トルーマンはヒロシマのことを考

＊11――アベルたちについては逆のことが言える。かれらが覚悟しなければならない犯罪が大きければ大きいほど、犯罪に対する不安は小さくなるのだ。核の脅威のもとに生きている者たちは、アベルがカインの拳を恐れたほどその脅威を恐れているわけではない。わたしが知る限りでは、現代人のうちで、起こり得るアポカリプスに対する不安が、たとえば面目を失うというような些細な危険への不安に匹敵する人々はごくわずかである。ちなみにここには、「左翼になるより死んだほうがましだ」という今日のモットーの根源のひとつが示されている。とにかく、危険の大きさに適切に反応できる人々は、ごくわずかな(一般に軽蔑されている)恐れおののくエリートとなっている。

慮することもなければ後悔することもなかった。なぜなら、悪意を必要としない行動は洞察を禁じ、後悔の対象とはならなかったからである。かれを非難するのは余分なことだ。われわれがかれに対して何らかの感情をいだくとすれば、それはせいぜいで、苦悩を奪われた者への同情でしかあり得ない。

倫理的分裂症のクライマックスをわれわれが一緒に体験したのは、ヒトラーの絶滅収容所における知られていないと言われていた状態を知った後であった。抹殺に積極的に関与した人々は尋問を受けたとき、悪いことを「遂行しただけで」「望んでいたわけではない」と断言するということが起こった、――これほどぞっとする「だけ」はおそらく想像を絶するだろう。それがどういう状態かはともかく、分業して任務を遂行したこの連中は、自分の善意（そういうものがなかったことは証明されないままだ）と作業効果（かれらには意図がそれに先だっていたわけではなかったが――抵抗もしなかった）とは、完全に無関係であるのは自明のこととみなしていた。ある意味では法と無関係な存在であるかれらにとって、それは基本的な要求であったし、そういう考え方と作業効率との支離滅裂に基づいて無実な人々としてランクづけられるどころか、完全に無罪だとされるのは正当なことだと考えていたのである。

しかしこのクライマックスさえ、今日の核の状況ではまだ絶頂ではない。それ以上のことがボタンを押すだけで起こる。われわれがその際「直接の」作業員を考えるか「間接的な」つまり破局を間接的に引き起こすきっかけを与える者を考えるか、それとも道具を計算し製造するに必要なキーボードのキーのことに触れているのかはここでは問題ではない。決定的なことは、作業員は自分が何をしているかをもはや知らないだけでなく（それはわれわれがよく知っていることだ）、作業員は自分がそもそも何かをやっていることにさえ全く気づいていないことである。作業員の作業は「労働」に偽装されていて、労苦は無限に減らされているため、それはもはや「労働」として認められないほどになっているからである。その種の「偽装された労働」の古典的実例は、たとえば作業場に響き渡る流行歌に鼓舞されて、製造テンポを楽しいプレスティッシモに上げることができた第二次世界大戦で弾丸製造に従事した女性たちの労働のように、音楽の伴奏によって「楽しみ（fun）」に変えられた労働である。行為が行為ではなくて労働になったのと同じように、労働も労働ではなくて楽しみになったのだ。これがすでにあちこちで受け入れられている独創的な二段階方式の偽装である。

しかし自分が何事かをやっているのがもう分からなくなっておれば、われわれはまさにこの上もなく怖ろしいことをやっているのかもしれない。これは、ここでわたしが「矮小化の法則」と呼んだ規則の応用である。

現代の効果の大部分と同じように、終末の破局も意志とか「行為」とか「労働」の結果でないだけではなくて、おそらく楽しく指を動かした結果全く付随的に生じる結果であろう。われわれの世界は怒りや頑固さによってではなく、スイッチひとつで破滅するのだろう。この場合関わりのない人々の数も、（血まみれの「メガコープス」についてそう言えるかぎりで）「手を汚さずに」そこに立っている者の数も、かつては戦争に関わらず手を汚さずにすんでいた人々の数より比較にならぬほど遙かに大きいだろう。われわれが生きている時代は、手を汚さない大衆の時代であり、善意の人々のインフレは見通しがつかない。無邪気な人々の洪水にわれわれは呑み込まれることだろう。これまた同じようにきれいな指を動かしさえすれば十分に破局を引き起こし得るボタンのひと押しであたり一面に、関与の程度はともかく少しも悪意もなければ自分が共犯となったことを知るよしもない人々の流した、血の海が果てしなく広がっていることだろう。

モルーシアのあるテキストには、こう書かれている。「いかにも悪に冗談が許されているようだ。悪が勝利を収めるために、もはや善意や悪意と結びつくことのできない行為の仕方、つまりわれわれの先祖のスタイルと全然似ておらず、行為者に行為として認められないような行為の仕方を発明したように見える。そういう巧みなトリックを使って悪は人間を手なずけて、悪人でなく悪事を意図せず、悪事をなすことを知らぬどころか、自分が何かをやっていることさえ知らぬまま悪事をなし得るようにするのだ。悪が横行していた昔のように、無邪気さをまず打ち壊し、自分の目的のためにまず悪人に仕立て上げた人間によってではなく、悪ならぬものや善なるものさえ使って悪事を成し遂げさせることにまさる快い満足、悪質な喜び、嬉しい勝利は、悪者たちにとってあり得なかったであろう。今では悪人は誰にも迷惑をかけずに悦に入っている。いまでは悪が行為の結果そのものに居座り、完全に思うままに動かし支配する信じがたいチャンスを与えられているからである。人間が悪から解放されているところでは、悪は人間から解放されている。悪が勝利を収めたのである」。

寡頭制の法則——被害者が増えると加害者は減る

現代の機械に組み込まれている機械として不可欠な傾向は、効果と権力集中の高度化を、それにともなう人力の投下を極小化することによって実現しようとする傾向である。これが技術の理念なのだ。そしてこの理念が、政治的理想像を技術的理想像に取り換えた、あるいは政治的理想状態そのものを技術的理想状態として理解している現代のユートピア的思考の理想である。理想はもはや最高の国家ではなく、最高の機械なのだ。しかし最高の機械は、人間の参加（少なくとも人間としての人間の参加）を無用にするだけでなく、他のあらゆる機械の存在をも無用にして、唯一絶対に独裁的に支配する怪獣ビヒモスとして、考え得る限りのあらゆる機能を自分のうちに統一して目的を達成する機械である。[*12]

＊12——「製品の社会学」、特に「機械の社会学」があってしかるべきである。——われわれ人間がモナドとして機能するのではないように、「個々の」機械は、政治的動物（zoa politika）として、「政治的作品（erga politika）」すなわち世界に開かれ他の機械と共同して働かねばならない、つまり他の機械に依存し他の機械に依存される部品——要するに、その存在理由（raison d'être）が工場全体のうちに初めて見いだされるような部品ではない。どういう機構であろうと、機構が完全であるのは、共同作業つまり工場が同時に機構として機能する場合である。その作業は「企業」という機構の内部で初めて意味があるのだ。しかも企業の内部においてだけではない。（機構2である）この企業についても、個々の機構1について言えることが妥当するからである。すなわち機構2も世界に開かれていなければならず、他と協同して働かねばならないのであって、それが理想的に機能するのは、（生産、需要、原料、供給、消費などの）全体世界に（そしてある意味では企業に）合っていて、「機構全体」がうまくいっている場合だからである。正しく言えば、個々の機構が理想的に機能するのは、「全体」が機構としてうまくいっている場合であろう。もちろ

誰であっても、――こういう機構の部分とか機構の材料とか消費者とか廃棄物として――こういう機構に関わり、こういう機構の一部として生きている以上、こういう機構はある意味では人類そのものと同一であり、われわれがその先行形態を「全体主義国家」として知っている状態であろう。

いずれにせよ、技術そのものに権力集中の原理が内在し、そのため寡頭制や独裁制の原理さえ内在していることは疑う余地がない。そして技術の発展が、権力を集中させる少数者の発展として進行するのは、不可避であるように思われる。

このテーゼを核の問題に適用してみよう。

機構は基本的に、第一に従事者を最小限に絞ることで最大の効果をあげるように作られている。第二に、機構の使用は少数の支配者に握られているから、支配者は個々の機構に（マイナスの）全能に近い力を投入することができる。すなわち今日では、（個々の実例では技術者と政治家との数の上での比率がどうであれ）どういう場合も絶大な力を握っているのは少数者である集団である。

したがって幻想をいだいてはならない。「技術」の実態は政治的な支配形態と無関係であるわけがないのだ。技術がすべての人々によって同じようにそれぞれの目的に使われ得ると思うのは自己欺瞞である。むしろ技術そのものに「寡頭制」の原理が内在しているのだ。これは技術が、政治的に言えば寡頭制的支配形態を後押しすることを意味している。否定的な言い方をすれば、技術は本質的にデモクラシーに反する。少なくともデモクラシーのあらゆる歴史的諸形態の根底にある原理は、多数者による支配だと認めているかぎりそうである。デモクラシーと技術という両者の原理のあいだの矛盾が実際に極めて明白である以上、両者が長きにわたって共存することは全く疑わしい。これこそ今日における真の共存の問題なのである。

こういう考え方が、マルクスの主張と非常に近い関係にあるのは明らかである。マルクスによれば、資本主義の機構は強力になるにつれて、少数者に握られるようになる、言い方を変えればデモクラシーだという国家の主張は、いかに政治的・法的な平等が憲法で保証されていても、虚偽意識でしかなくなるのであって、国家の主張が本物になるのは、国家が経済的デモクラシーである社会主義をも保証する場合のみである。こういう洞察は必要な変更を加えれば（mutatis mutandis）、当時よりも今日こそ間違いがない。この洞察は第一に何よりも技術の力に当てはまる。第二にこの洞察は、決して資本主義国家だけに妥当するのではなく、——技術の発展は経済システムから相対的に独立しているから——「経済的デモクラシー」を導入した国家や導入したと主張する国家にも妥当する。今日の国家が「デモクラシー」と「社会主義」のいずれを国名に掲げていても——そういう名称とは無関係に技術的世界の生活は、寡

ん、これは言うまでもないことだ。しかし傾向がこの方向へ進んでいること、つまりその内部ではあらゆる個々の機構が正当化と安定性を持つとともに、機構の部分ともなるような全体的に独裁的な機構へ向かっていることは明白であって、計画経済の事実だけに認められることではない。製品購入者を作りだす宣伝機構も購入される製品を製造する機構も、より大きなマクロ機構に属しているのであって、この機構は技術的であると同時に社会的な性質のものであり、これまではメタファーとしてのみ使ってきた「機構」を嘘偽りのないものにする。——十八世紀の「人間機械（homme machine）」という理念の代わりに、今日では「人類機械（humanité machine）」という理念が登場したのだ。

頭制か独裁制という支配形態に向かっていく。[*13] 道具ひとつで——水素爆弾一発で——数百万人の生死を決定できなければ、そういう道具を握っている者が、人類の大半をテロによって取るに足らぬもの(quantité négligeable)にして、「デモクラシー」についての発言を単なる雑談に貶めるだけの権力を駆使する。言うまでもなく、——時にはその種のことがすでに起こっていると言われるように——マスメディアを使って、自分が骨抜きにされるのを大半の人々が喜ぶようにするのは簡単なことだ。しかしこれは、非民主的手段か反民主的手段が以前より深い層ですでに駆使されていることを示すものにほかならない。補足的に合意が作りだされる事実があっても、それで非民主的な状況がより民主的になるわけではない。事実、大衆社会では「言論の自由」の本質はもっぱら「意見を発表する自由」にある。それに対して、発表に先立つ意見そのものは「習俗」に類するものである。すなわちそれは「個人の意見」ではなくて、むしろマスメディアの絶え間ない働きによって個人のうちに刻み込まれた意見である、つまりそれは〔個人の意見に先立って下された判断である〕偏見(Vorurteil)なのである。大勢順応型の国家のマスメディアが、全体主義国家の九九パーセントという投票結果に向ける侮蔑以上に偽善的なものはない。ある意味では全体主義国家のほうが全体主義でない国家よりも偽りがない。驚くべきことのように思われるかもしれないが、ヒトラー政権やスターリン政権の全体主義的な時代が幕間劇ではなく、むしろその時代がもともと目標としていたものの実現であったのは実に確かなことだと思われる。こういう政権では、時代は偽装されていない赤裸々な、疚しいところのない誠実な技術の顔、すなわち本質的に、技術的に考えられる以上のことは政治的に表現しない顔を見せていた。

寡頭制的ないし独裁制的な支配が完全に確立するのは、作動や操作を現代のように少数の人間の指示を待って、機構が役目を果たすというのでなくなった場合というより、むしろ（機構が息を止めて待ち構えて、相手からも息を詰めて待ち構えられている敵の機構へ）機構が自動的に反応して役目を遂行し始めることができるようになった場合である。その場合には、機構が唯一のカインであり（人類全体がテロの犠牲となり――最後の段階となるだろう。そこでは犯罪を遂行するのに（悪人が不要なのはもちろんだが）加害者が必要ではなくなり、ボタンを押す者も無用になっていることだろう。とにかくこういう傾向の目標は、最終ボタンを押す係員が最後のボタンを押してその役目をボタンに任してしまえるような状況、つまり華々しく「最終委譲」を行って、まさしく血肉を備えたボタン係が必要だった面汚しの古代的な混合時代にけりをつける状況である。

道具がそれによってメタファーを超えた意味で成人に達し、あるいは自律化することは当然問題ではない。しかし、こういう道具を作りだすことによって、われわれが成熟や自律を決定的に失うことについては問題が残るだろう。ここでわれわれは遙かに重大な問題点に達したわけである。

すなわちわれわれが抹殺されかねないのは特殊な機構が偶然に生みだす核兵器のような結果にすぎな

＊13――このことは外交的にも妥当する。核の絶大な力を獲得しようとする弱小国の試みには、いつも脅威によって大多数をねじ伏せることができるという考え方しかない

いと思うほど、近視眼的なものはないだろう。むしろ機構にそのほかにどういう特殊な役割を任せるにしても、われわれが抹殺される可能性こそ、すべての機構に与えられている原理であり、それこそ、もっぱらそれに基づいて機械が製造される原理なのである。というのは、いつもわれわれがめざしているのは、われわれが現場にいて助力する必要をなくし、われわれ抜きで申し分なく活躍できるもの――すなわち、道具の活躍によってわれわれが自分を余分なものにし、自分を締め出して、自分を「抹殺する」道具を製造することだからである。こういう目標がいつも近似的にしか達成されないことは重要ではない。問題は、そういう傾向である。そしてそのスローガンは、まさに「われわれ抜きで」なのだ。（カフカの「死せる王の使者」と同じように責任感の強い）ある種の機構が仕事を続けているエピローグ的な時代とかアポカリプス以後の世界が、ユートピア小説に描かれても、それは滑稽でも誇張でもなくて、筋の通ったことである。そういう機構が、現世における素晴らしかった日々のいくらかをいくらかでも救って未来の夜の中に引き渡し、誰のためでもないけれども、現世の日々の痕跡を完全に消滅させないために、絶望的な死後二、三年間戦争を続けるかもしれない。つまり互いに応戦し合い、相手を見つけては突進して殺し合うかもしれない。モルーシアの年代記には、敵対する二部族の争いについて次のように記されている。「ペンクスの山での決戦は、戦士たち全部に確かに傷を負わせたが、もっと絶望的なことに、戦闘用に仕込まれた数千の象や水牛が残されていて、忠実な雄牛など頼りがいのある動物たちには、自分が何のためここにいるかが分かっていた。動物たちは執拗に戦争を続け、長いあいだ戦場を体から流れる血で汚したために、ペンクスの土地が住めるようになったのは数十年経ってからのことであった」。元気よく生きながらえるために面倒をみてくれるのは、われわれの場合には道具なのかもしれない。モルーシアの部族と同じようにAとBという二つの大陸が殺し合っていたとしてみよう。そのうちの片方が——たとえばA大陸が——B大陸に勝利を収め、Bの蓄えはとっくに尽きて、瓦礫の山は無防備に（それ自身が粉砕されている）Aによる破壊にさらされているあいだも、Aの核ミサイルは物凄い速さで無数の死体を収めた巨大な墓地に何週間も唸りを上げて飛来していたと考えてみよう。間違いなくAの勝利は完璧であろう。というのは、Aが勝利したときわれわれはいないという事実は小さな欠点にすぎず、核ミサイルは今日でもすでにわれわれを抜きにして稼働するように作られているから、核ミサイルが気づかれることは決してないからである。われわれは無論、この勝利を予想して祝い、戦勝記念碑を今日のうちに建てておかねばならないことだろう。

言い換えれば、Aという装置が与える刺激がBという装置の反応を呼び起こすように作るのに成功した以上、装置がわれわれに代わってカインの犯行を引き受けることができる。それとともに、そういう犯行の非人間性は、想像もできなかった部類の非人間性となるだろう。すなわち、古風な犯行は犯人が行為中（in actu）も行為以前（ante actum）も人間という在り方を停止したから非人間的であったのに対して、新しいタイプの犯行は人間的な犯人が、行為者であることを免除されているから非人間的なのである。非人間的活動は今日では人間なき活動なのだ。これは同時に、実際には従来の意味での「活動」ではなく「出来事」が問題になることを意味している。『実践理性批判』は死刑宣告を受けたようだ。というのも、カントが『実践理性批判』を書いたのは、倫理的行為は「必然的に時間系列に結びついた出来事」に属するものではないこと、つまり自然の領域に属するものではないことを確立するためだったからである。[*14] われわれが「自然」あるいは「現象」の枠を「自由による因果性」によって乗り越えて、自由への道へ進んだことをいかに誇ったところで、――その自由への道は、少なくとも「工作人（homines fabros)」であるわれわれを間違った方向へ導いたのだ。二千年前からずっと望んできたように前方へ進むのではなくて、円を描きながら、渦巻き状にとも言えるだろうが、――とにかく逆進させてきたのだ。われわれが人間として存在し始めた善悪の彼岸にあるスタート地点へ逆戻りさせてきたのだ。われわれの歴史の人間以前の部分は全体的に動物だった部分だとすれば、今日われわれが到達しようとしている人間以後の部分は全体的に道具と化した部分である。人間的なものは、この（少なくとも否定的である点で同様な）非人間性の二つの段階のあいだの幕間劇であることが示されているように思われる。

われわれの犯罪はもはや「われわれのもの」ではなく、その非人間性は犯罪の背後に人間はいなくなっていることに由来するとすれば、われわれの犯罪は破局的な自然災害ではなくても、別の芝居に変わってしまっているように見える。芝居の効果である放射能を浴びない展望台や垣根が見つかれば、その後ろから傍観者として手も汚さずに眺めているだけだが、そういう場所が見つからなければ、観察者としての楽しみも手を汚さずにおれる状態も先送りせざるを得ないだろう。実を言うと、少なくとも先に引用した「そのときには一緒に皆くたばるわけだ」という言葉をつぶやいて、危険があることを否定しないが、抵抗もしない無数の人々はすでにそうしているわけである。

強調するまでもないが、倫理的責任を打ち消してしまうと言われる「自然災害」という言葉は、全く中身のない言葉である。自分の犯罪を一種の自然災害のように見せかけるところにこそ、われわれの犯罪があるからだ。

言い換えれば決定的瞬間には、われわれ自身ないしわれわれの悪意の出る幕は、もうなくなっているのである。限りなく多くのことが機構の手に委ねられているため、機構はわれわれの背後で人類に代わる第二の人類として振る舞い始め、――それによって機構は同類（「第二の人類」）を破壊するだけでなく、いかにも機構に命令して動かしているように見える第一の人類をも破滅させようとしている。――「それ」はそういう仕方でしか起こらないだろう。つまり、ロボットを介在させることによって人間である殺人者はすでに排除されて、場合によってはロボットの活動に不意をつかれ犠牲になり、殺人者はロボットの活動の「犠牲者」となることだろう。

こう言ってもまだ十分ではない。単純な例を考えてみよう。AとBという戦い合う二つの党派のいずれも開戦に備えて核ミサイルを一発しか保有せず、迎撃ミサイルもそれぞれ一発しか保有していないという事態を考えてみよう。戦争が始まったときには、AがミサイルをB発射すればBの迎撃ミサイルが発射される（その逆のケースもある）から、技術的に考えれば、AのミサイルとBの迎撃ミサイル、Bの

＊14――今日の状況はカントが予想できた事態を遙かに超えてしまっている。カントが（『実践理性批判』第一部第一巻第一章で）、人間以外はすべて手段として、つまり物として扱うことができると強調したとき、カントには行為そのものがもう人間としての人間から取り上げられてしまうとは予想もできなかった。

ミサイルとAの迎撃ミサイルがワンセットの機構となるわけである。ミサイルが発射されたとき地理的にどれほど隔たっていても、またいかに敵対していても、――ひとつのモーターの絡み合った二つの部分と同じように機能するだろう。そのとき勃発するいわゆる戦争は、二つの敵のあいだの戦争ではなく、(二つの機構がとっくにワンセットになっている以上)機構と機構のあいだの戦争でもなくて、――むしろそこで起こっているのは結合された機構による出来事であり、そこではそのつど二つの対立する部分(つまりAという党派とBという党派とのセット)が結合された全体となっている。こういう事実によって、二者対立という原則は意味を失うだろう。――強調するまでもないが、今さき述べた単純きわまる例の場合について言えることは、それぞれの党派がいずれも大量のミサイルと迎撃ミサイルを使用できる(現実に即した)複雑なケースについても言えるだろう。起こり得る戦争、思いのまま(ad libitum)迎撃ミサイルや迎撃ミサイルに対する迎撃ミサイルを駆使できる戦争は、もはや戦争ではなくむしろ融合した出来事であろう。

最初はばかげたものに思われるこのテーゼは、敵対する双方とも唯一勝利を収めた人類に対する敵になってしまう以上、核戦争の結果もう敵味方に二分されなくなる事実、つまりこのテーゼに対応する特定の(周知の)事実を思い出せば、おそらくばかげたものではなくなるだろう。――実を言うと、「分裂(fosson)」はどう見ても「融合(fusion)」になってしまうのだ。――そこで重要になるのが、機構の融合とか犠牲者の融合に代わって、二つの融合を妨げるような別種の「融合」に成功するように努めることである。

われわれが生きているのは時代ではなく猶予期間である

過去の無数の怖ろしい単純化（terribles simplifications）の中でも、第二次世界大戦が勃発する直前に作られた「現代の平和（Peace in our Time）」という言葉ほど、後になってわれわれを慄然とさせるものは、おそらくなかっただろう。今日われわれがこの言葉を聞けば――廃墟と化すのがもう目に見えている都市で、すでに共同墓地が待ち構えている人々がこの言葉を歓迎したことを、そして（「スペイン内戦」と呼ばれる序曲がすでに始まっていたから）人々が本来すでに戦争の最中だった世界の動乱に放り込まれたことを、今日ではわれわれは知っているか知っているはずだから、――この言葉は耐えがたい侮蔑のように聞こえる。もちろん愚直と侮蔑とのあいだには密接な関係がある。そしてロンドン空港に着陸した人の無邪気な声と、すでにドイツの総動員令を上着のポケットに入れている別人の侮蔑の声が、複調で構成された世界史のテキストのように聞こえるときに初めて、われわれはその当時を完全に理解することになる。

こういう言葉が今日使われると、あるいは現代の課題を言い表していると称して語られると、いっそうばかげたものに聞こえる。というのも、今日ではそれは現代世界の状態をまさに逆転させているからである。「光は東方から（ex oriente lux）」というが――広島が炎上する光が地球を照らしたときから、われわれの状況は再び根本的に変わってしまった。すなわち、今後の時代がその状況の外に平和裡に存在することはもはや決してあり得ないから、「現代の平和」と言うことそれ自体が意味を失ったのである。現代人にひとつの言葉を伝えようと思えば、せいぜいで先に挙げた言葉の逆である「平和な現代」と言うべきなのだ。これはどういう意味か。

現代人にとっては、過去に時間が「存在していた」のと同じ意味で時間が「存在する」という考え方、つまり時間は、われわれがどういう行動であれ何らかの行動を起こしても変わることなく、内部の出来事と無関係に我慢強く続くパイプであるという考え方、すなわち内部でどういう出来事が起こるかで変化することのない空虚な空間であるという考え方ほどおめでたいものはまずあり得ない。そういう考え方はもう無用の長物だ。平和な時代があるか、時間が存在しないかのいずれかなのだ。平和な時代と時間が同じものとなっているのである。――これは何を意味しているのだろうか。

第一に、時間から見れば、時間はカント的な意味で「〔直観を〕制約する形式」ではなくなってしまった。哲学になじんだ人の中には到底信じられないと思う人もいるだろうが――時間はむしろ制約されるものと化している。すなわち時間は平和に依存し、平和に依存するものになっているのである。

第二に、平和から見ると、平和は他の状態と並ぶ経験的な歴史的状態ではなくなっている。平和はむしろいまや、人類や歴史や時間にとっての条件そのものなのである。

これだけでは不十分だ。今日では「われわれの時代」という意味での「現代」も存在しないからである。ただしこれは、われわれが現代をいつ終わるともしれず、しかも終わる際に時間そのものを巻き添えにしかねない「時代」、つまり神学的に終末（*Endzeit*）と規定しなければの話だ。普通の意味での「時代（Zeitalter）」はそういう終末ではない。そういう終末は（現代以外の時代には妥当しないことだが）時間が「存在する」かぎり終わり得ず、ただ時間そのものの終わりとともにしか終わらないからである。時代に「全く異論の余地のない（一九四五年という）始点があるにもかかわらず、そして時代が極めて脆弱であるにもかかわらず、すなわち常に「終点」にあるにもかかわらず、あるいは、時代が常に終点にある以上、時間も「最終的」という意味で果てしがない。終わりが近いと果てしないことが結びついているために、現代は他のあらゆる時代と異なっている。しかし現代が果てしないのは、現代がわれわれに依存し、あるいは正確に言えば、――そしてこれが注目に値することだが――、現代がわれわれの無能力に依存している、すなわちわれわれの無力さに依存しているために、われわれが一旦やれるようになったことを（すなわち、互いに終わりを準備することを）もうやれなくなり、「われわれの能力を発揮できなくなっている」からである。

世界がどれだけ長く永続し、歴史がそのパンドラの箱に、どういう戯れや事件を秘めているとしても、歴史が新しい時代によってわれわれを驚かすことはもうあり得ない。しかしそれは、たとえば歴史が何らかの意味で尽き果てたからではなくて、逆に、歴史は秘めた力の絶頂である人類の自滅を持ちこたえるだろうが、人類はその絶頂を耐え抜くことができないからである。すなわち、新しい時代の確かな標識として、「起こりかねない人類の自滅」という現代の標識と競い合える変化が考えられないからである。地球人口が五倍になることはあるだろうか。それはあり得ることだ。平均的生活水準が三倍になるだろうか。それは考えられないことではない。恒星間の時刻表はどうか。それも考えられ得る。しかしこういう誇らしい成果はすべて、現代の存続にいささかも変化を与えるものではなく、現代しだいであって現代に取って代わるものではない。

つまりこれが「われわれの時代」なのである。「われわれの」というのは無論、新しい意味の言葉である。われわれの時代が永続するか否かの決定がわれわれの手中にあり、手中にあり続けることが現代の特質だからである。なぜなら、現代では、可能的なものの領域としてこれまではわれわれの自由の場であった時間が、いまやわれわれの自由の対象となっているからである。

しかし辛うじてまだ持ちこたえられている脅威が一旦現実になってしまえば、あるいは技術的ミスで戦争が勃発すれば、——それは「現代の戦争」にとどまらず「最終の戦争」となるだろう。それは最終戦争として同時に、人間が存在してきたこれまでのすべての時間に対する戦争となるだろう。そういう時間がいまやこの最後の出来事の観点から見れば (sub specie)、つまり事後的には、潰されて唯一の時代にされてしまうからである。「現代の平和」だけが消滅するのではなく、また平和そのものだけでもなく、戦争が起こり平和の時代もあった「人間の時代」も消滅するからである。

したがって、われわれの平和へのアピールは、これまでの世代のものとは全く異なる内容のものとなる。そして従来の世代には予測できなかったほど緊急を要するものとなっている。われわれの父親の世代である〔第一次世界大戦最大の会戦の戦場となったフランス北部の〕ソンム河畔の塹壕兵士や、〔現在のウクライナ共和国西端地域でのホロコーストを生き延びた〕ガリチア地方の生存者が、「永遠の平和」を求めた「戦争放棄（Nie wieder Krieg!）」の叫びが思い出されて尊敬の念を覚える。しかし、そこには感動とともに羨望がともなっている。かれらの叫びは現代より幸せでよく守られていた世界の叫びだからである。あの当時はどんなに激しく叫ぼうと、いかに熱狂的に望もうと、――その興奮や熱狂は、それに対する信頼を失う理由がなかった場の内部に、自分に与えられていることを一瞬も疑う必要のない場の内部に、つまり、「現に」存在し、存続することが保証されていた世界の内部に、そして現在の「悪い状態」の代わりに、最善の世界でなくてももっといい状態を要求するにとどめるのを拒まなかった世界の内部にとどまることができた。

それに対してわれわれには、「悪い世界かよい世界か」という二者択一そのものが許されていない。終末が迫っている以上、われわれに与えられている二者択一は「世界か無の世界か」である。そしてもうわれわれには現代世界は、存続しているだけでも、ほとんど「最善の世界」であるように思われる。

そうは言っても、それは間違いである。

それはとんでもない間違いだ。存続か終焉かが問題であるということが真実であるとしても、――ある二者択一を別の二者択一にそっくり取り換えることが問題なのではないからである。しかもそれは、世界のもっといい状態というのが今日では、いかに逆説的に思われようが、世界を維持することは世界を変えることでしか成功しないからであり、今後の世界が現代の世界と同じでないかぎりでしか世界の存続はあり得ないからである。つまりわれわれの先祖の希望や要求は、決して無効になったわけではない。むしろようやく現実的なものとなったのであろう。

神の国なきアポカリプス

殺風景なアポカリプスという観念を考えてみることが、今日ではわれわれの課題となっている。それは破滅以外に何もないアポカリプス、つまり（「神の国」という）新しい肯定的な状態の発端が見られないアポカリプスという観念である。こういう神の国なきアポカリプスは、熱死について考えた自然哲学者たちを除けば、おそらくこれまでほとんど考えられたことがない。われわれがその反対概念であるアポカリプスなき神の国という概念に慣れきっているだけに、またこの反対概念が数世紀来、当然のことのように妥当するものとされてきたため、この神の国なきアポカリプスという概念を考えることは非常に難しい。ここでわたしが考えているのは、「エゼキエル書」に描かれているような、悪の源泉が涸れ果てた正しい世界状態というユートピア的概念ではなく、進歩信仰を謳って支配的であった歴史形而上学のことである。われわれすべての第二の本性となったこの進歩信仰ないし進歩理論では、不可避的にしだいによくなっていくことが、われわれの歴史的世界の本質の一部だとされていたからである。到達した状態には不可避的にもっといい状態の萌芽がすでに常に含まれていたから、われわれは「よりよい状態」がいつもすでに始まっている現在に生きているどころか、不可避的進歩以上によいものは全く考えようがなかったから、いわばすでに「最善の世界」に生きていたわけである。言い換えれば、進歩を信じる者にとっては、アポカリプスは「神の国」の前提条件として残されていたのである。実に独創的な仕方で現在形と未来形とが絡み合っていた。神の国は常にすでに存在しているから、いつでも到来していたのである。神の国は絶え間なく到来するから、常にすでに存在していたのである。言うまでもないことだが、これ以上にアポカリプスと無縁な信条は、これ以上に明らかに反アポカリプス的な情動（とともに使徒のキリスト教には未知の心情）は想像できない。進歩信仰の通俗化の模範的な国であるアメリカが、好んで「神の恵み豊かな国（God's own country）」と自称することは全然、偶然ではなかった。この言葉はまさに臆面も無く神の国がすでに存在していることを表していて、「神の国（Civitas Dei）」という言葉の余韻を聞き逃すことはできない。——確かに、「黙示録的」とか「反アポカリプス的」という言葉は、「進歩」というカテゴリーを議論するときに使われることはない。しかし、「革命的」と「反革命的」が好んで区別されるところには、「黙示録的」と「反アポカリプス的」との対立が弱められた形であっても、まだ認められる。アメリカ人がボルシェヴィズムや「ソヴィエトロシア」の事実に対して示す嫌悪が、もともと共産主義そのものに当てはまる以上に、むしろ明らかに黙示録的なところがあり、黙示録的出来事を不要とする考え方を極度にあっさり斥けた事実にこそ当てはまるものでないかどうか、これはなんとも言えない。とにかく今日に適切な概念を考えようとするわれわれの努力を妨げるものとして、こういう「アポカリプスなき神の国」という楽観的なテーゼ以上に重大なものはない。考えることを求められているものが、多大な努力を要する現実的な要求であるのは明白である。なぜなら、求められている真の激変が〔「アポカリプスなき神の国」の〕逆転（in contrarium）にほかならないからである。

これは、革命的である側のほうが本質的に困難ではないと言っているのではない。つまり（いかに世俗化された仕方であっても）黙示録的な遺産を再び取り上げ、それを継承した者たちのほうが、迫り来る「神の国なきアポカリプス」という考え方を苦労せずに考えることができると言っているのではない。（「革命」という概念に変化した）「アポカリプス」という概念が、かれらにとっていかに生き続けていたとしても、「神の国」という概念がかれらにとってはそれに劣らず生き続けていたからである。共産主義の学説では革命だけがアポカリプスの役割を果たしているのではなくて、階級なき社会も「神の国」の役割を果たしている以上、共産主義の学説には、ユダヤ・キリスト教的な終末論の「堕落と正義」または「終末と神の国」という思考モデルが明らかに認められる。さらに、共産主義の学説では、アポカリプスに取って代わる革命は、到来する出来事を意味していただけでなく、「神の国」という行動目標抜きで遂行することが全く無意味である行動も意味していた。現代求められている「神の国なき殺風景なアポカリプス」という概念といくらか似ていることについては、ここで述べることはできない。逆に起こりかねない全面的破局という現代の視点から見れば、マルクスやパウロが同時代人のように思われる。これまで前線に立っていた差異——有神論と無神論との根本的な差異——さえ消滅する運命であるように思われる。

それにもかかわらず、殺風景な虚無に行き着こうとしているアポカリプスという考え方が前代未聞のものであり、われわれはこういう考え方を練習しなければならない最初の者だという、われわれの主張は不信感をいだかせる。しかもそれは、なんと言ってもわれわれが一世紀前からニヒリズムに包み込まれていた、つまり無を前面に掲げていたから、絶滅という考えにわれわれを慣れさせたに違いない運動に包み込まれていたからである。このニヒリストたちは、われわれが（それを防ぐために）覚悟し学ばねばならないものを準備していたのではないだろうか。

いや、そういうことは決してない。われわれ現代人が自分の衝動に従うのではなく強制に従ってとる立場と比べると、このニヒリストたちの立場は「古きよき時代のニヒリスト（good old nihilists）」どころかオプティミストの立場のように思われる。それは、かれらが消滅すると考えたものを、「消滅を免れぬもの（delendum）」つまり消滅に値するものとみなしていたからだけではない。それは何よりも、かれらの行動や消滅という出来事は、消滅し得ぬものだと信じ込んでいた枠内に限定されていたからである。言い換えれば、かれらが「消滅を免れぬもの（delenda）」とみなしたのは神「だけ」であり、「価値」と称されるもの「だけ」であった。「だけ」であったと言えるのは、かれらは世界そのものを「消滅を免れぬもの」の部類だと認めておらず、かれらが怖れもし希望もし得た地平の内部には、現代人にとってまさに考えずにおれない考え方は現れ得なかったからである。

それどころか、消滅することをこのニヒリストたちが求めたとしても、かれらの情熱そのものは世界を肯定することに基づいていた。かれらが当時の自然主義、自然科学、技術の影響を受けて現れたことは疑う余地がない。かれらの中に自然科学のオプティミズムには懐疑的で容赦ない者がいたとしても

——、かれらは間接的な仕方では、自分たちの軽蔑と嘲弄の対象である進歩の代言人よりオプティミスティックでないことはほとんどなく、現世的であることにおいて劣るものでなかったのは確かである。かれらに大いなる否定への勇気を与えたものは、かれらが自分たちの時代への全面的肯定、世界への自然科学的な信頼や絶え間ない世界支配——つまり「進歩」への信頼を多かれ少なかれ意識的に共有しているという事実であった。ここでわたしが考えているのは特にロシアのニヒリストである。

キリスト教における猶予期間の曖昧さ

歴史はキリスト教的な救済の待望へ方向づけられ、近代的な意味での「歴史」である方向づけられた歴史として形づくられ、歴史の年数は「救済への年数」とされているが、事実上の歴史は救済の出来事として展開しているわけではない。むしろ事実上の歴史は、歴史の進行に慣れて待望を忘れ去っていないかぎり、救済への失望の連鎖として、すなわち「神の国」が来ないことの日々新たな途切れることのない経験として、また「この世の (toûtou toû kósmou)」永続に耐える絶えざる訓練として進行していた。

原始キリスト教的に考えれば、二千年という歳月が経ったという事実は、——使徒を遣わしてから自分が死ぬまでの時間をイエスが理解していたように、あるいはパウロが使徒として過ごした時間を理解していたように、もともと猶予期間として、すなわち受胎告知（ないし磔刑）とキリストの再臨とのあいだに挟まれているか、挟まれねばならない中間部分として、つまり最後の審判以前の激動期ないしサタンの勝利という末期として、その歳月が解釈される場合を除けば——本来ならあり得なかったはずのスキャンダルである。キリスト教はキリスト以後の時代（post Chritum natu）のものだが、キリスト教的に見れば、つまり終末論的に見れば、「キリスト以前（ante）」の時代のものなのである。

これは曖昧な状況である。イエスにとっては将来の神の国への待望であった待望を、幻滅によってあっさり追い払い、待望されていたものをはっきりと（expressis verbis）否認できたのは、信仰を完全に棄てることのできる者だけであっただろう。「御国の来たらんことを、御旨の天に行わるる如く地にも行われんことを」という祈りを放棄した者が、キリスト教を完全に棄てた者だからである。しかしキリスト教が国教になる前の時代には、そういう者はほんの僅かしかいなかっただろう。パウロやペテロも理由もなく警告を発していたわけではなかっただろう。それに対して、再臨に幻滅したにもかかわらず信仰を守り続け、まさに幻滅したキリスト教徒のキリスト者としての美徳とされた忍耐によって、自らの信仰を示していた人々にとっては、その状況はこの上もなく極めて曖昧なものであった。キリスト教神学のみならずキリスト教徒の胸のうちにも、次のような矛盾した確信が、時には同時に存在していた。

第一、アポカリプス（ないし神の国や正義）が今日もまた来ないという確信。

第二、キリストの再臨はこの世の破局という形で起こるのではなく、人間の内部における出来事として起こるという確信。（パウロやかれの弟子たちが洗礼において、キリストとともに死と復活を経験し、すでに神の国に入ったと信じたとすれば、決定的瞬間はすでにこの世において先取りされていた）。

第三、神の国はアポカリプス抜きに、既存の教会の形ですでに来ているという確信。——この場合には、いかに逆説的に思われようとも、決して存在したことがないにもかかわらず、アポカリプスは過去へ追いやられていた。

自分の問題を解決しようとするのを諦められず、特定の解釈を固持する人を除けば、キリスト教の歴史の大半はきっと、こういう矛盾し対立するさまざまな可能な解釈の絡みあう歴史であっただろう。

今度も同様に終末論的な曖昧さが支配的になり、われわれの立場もキリスト教徒の終末論的状況と同じように、曖昧模糊としたものとなる大きな危険がある。われわれが破局を未来のものとみなすべきか（そしてそれに応じた振る舞いをなすべきか）、それともわれわれはそれを（たとえば核の独占が克服されたことを根拠に）もう山を越えたかのようにこの世で暮らせるかどうか、それとも終末を「絶えず起こりつつあるもの」（それゆえ結局それほど怖れる必要のないもの）とみなすことができるかどうかが不確実であるときほど、不幸な結果をもたらすものはないだろう。今日現れている曖昧さは、かつての曖昧さ以上に重大なものであるかもしれないことを極めて明確に語るためには、こういう文章を書いている無信仰な人間と同じように無信仰である者の率直さが必要かもしれない。過ぎ去った二千年の歳月が示しているように、かつては想像上の脅威が問題だったにすぎない。それに対して今日では、われわれがそれに応じるはっきり現実的な対応をしないかぎり現実となる脅威、つまり日常的・技術的な意味で現実的で明確な脅威が現れている。

普遍的に妥当するという意味で――われわれの背後にあるものは、それに基づいて破局が起こるかもしれない想定である。

われわれの前方にあるものは、起こりかねない破局である。

常に存在しているものは、破局の瞬間が到来する可能性である。

アナロジー。今日では無信仰の者が（到来を）信じることなく再び猶予期間を維持しようと努めているところには、かつて信徒が（神の国の到来を）信じて猶予期間を維持しようと努めたことを思わせるところがある。

かつてはこう言われていた。神の国がすぐ到来することを待望することはできない。神の国の到来は宇宙的なドラマだからである。天においてはすでに勝利を収めたとしても、地において勝利を収めるには時間がかかり、しかも神の国は、まずサタンが激変を経て最後の勝利を得た後に初めて到来するからである。「まず破滅が起こらなければ、主の日は来ないからである」（「テサロニケの信徒への手紙二」二・三）。要するに、神の国がこれまで到来しなかったことが、まさに到来する証拠だと想定されていたわけである。

それに対して今日ではこう言われている。「（破局が）すぐに起こると待ち構える必要は全然ない。これまで破局が起こらなかったこと、つまり猶予期間をすでに乗り越えたことは、危険とともに（〈原爆とともに〉）生き、危険をコントロールできる証拠だからである。〈猶予期間〉の最初、つまり核を未経験で核が独占されていた時代の黙示録的危険は、核が均衡し、かつての危険の絶頂をも克服し得た時代である今日より切迫したものだっただけに、このことは確かなことなのである。ゆえに、試験はもう終わったのだ」。

終わりの終焉

時間の歩みが円環的なものと理解されていたかぎり、始点が常に新たに到達され、同じ軌道を常に新たに進むことは不可避とみなされていた。「終わり」という概念はあり得なかった。ストア派の世界燃焼説に現れたように終わりが現れたところでは、それは「終わり」であると同時に「始まり」を意味していた。

終局的な終わりの待望によって、つまり終末論的な不安と希望によって、歴史は反復を拒否する「直線的なもの」となった。しかし、昔の始点に達し得なかったばかりか、終わりに達することもできなかったので、「終わり」という概念のおかげで存在する歴史が、「以下に続く」という原理になるということが起こり、そういう歴史が、「終わり」という原理の終焉を準備するものとなったわけだ。あらゆる永遠にとって、永遠に進みゆく時間ほど保証になるものは何ひとつ存在しなかった。そういう保証がいまや、なくなってしまったのである。

キリスト教的なアポカリプスと核によるアポカリプスについての補説

「終末論的」とか「黙示録的」という言葉を使うことには、これまで何度も異議が唱えられてきた。そういう非難によると、神学的な言葉をいじくり回して、宗教と関係のない状況を述べるのにその言葉をメタファーとして使って、深刻で怖ろしいという誤った印象を与えるのは不適切だというわけである。こういう批判に対して唯一誠実な形で対応すれば、衝撃的だと思われることだろう。しかし、われわれは深刻さを傷つけたと言われているが、深刻さという言葉を使うなら、曖昧さは一切許されないことになる。以下、それに対する答えを述べておく。

終末論的な希望や不安の歴史が、ダニエル書の夢解釈から社会主義の神の国への希望に至る非常に長いものであっても、——また予言者たちは世界滅亡の危険について主観的には深刻に語っていたけれども、現実に世界が滅亡することはもちろんなかった。世界の終末という現代の危険は客観的に深刻であり——しかもこれ以上に深刻ではあり得ないほど深刻である。「世界の終末」や「アポカリプス」という用語をどう使えばメタファーでないかとか、メタファーでしかないのではないかという問いに対する答えはこうだ。こういう用語が深刻でメタファーではない意味を獲得したのは現代になってのことである。あるいはこういう用語が初めて現実に起こり得る滅亡を表すものとなった零年（＝一九四五年）以後のことである。それに対して神学で今日まで使われてきた「アポカリプス」という概念は単なるメタファーであり、正しく言えば、その概念で考えられているものは——はっきり言えば——フィクションなのである。先に述べたように、これは挑発的に聞こえるだろう。しかしそうではない。終末論を「フィクション」へ格下げするのは、決してわれわれが最初ではないからである。ある意味ではこういう格下げは終末論そのものとほとんど同じくらい古く、長い歴史がある。実を言うと、そういう格下げは、イエスが「あなたがたがイスラエルの町を回りきれないうちに、人の子は来る」(「マタイによる福音書」一〇・二三)と言って送り出した弟子たちが戻ってきたが、人の子は来ていなかったときから始まっていた。古い世界がまだ残っていてそれ以後も続いたからである。再臨が起こらなかったこと、終わりが来なかったこと、世界が持続していることへの失望が、数世紀も続いて最後には再臨をすでに起こったものへ解釈された失望のモデルであった。[15]

数世紀にわたって希望が裏切られ続けるうちに、終末論もフィクションになるように思えた。——それがどういうトリックじみた手段で、再臨がいつまで遅れても希望が保持されたかについて、ここで取り上げることはできない。——ただし現代と同じように突然、全く別種のアポカリプスの危険が現実に迫ってきたから、終末論がフィクションになったわけではない。むしろ予言が神学的に作り直され得ないうちは、全く偽りの予言だと思われていたのである。〔小アジアの古代国家〕ポントゥスの教会代表がすでに自分の予言を次のように言って弱めている。「それがわたしの言ったように起こらなければ、今後は聖書も信じず、あなたがたは誰でも自分の望む通り行うがよい[16]」。

すなわち「いつ」という問いが最初からはっきり現れていただけでなく、予言された滅亡そのものが起こるかどうかという疑いも現れていたのである。[*17] もっとも、そういう疑いは、現代現れているような仕方で現実の危険が迫っていたからではなくて、世界が存続し、それが黙示録的待望を嘘だとは言わないまでも、日々打ち砕いていたからである。

一般にまだ世界の滅亡を信じているかぎりで、現代のキリスト者について言うと、かれらは相変わらず宗教の時間に学んだ世界の終末のことを考えている。こう言うのは、かれらはわれわれ自身が作りだした現代の状況を前兆だと見ようとは思っていないという意味である。[*18] もっともわたしは「一般に……かぎり」と制限をつけて言っている。信仰箇条としての世界の終末は、本当はキリストの再臨が起こらなかったためにすでに千五百年前から信じられなくなっていたからである。——終末論的なキリスト教を「実存的な」キリスト教に取り替えようとするブルトマンの試みは、アポカリプスの中性化であり、本当はすでにアウグスティヌス以来行われてきた試みの最終形態にすぎない。アウグスティヌスは教会の存在をすでに「神の国」、到来した神の国とみなしたからである。神の国はもう到来したからには到

＊15——このように三、四世紀における再臨や世界の終末についての記述では、待望されていたものが到来し、未来はすでに過去となったとされていた。——これについては Martin Werner, *Die Entstehung des christlichen Dogma*, Bern 1941, S. 90 を参照されたい

＊16——Hippolyt, *Danielkommentar* IV, 18ff. Werner S. 90 の引用による。

＊17——2. Petrusbrief, 3. Kap. 3ff.「ペトロの手紙二」3・3以下。

＊18——今日では「前兆」について語るのは無論、全く不十分である。というのも、最も直接的に説明を必要としないほど危機が迫っている世界の終末をわれわれが作ったことが、解釈を必要とする単なる前兆でないことは言うまでもないからである。

来を待望することは無用のものとなった。それどころではない。世界の終末というイメージや概念の曖昧さはすでにパウロで顕わになっており、使徒パウロが世界の終末について作りだしたイメージが曖昧だっただけでなく、（こういう言葉を使ってよければ）「世界は終わるという感覚」、すなわち世界の終末に対する態度もまた曖昧であった。[*19] わたしが言おうとしているのは、最後には不安に集約されることになったが待望されていた世界の終末に関して、希望か不安かという迷いがかなり急速に現れたということだけではない。わたしが言おうとしているのは、約束されていたことがまもなく起こると捉えるべきか、それとも現に起こっていると捉えるべきかが分からないために生まれている曖昧さのことでもある。

この状況は、現代のプロテスタントの宗教史では当然、重要な役割を演じている「再臨の遅れ」の状況なのだが、この状況はパウロの世代の状況であり、パウロ自身の状況である。[*20] その状況は、われわれにとってはわれわれ自身の状況の模範として非常に示唆に富んでいる。この状況はわれわれの状況に先行した唯一の状況だったからである。そこでは、主要な信条が捨てられることはなかったが、まもなく起こると告げられた破局を生き延びたにもかかわらず、破局が起こると主張せざるを得なかった、つまり破局はまだ起こっていないが、同時にある意味ではすでに起こっていると認めざるを得なかった。要するに、それは猶予期間として解釈せざるを得ない状況であった。すなわち、その限界と断絶、つまりその「終末」によって限定され、「終末」がすでにその光と影を投げかけているだけでなく、「終末」によってすでに埋め尽くされた有限な時間として解釈されざるを得ない状況であった。すなわち、（終末か神の国の）到来はそれ自体が時間を要し、時間を埋め尽くす出来事として解釈されなければならなかった。人々はその出来事の中で、実際に深淵に落ちる前にすでに破局において、絶えず轟々と音を立てながら深淵へ向かって疾走する橇のような状態であった。

キリスト教的なアポカリプスと核によるアポカリプスとの対比

使徒に由来するキリスト教における世界の終末への待望と現代の終末の予期とを概括的に比較すると、このことはもっと明らかになるだろう。

両者の共通点。

1. 何らかの任意の時代に生きているのではなく、（まさに）猶予期間を生きていることを、かつては当時の人々に明らかにしなければならなかった。現代もその当時と変わらない。

2. 当時待望されていた世界の終末は、流布している不信や嘲笑に出会った。「知っておくがいい

---

*19——キリスト教の歴史においてサクラメントの役割が大きくなるにつれて、終末論的思想は無力化し説得力を失った。復活か堕落かの決定を下す力がサクラメントにあれば、最後の審判の判決は生きているあいだに下されて、審判そのものは無用になるからである。ところが審判は終末論的なドラマの重要な要素をなしているから、あるいはもっと正確に言えば、黙示録的な終末はある意味では裁判官の判決と同じだから、残るのは信じがたい秘められた終末論的思想だけである。

*20——これを最初に解明したのはシュヴァイツァーであり、ヴェルナーなどの研究はその後のものである。

……最後の日には軽蔑する者たちがやってきて……こう言うのだ〈終わりがやってくるという話はどうなったのだ〉と」。現代もその当時と変わらない。

3. 当時（パウロにとっては）十字架上の死と再臨とのあいだの時間における世界の存在は、まだ続いているだけの存在とみなされていた。現代もその当時と変わらない。ヒロシマと全面的核戦争とのあいだの世界はまだ存在している、が、まだ存在しているにすぎない。

4. 当時は、再臨と神の国が到来しないことが福音の真理に対する反証だと誤解されないように（もっと正しく言えば、正しく理解されるように）注意しなければならなかった。そのためすべての精神的労苦、特にパウロの努力は、世界がまだ存在していることと世界に異変が起こっていないことを否定して、終末論的な状況がすでに「現れている」ことを立証し、最後には信徒たちに大変動がすでに起こっていること、あるいはすでに世を去った者はすべてキリストによって救われていることを説明することを目標としていた。——現代もその当時と変わらない。現代でも、破局がこれまで起こっていないことが、破局が現実に起こり得ることに対する反証として、「まだ起こっていないこと」が「決して起こらないこと」の証明として誤解されないようにすることが必要だからである。そして今日でもわれわれは、世界がまだ存在し変動は起こっていないことを否定し、現代の事実を終末論的状況がすでに始まっていることの前兆として認識させ証明するという課題に全力を集中しなければならない。

両者の違い。

1. 実際には起こらなかった破滅への当時の待望は、大まかに言って根拠がなかった。それに対して現代における破滅の予測は客観的に正当なものである。現代の破滅の予測と比べると、使徒による世界の終末についての話は単なる妄想である。目前に迫っているものを「アポカリプス」と呼ぶとき、われわれはメタファーとして言っているわけではない。われわれの状況から見れば、使徒の「終末」についての話はメタファーであった。

2. 当時は終末は単に人間のせいで起こるとみなされていた。それに対して今度は、終末は人間が直接に作りだすものである。当時は待望される世界の終末は、われわれの罪が原因となって起こるとされていた。それに対して今度は、終末を作りだすことが罪の本質なのである。

3. 当時の知らせは悦ばしいものであった。当時伝えられたのは「未来はすでに始まっている」ということであった。現代の知らせはその反対に、全く怖ろしいものである。「未来の消滅がすでに始まった」というのがその内容なのだ。

4. 当時は、「歴史」への終末論的希望が形成されていた。あらゆる歴史性を根底において結びつけていた古代的な時間の円環性は、到来するものが直線的に進んで「神の国」へ向かっていくという事実によって捨て去られたからである。——それに対してわれわれは、終末が予測されるだけに歴史の終末を待ち受ける状態である。——別な言い方をすれば、キリストが犠牲として死をとげて初めて神の国が保証される以上、この死によってこの保証に先立つ時間の総体がその後、別のものに変わってしまったわけである。歴史が可能になったのはこのためであった。なぜなら、世界の出来事が二つの時代に分けられた（あるいは最後の審判までの猶予期間を時代とみれば、三つの時代に分けられた）からである。それと異なりわれわれにとっては、すでに終末を告げた過去は、終末の可能性によって未だかつて存在したことのないものになっている。すなわち、それは後には――こう言ってよければ――「切断される」わけでなくても、分割される。

5. 当時は、終末が到来しないために幻滅した「兄弟に、もう世を去った人々の終末はすでに到来して、かれらはすでにキリストにおいて生きて救われている」と断言する必要があった（上記参照）。――それに対して現代におけるわれわれの課題は、われわれが現にすでに終末論的状況にあることを知らせ、「終末」が現実に起こるのを防ぐことである。

6. 今日では、われわれが自分の作りだした世界の終末の脅威のもとに生きざるを得ないという事実によって、倫理の問題は全く新しい形になっている。われわれが倫理的な課題に直面しているのは、われわれが（ダニエルがあらゆる黙示録の信奉者に期待したように）待望されている国の解体とともに、神ないしキリストによる審判が起こると考えられるからではない。それは、われわれ自身の行為によって（しかも審判を受けることなく）世界の存続か滅亡かが決まるからである。そして世界の終末が決まった後には――上述したように初めて――神の国でなく完全な虚無が予想されるからである。

終末論的待望が単なる「妄想」であったかぎり、世界の終末を短い猶予期間と解するか、それとも千年王国と解するかにかかわらず、世界の終末は神の国の序幕にすぎないとみなされていた。今日では、世界の終末は技術的に可能であり、しかも起こりそうなので、その後はないものとして現れている。

「神の国」がその後に続くとはもう誰も思っていない。最もキリスト教的なキリスト者さえ、そう思っていないのである。

別の言い方をすれば、この状況は倫理的に新しい形のものなのだ。なぜなら破局が起これば、それは人間が引き起こしたものだからである。破局が起こるのは人間の仕業なのだ。これまでは、世界の終末は常に（堕落に対する罰のように）人間の行為の結果とか、（天国においても地上においても神の国の出現に先行する）まさに破局とみなされていた。それに対して現代における世界の終末は、われわれの倫理的状態の結果であるばかりか、われわれの行為の直接的な結果であり、われわれが作りだすものなのだ。

*

われわれがすでに時の終わりに達しているかどうかは明確ではない。それに対して、われわれが終末の時代に、しかも最後に生きているのは確かである、つまりわれわれの生きている世界が危うくなっているのは確かである。

「終末の時代に」と言うのは、われわれは毎日、終末を引き起こすことができる時代に生きていることを意味している。――そして「最後に」と言うのは、われわれに時間として残されているものは「終末の時代」であることを意味する。なぜなら、この時代はもはや他の時代に取り替えることはできず、それに取って代わるものとしては終末があるだけだからである。

しかし他の時代に取り替えられようがないのは、われわれが今日やれること（すなわち終わりに備えること）が、明日かそのうち突然やれなくなってしまうからである。

終末を先送りすることになるかもしれない、つまり、時の終わりに対する闘いに事ごとに新たに勝利を収め、終末の時代を果てしなく続かせることになるかもしれない——これ以上の幸せを望む権利はわれわれにはない。しかしその闘いに勝利を収めるとしても、時間も現在のとおり終末の時代のまま残るのは確実である。保証されるのは今日だけであって、明日は決して分からないからである。そして今日そのものが昨日ではなく、決して昨日になることはない。なぜなら没落する明日とともに、保証されているように見える今日も一緒に没落し、昨日もまた没落するからである。

しかし唯一確実なのは、終末の時代と時の終わりとの闘いに勝利することが、今日のわれわれに、そしてわれわれの後に登場する人々に課されている課題であり、われわれにはこの課題を先送りにする時間はなく、後世の人々にとっても時間はないということである。なぜなら、（古いものだが、今日になってようやく完全に真実となったテキスト[*21]に記されているように）「世界の終末には、これまでの時代よりも速く時代は過ぎ、季節も歳月も慌ただしく移りゆく」からである。

つまり、われわれが昔の時代の人々よりも速く、その時代の時の流れ以上に速く走って、現代の時の流れを追い抜き、時の流れそのものがその場に達する前に、明日における時の流れの場所をあらかじめ確保しておかなければならないのは確かである。

*21 「第四エズラ書」四・二六。

訳者あとがき

その日、京都はひどく暑かったにちがいない。祇園祭の頃の京都が蒸し暑いのはいつものことだが、その日は、六月二〇日に広島を発った第一回「平和大行進」が京都に着く日だった。第四回世界原水爆禁止大会に参加するアンダースがオランダとペルーの代表とともに、夜行列車で京都に来たのは行進を迎えるためだった。かれらは町外れのお寺で行列に加わり、アンダースは広島の農家のお婆さんと腕を組んで炎天下を行進した。一緒に行進する一人ひとりの日焼けした顔や、多くはなかったが沿道で行列を迎える人々の声援に、アンダースは深い感銘を受けた。挨拶を求められたアンダースは、広場の舗道に座った人々に向かって、現代における責任について熱弁をふるい、講壇哲学者を激しく批判した。ホテルに戻って炎暑から解放されたアンダースは、ふと思い出した。三十五年前の厳寒のフライブルクのことである。

今世紀初めから続けてきた分析記録の山の奥で、高齢のフッサール教授はデスクに向かっておいでだった。先生は、私がカーニヴァルで妖怪の仮装をして踊ったという途方もない噂を耳にされたのだ。慈父のように優しかったが学問に関しては厳格そのものの先生は、言い聞かせておかねばと思われて、私を呼びつけられたのである。「ああいう馬鹿騒ぎに深い憂慮」を感じられた先生は、若者が騒ぐばかりか喜んで加わるようでは自分の所で修めた甲斐がないだけでなく、知性はあっても未熟で、何か起こしそうでマックス・シェーラーより危なっかしいタイプである証拠だとも仰言った。私は黙っていた。若輩だっただけに、世界は「対象一般」だけで成り立っているのではないとか、哲学することと踊ることは矛盾しないとかと、偉い老先生に説明したり説明させてもらえたりするはずもなかった。……ああいう広場で話すことは、今日では哲学する者の課題と矛盾しないだけでなく、哲学の重要な課題のひとつだとか、……真実でなければならないのは話の内容だけでなく、話す時と場所もそうだと言ったら、先生はどうお答えになっただろう。

（『橋の上の男——広島、長崎の日記』）

これは回想ではない。立場の違いの確認であり、ひとつの宣言である。

このほかに回想めいた文章は、『橋の上の男』のどこにもない。この表題も分かりにくい。「橋の上の男」とは、傷病兵らしく白衣で身を包み、義手でアコーディオンを弾いている男のことだが、それだけでなく、その姿は悲惨な過去を背負い、不確かな未来に不安を抱いている人間の姿のようでもあり、未来へ架かる橋の上で時代の現実を伝えるアンダース自身だとも思われる。

アンダースは「機械破壊論者」だとか「絶望の哲学者」、「カッサンドラ」とか「ペシミスト」だと言う人がいる。しかし、たとえば生涯、親交を続けたハンス・ヨーナスが「ぼくたちが達し得ない深みで今世紀を捉えた人物だ」とアンダースに書き送ったのを見ても、誰からでも嫌われていたというわけではなさそうだ。アメリカ亡命中のブレヒト、デーブリーン、アドルノ、ホルクハイマー、マルクーゼなどとの交流を考えても、アンダースが付き合いにくい人物だったとは思えない。

『橋の上の男』での各地の人々との暖かい交わり方を見れば、アンダースから批判された人々が吹聴した誤解など消えるはずだ。もっとも、一九四三年に人種差別問題で軍事情報局に抗議して辞職したアンダースの剛直な性格や、その言葉が激烈で、時として誇張や諧謔や皮肉が加わるための誤解もあるのかもしれない。たとえば主著 *Die Antiquiertheit des Menschen* の主題にしても、人間が全体主義的支配に呑み込まれてゆくことへの警告であり、antiquiert は、システムが歴史の主体になって、人間が歴史に「後れをとっている」という意味なのである。「時代おくれ」と表記したのも、時代に乗り「遅《おく》れ」ているという誤解を避けるためだったが、これを「退化」とか「劣化」と訳すような誤解は跡を絶たない。

アンダースの言葉にはその種の含みがある場合が少なくないので、その点に注意して読む必要がある。

先の引用文でも、「カーニヴァル」には政治的役割が与えられている。フィリップ・ヴァルテールの『中世の祝祭』によると、ヨーロッパ中世の祝祭は「異界」の存在が生者のもとを訪れて、生者も密かに「異界」に入り込み、民衆が人間となって言葉の力で敵を倒すこともできる機会だった。しかしフランス革命後に蘇生したときには、パリのカーニヴァルは反乱の陰謀や貧困への反抗という機能を失っていた。集団が魔法にかかるはずのカーニヴァルは消え、ディオニュソス的熱狂や都市を自由に使う活動が消えていたと言われる(アラン・フォール『パリのカーニヴァル』)。フライブルクのカイザー通りでの祝祭も、おそらく「巨大な表現行為としての深い意味」をもはや失っていたと思われる。

アンダースが噂どおりに騒いだかどうかはともかくとして、アンダースにとっては、「妖怪」の仮装をして「踊る」ことは、『共産主義者宣言』冒頭に指摘された「ヨーロッパに出没している共産主義」の立場を表明する意味をもっていたはずだ。フッサールの訓戒を聞くアンダースは、マルクスの HIc Rhodus, hic salta(ここがロドスだ、ここで踊れ)、あるいは「ここにバラがある、ここで踊れ」(『ルイ・ボナパルトのブリュメール十八日』)とか、「人間の本質は、その現実性においては社会的諸関係の総体である」(『フォイエルバッハに関する十一のテーゼ』)といった言葉を思い浮かべていたことだろう。

フッサールの現象学は、形而上学が崩壊した状況の課した問題を解決しようとする思想的努力の中で創りだされたものである。アンダースがフッサールに惹かれたのは、ヨーロッパ的人間存在と諸科学が病んで「危期(Krisis)」に瀕しているという、フッサールの歴史意識によるところが大きかった。つまりアンダースがフッサールに学んだのは、何よりも「現実の事象そのものに即して」、「見えているものを呈示し記述する」ことをめざす「現象学的態度」にほかならなかった。すなわち、アンダースにとって決定的に重要だったのは、存在に代わり得るはずだった価値が、一般的等価物に一元化されて、もはや無価値となった状況に関する臨床診断だったのである。

アンダースは毎週、視力の衰えたフッサールの散歩のお供をしながら、世界を全面的に対象化する構えは問題ではないかとか、感覚知覚は制度化された一種の言葉によるものでないかと議論を交わしていた。マルクスの「社会的諸関係」を「状況」として捉え直した学位論文「論理命題における状況のカテゴリーの役割について」でも、フッサールを批判しているのだが、フッサールは助手に残るように勧めた。しかしアンダースはそれを断って、ロンドン、南フランスを巡ってパリに出て、ルーヴル美術館の解説員を務めながら絵を描いていた。その後、人間を自然の一部として捉える哲学的人間学と、念願の音楽美学に関する論文を仕上げるためマールブルクに戻った。学位論文には一年ほどハイデガーに接したと記していたが、マールブルクでも一学期しかゼミに出なかったアンダースにとって、ハイデガーの「現存在」は、マルクス以前、資本主義以前の（空間を無視した）「植物的存在」としか見えなかった。なお一九二八年には、「命題と状況」と改題した学位論文の改訂版を第七章に収めた『所有論――認識の存在論に関する七章』を刊行した。その副題はマンハイムやハイデガーを思わせるが、かれらとは一線を画するものであった。

ベルリンで第一次世界大戦後の苦境をつぶさに見たアンダースは、特に衝撃を受けたヒトラーの『わが闘争』の研究会を組織したが、ナチズムに対するかれの警告を重く受け止めた人は多くはなかった。アンダースは架空の独裁国家「モルーシア」の地下牢に閉じ込められた歴代の政治犯の物語として展開するファシズム批判の小説『モルーシアの墓場』を書いた（訳者注。従来「モールシア」と表記していたがドイツやフランスの評論家たちの発音にしたがって今後は「モルーシア」とする。なおこの書には、アンダース思想の核心が示されている)。アンダースは、ナチスの手を逃れてパリに亡命し、三年間の窮乏生活の中でレヴィナスと共訳した「アポステリオリなものの一解釈」とドゥルーズが興味をもった「自由の病理学」を発表した。サルトルはこの論文に自分の自由概念を示唆されたことをアンダースに感謝したと言われている。その後、アメリカに渡って雑多な仕事をしながら十四年間、各地を巡ったが、全体主義化するアメリカの現実を体験したことによって、「現象学的態度」は、技術による革命が進んでいる以上、「世界を変革するのは造作もないことだ。……この変動を解釈することもわれわれには必要なのだ」という主張へと変容する。つまりフッサールの臨床診断に対する批判がそういう形をとったわけだが、「批評と臨床」(ドゥルーズ)を検証と仮説と言い換えれば、その往復運動を「実験」と呼ぶことも可能だろう。そういう意味で、アンダースにとって哲学は「臨床」だけで済ますのでも「応用」に熱をあげるのでもなく、まさにニーチェの「実験哲学」となったのである。その際アンダースが、その実験を「政治的実践」だと考えていることが重要なのである。アンダースによると「政治的実践」を行ったのは講壇哲学者ではなく、マルクス、ニーチェ、キルケゴールであった。アンダースがこの三人から大きな影響を受けていることを重視すべきだ。

グレフラートとの対話(一九七七年)でアンダースは、「わたしは世界をひとつの書物とみなしているわけですが、その書はほとんど聞き取れない言葉で〈書かれている〉ので、それを聞き取れる言葉に翻訳しようとしているのです」と語っている。世界の発する言語以前の声、つまりわれわれにとって「外部」である「ほとんど聞き取れない言葉」を「翻訳」し、その意味を伝え、証言しようとするのである。証言するとは、語ることによって自らの経験を他者に伝えること、自分が真実と思う事柄を他者に委ねることである。したがって証言は、他者からの問いかけに対する応答であるだけでなく、証言内容について責任をもち、他者に対する責任を担うことにほかならない。証言者には、証言の真実についての、そして他者に対して、しかも何ものかに代わって担う責任がある。そして、このことは、証言が何よりも未来に関わる以上、そこでは想像力が重要な役割を担い、歴史についての責任と歴史に対する責任を担うことを意味する。アンダースの「技術の哲学」が「アポカリプスの哲学」と言うべきものであることを示している。「覆いをとる、開示する、仮面を剝ぐ」というアポカリプスの語源的な意味でそうである。

＊

アンダースは、日本では原子力時代はすでに「経験」になっていると言っている。ところが、アンダースにとって「経験」とは、内部から「外部」へ超えることであり、「他者」のもとに赴くことなのだ。アンダースのように「経験とは、人間と世界との交流を表すものであるかぎり、この特殊な状況の指標であるとともに人間と世界との親密さの指標でもある。……人間は〈世界に到達する〉のである。つまり人間は最初は世界から閉め出されているのであって、世界に統合されているのでも世界と釣り合っているのでもない」(「アポステリオリなものについての一解釈」)と考えれば、ヒロシマ、ナガサキだけでなく第五福竜丸まで死の灰を浴びせられたにもかかわらず、この地震列島に原子力発電所を五十四基も造り、フクシマの過酷事故に対しても適切な対応をしないでいる現状を考えれば、われわれが原子力時代を「経験」したとは言えそうもない。アンダースは日本に来て、東京や広島で、経験の手がかりが徹底的に破壊された光景を、すなわち将来のことを無視し、「外部」や「他者」を徹底的に排除した光景を目の当たりにする。「破壊」そのものが破壊され、会議や会話でこそ人々は罪や責任を強調するが、その裏側では、原子力の平和利用という欺瞞がまかり通っている。その様子に、アンダースは憤激を抑えることができない。

広島の原爆死没者慰霊碑は埴輪の家型に造られ、犠牲者の霊を雨露から守りたいという気持を表すとされているが、アンダースはその慰霊碑を見て「意味のない代物」だと言う。それは「道徳の観点から見て不適切であり、警告を示す記念碑としては貧弱」だ。長崎の原爆犠牲者慰霊平和祈念式典に参加したときも、アンダースは式典で執り行われる儀式に見られる偶像崇拝に深い嫌悪を覚える。長崎平和祈念像の作者北村西望のイメージでは、祈念像の天を指す右手は原爆の脅威を表し、水平に伸ばした左手は世界の平和を祈り、軽く閉じた瞼は原爆犠牲者の冥福を祈っているとされている。しかしアンダースは祈念像を見たとき、ジャック＝ルイ・ダヴィッドが描いた「ソクラテスの死」を連想したのか、そこに恐るべき倒錯を認めた。ダヴィッドの絵では、ソクラテスは左手で天の彼方にある真理を指し示している。ところが、祈念像はその絵のソクラテスとは左右が逆になっているばかりか、祈念像の右手が指し示しているのは原子爆弾だからである。アンダースが見いだしたのは真理の証言者ではなくて、「右手は生け贄の羊に屠殺を宣告し、左手は宣告の無条件な決行を冷酷に命令する巨大なバール」であり、その姿勢は「ハーケンクロイツ」のように見え、その像の前で催される行事も「偶像崇拝」だとしか思えない。

しかしアンダースは、日本人の「経験」に異様なものを感じ取っただけではない。かれは「バール」や「ハーケンクロイツ」を連想したのだ。そこには、日本に限らず世界中に広がっている傾向、すなわち「外部」は隠され、「他者」が無視されていることへの、つまり「経験」そのものが不可能になっている状態への、アンダースの怖れが感じられる。

アンダースの著作には随所に「プロメテウス」が登場する。長崎の平和祈念像の印象の背後にもそのイメージがちらついている。実はアルベルト・シュペアが設計した総統官邸の入り口には、アルノ・ブレーカーの作品が立てられていた。一対の巨大なブロンズ像の向かって左側のプロメテウスは、右手に松明をかざしている。これを見てヒトラーは、ナチズムの「精神」だと非常に喜んだと伝えられている。アンダースに、長崎の平和祈念像とこのプロメテウスがダブって見えたとしても不思議ではない。アンダースのプロメテウスという言葉の背後に常にナチズムが考えられ、「技術」と「全体主義」が一体として捉えられていることが重要なことなのだ。ヨーロッパ世界のそれぞれの時代の神話、宗教、進学、形而上学において、プロメテウスが重要な役割を果たしてきた歴史を思い出す必要がある。それは製作・制作・生産（ポイエーシス）の能力を人間の決定的な能力とする思想として、さまざまに変容しながら継承され、現代のように重大な結果に到達した歴史である。詳細はハンス・ブルーメンベルクの『神話の変奏』を参照して頂きたいが、その思想が最終的に消滅したというブルーメンベルクの捉え方とちがって、アンダースはその行き着いた姿を「技術」として考えていることがここでの問題なのである。政治の世界までも「技術」の支配に組み込まれていると考えるところに、アンダースの「技術の哲学」の独自性がある。ベルクソン以来の「ホモ・ファベル（工作人）」という捉え方ではなく、「プロメテウス」をアンダースが問題とするのはそのためである。

このように考えてみれば、アンダースの「技術の哲学」をアカデミックな技術哲学と混同してはならないことは明らかであろう。古典ギリシャやルネサンス時代に「技術」として考えられたのは、世界内部における作る行為としての技術であり、作る技能であった。それに対してアンダースの言う「技術の哲学」で問題とされる「技術」は、世界そのものを作り変える力であり、「全体主義国家」に作り変えられた世界の状態までも含んでいる。アンダースの「技術」は、単にテクノロジーを意味しているのではない。

ここでニーチェのひとつの断章を取り上げておこう。それは「機械時代の前提はジャーナリズム、組織・機構、鉄道・輸送機関、メディア・電信装置であるが、それが千年後どうなるかを敢えて述べようとした者はひとりもいない」（『人間的、余りに人間的なもの』第二部「漂泊者とその影」）という断章である。シリングが電信機を発明したのが一八三二年、ベルによる電話機の発明が一八七五年、マルコーニが無線電信機を発明したのは一八九五年になってからであることを考えると、ニーチェが一八八〇年にすでに「通信機器」に注目しているのは驚きである。多様な解釈があるが、ニーチェが機械時代の前提の筆頭に「ジャーナリズム」を挙げたのは、ニーチェが「機械時代」を支える人間世界をデモクラシーの世界と考え、その基本として言論の自由を重視したからではないかと考えると、アンダースが道具や装置や機械に限らず社会組織や政治機構をも「技術」とするのも納得できるように思われるのではないだろうか。アンダースの「技術」は政治的な支配形態と無関係であるわけがないのだ。

エピグラフの「仮に人類の絶滅は決して起こらないとしても、われわれには絶滅が起こる可能性がある。それは、われわれの多様な可能性が完全に押し潰されてしまうことだ」という言葉は、まちがいなく全体主義が到来する可能性を指摘していると考えられる。「チェルノブイリための十の提言」(一九八六年)にもアンダースは、「今日の本当の危険は危険が見えないことだ」と書いているが、これは、危険が単に「閾を超えた」巨大な危険で「見えない」だけでなく、実態を「隠す」力によって、つまりは全体主義的機構によって世界全体が倒壊しかねないことが問題であることの指摘だと考えるべきだろう。

そういう機構を先取りしたのが「全体主義国家」だったと考えられる。資本主義の機構が強力になるにつれて、権力は少数者に集中する。いかに政治的・法的な平等が憲法で保証されていても、それを無視する権力の暴政はいつでも起こり得る。技術的世界は寡頭制か独裁制という支配形態に向かっていく。その意味では全体主義国家のほうが全体主義でない国家より正直だ。ヒトラー政権やスターリン政権の全体主義的時代は、その時代の目標そのものの実現にほかならなかったわけである。

技術そのものに「寡頭制」の原理が内在していると、アンダースは言う。アンダースが問題としている「技術」の問題性とは、現代のシステムに組み込まれている機械には、効果と権力集中の高度化を人力の極小化によって実現しようとする傾向があるということである。「技術」そのものに権力集中の原理が内在している以上、寡頭制や独裁制の原理がそこに内在しているのは当然である。アンダースはこれが技術の理念だと考える。この理念が、政治的理想像を技術的理想像に取り換えた、あるいは政治的理想状態そのものを技術的理想状態だと勘違いしたユートピア的思考の理想である。理想はもはや最高の国家ではなく最高の機械なのだ。最高の機械は人間の参加を無用にするだけでなく、唯一絶対に独裁的に支配する怪物であり、アンダースはそれを、あらゆる機能を自分のうちに統一して目的を達成する「世界機械」と呼んでいる。しかし、少なくともデモクラシーの原理を多数者による支配だと認める以上、「技術」は本質的にデモクラシーに反し、デモクラシーと「技術」とが今後とも両立し得るかどうか大いに疑問である。

そう見ればアンダースの言う「全体主義」は、それ自身のうちに閉じて、自分以外のものを徹底的に排除し破壊するシステムを意味していると考えていい。ニーチェによれば、システムという閉ざされた地平への意志、一義性や論理的構造への意志において物を言っているのは「体系への意志」にほかならない。「体系への意志。道徳的に言えば、哲学者における洗練された腐敗、性格上の疾患、非道徳的に言えば、……ひとよりも強力、単純、命令的、無教養、指揮官的、専制的であること」というニーチェの言葉には十分に注意しておく必要がある。なぜなら、ここに指摘されているのは、伝統的哲学における「体系への意志」こそ、世界全体を自分が作り上げたシステムの内部に閉じ込め、外部や他者を排除する「全体主義」の根だということだからである。

アンダースが「全体主義と核による全能とが対をなしている」と言う理由はもう明らかであろう。アンダースは「核による全能」は「全体主義国家の内政上の恐怖政治の外交上の片割れである」ことを強調する。「体系への意志」を「自己自身であろうとする絶望」という一種の自己免疫疾患であり、その典型的症状が「絶滅のニヒリズム」だと考えれば、「核の脅威」がどこに発生したものかが分かろうというものである。その意味ではアンダースが言うように、ヒトラーの全体主義はまだ不完全だったのである。核を独占すればそのときナチス国家は絶頂に達していたにちがいない。

したがってアンダースは、「われわれは恐怖政治の二つの形態を兄弟分として把握して初めて、現代を全体として理解（そして対抗）することができる」と言うのだが、この言葉には現代における想像力の欠如という「根本的欠陥」への痛烈な批判が秘められている。人類の絶滅は、特殊な機構が核兵器を偶然に使用すれば起こるだけだと考えるのは、余りにも気楽すぎる見方である。官僚機構や国家体制をも包括する「世界機械」によって、すべての人々が画一的な意識に閉じこめられる高度管理社会が実現するのだ。管理と監視が徹底化されていくその趨勢と権力の手口は、特定秘密保護法を制定したばかりか、緊急事態条項まで作ろうとするわが国の現状を見るだけでも明らかであろう。

しかしそれだけではない。アンダースによると、全体主義には「単に政治的なもの」は存在しない。「完全に政治的なもの」どころか「完全に戦術的なもの」として事実を扱えるとか、いわゆる「政治的なもの」という専門領域の枠内で事実を論じ得ると考えるのが、まさに現代の愚かさである。そこに示されているのは知性の欠陥ではなく、想像力の欠如（thoughtlessness）という根本的欠陥なのだ。

つまりアンダースが考えている「全体主義」は、今日の権力には、本質的に「政治」という専門分野の枠を突き破る特性が認められることを示している。これをアンダースは「核分裂は原子を粉砕するだけでなく、専門領域の壁も粉砕する」という言い方をしている。これはあらゆる別の領域へ侵入するのが権力による対策の本質であることを意味している。権力が引き起こす結果は「存在か非存在か」も含むあらゆるものを決定することを意味する。そうすると、ニーチェなら「世界道徳」と呼んだ領域へ移らずに核という怪物に関わる方策は存在しないことになる。アンダースによれば、この問題を「完全に戦術的なもの」とみなす現代の扱い方ほど馬鹿げたものはない。無限なものによる脅威を、小手先の対策や当面の目的に使おうとする考え方、核の状況そのものが政治的・戦術的な交渉や解決の場であるにもかかわらず、核の状況そのものに政治の場の内部だけで対応し得るという考え方が、ほとんどあらゆる所で目立ち、核武装を主張する連中は徹底的にそういう考え方に支配されている。したがってわれわれは、核の脅威を核兵器使用とか原子力発電の問題にとどめてはならない。われわれにとっての課題は、核の脅威を世界全体を巻き込んでいる全体主義の問題として受け止めて取り組むことなのだ。

＊

アンダースの『暴力は是か非か』についてかなりの論争があったのは当然であった。というのも、アンダースが「希望というのは臆病の別名だと思う。……自ら行動すべき状況では〈希望〉は活動の断念を表す言葉にすぎない」という場合の「希望」の意味が、十分に理解されていたとは思えないからである。

世界原水爆禁止大会ではアンダースの提唱によって、「道徳的義務の分科会」が新設された。『橋の上の男』と（『ヒロシマわが罪と罰』というデュピュイがセンチメンタルと評した奇妙な書名で邦訳は出版された）『良心立入禁止』は、「倫理学、良心論に対する重要な貢献」だと賞賛され、「アンダースは、エザリーが罪を認識していたことに、非人間的な時代に生きる人間の倫理のきざしを読み取っていた」とさえ言われる。

しかし、アンダースが自称する「モラリスト」は、無論、「道徳主義者」とか「道学者」などという意味ではない。その「モラリスト」という言葉はまず、フランス・モラリズムを継承して人間の特異性を開示するという意図を示している。しかも「将来の人間のあり方」と言ったのは、誰でも「罪なくして罪ある者となる」恐ろしい状況の到来を述べたものであった。実際アンダースは、エザリーに罪の意識を棄てるように忠告はしても、「罪の認識」に「倫理のきざし」を認めたわけではない。アンダースは、罪を自覚し罪悪感を満喫することを求める要求を、「正気の沙汰でなく品位を欠いた不当な要求」として常に拒否し、「原罪」の観念がヨーロッパ文化にとっての根本的な災厄だったと考えていた。そしてアンダースが問題としたのが個人の罪や責任ではなく、「核の脅威にさらされている状況」そのものなのだ。したがって世界が存在するか否かという問題は「政治を超えるもの」だと言うアンダースの「モラリスト」には「政治を超えるもの」に関わる者だという意味が含まれていることが重要なのである。この点で、三・一一後に来日したジャン＝ピエール・デュピュイ（『ツナミの小形而上学』、『カタストロフからの哲学――ジャン＝ピエール・デュピュイをめぐって』（渡名喜庸哲・森元庸介編著））、クリストフ・ダヴィッド（東京大学講演「ギュンター・アンダース――世界の終わりと人間の終わり」）、エティエンヌ・タッサン（東洋大学講演「グローバリゼーションの時代における人間の条件」）などに、アンダースへの深い関心が認められたが、講演後の紹介などを見ても、決定的に重要な「政治を越えるもの」への踏み込んだ議論はほとんどなされかった。

これは重要なことだが、アンダースが「モラル」と言っているものは、ニーチェが言う意味での「私的道徳（Privatmoral）」という責任を欠如した道徳ではない。アンダースが「モラル」と呼んでいるのは、ニーチェが「世界道徳（Weltmoral）」と呼んだ、将来の歴史に対する責任を担う構えなのである。さすがにジャン＝リュック・ナンシーは「政治の問いが真剣に提起されるためには、民主主義が政治的な秩序の原理的な乗り越えとして何を開始するかについての考察から始めなければならない」（『フクシマの後で』）と言ったが、それはアンダースが明示するのを避けた事柄とおそらく別の問題ではないだろう。

まさにその「政治を超えるもの」が危険にさらされている状況にあるからこそ、われわれはこの「政治を超える（metapolitisch）」領域に飛び込んでいかねばならない。そこでは、絶望することなく、いかにして世界への希望や信頼を失わずにおれるかということが、不可避的な問題として浮上する。

ダンテの『神曲』の地獄の門には「この門を入る者は一切の望みを棄てよ（Lasciate ogni speranza, voi ch'intrate）」と刻まれていた。この言葉についての「老師」による説明を、マルクスは『経済学批判序言』

の末尾に原語で引用している。アンダースがそれを読み落としたはずはない。アンダースは自分と同様な亡命思想家だったダンテに、親愛の情を抱いていたにちがいないからである。

Qui si convien lasciare ogne sospetto; ogne viltà convien che qui sia morta.

「ここではあらゆる不安を棄てねばならない。ここでは心の弱さは完全に滅ぼさねばならない」。

カミュも「形而上学的反抗」について、「それは願望ではなく、そこに希望はない（Elle n'est pas aspiration, elle est sans espoir）」と書いている（『シジュポスの神話』）。カミュとちがって終末論を語っているのを見れば、アンダースは「絶滅のニヒリズム」への絶望を説いていると思う人がいるかもしれない。

キルケゴールによると「この世の砂時計がめぐり終わるときがきたら……君が男であったか女であったか、豊かであったか貧乏だったか……そういうことではなく、永遠が問うことはただひとつ、絶望して生きてきたかどうか、君は自分が絶望していたことを知らないような絶望の仕方をしていたのか、と。……もし君が絶望して生きてきたのだとしたら、たとえそのほかの何を君が手に入れ何を失ったとしても、君にとっては一切が失われているのだ」（『死に至る病』）。

キルケゴールが、「自己自身であろうとする絶望」こそ「あらゆる絶望が結局、この絶望に分解され還元されるようなものである」と書いていることに、特に注意しておきたい。アンダースがニヒリズムの極致として「絶滅のニヒリズム（Annihilismus）」と呼ぶ全体主義は、まさにその種の絶望だからだ。

わが国には欺瞞や嘘八百が横行し、時代おくれのでっちあげの国家主義を吹聴する連中がいて、それに煽られて熱狂的な排他主義が高まっている。批判すべきジャーナリズムは何の反応もしない。反原発のデモや集会は無視する。憲法を守るべき人間が憲法違反の手続きを強行する。美しい辺野古の海を破壊して米軍に提供しようとしている。雇用状況は悪化し経済格差が拡大する一方なのに、政治家たちは、官僚に唯々諾々と従うばかりで、社会が崩壊の一路を辿ることにも全く無感覚の有様だ。熔け落ちた核燃料は地中に浸出するまま放置し、海洋に放射能を拡散させ続けながら、コントロールしていると大法螺を吹く一方で、遮水壁も失敗して海洋を汚染し続け、首相が世界各国に原発を売り歩いて原発産業を喜ばせるという恥辱の極致というべき状況にある。

しかし、われわれは諦めることはない。絶望しているのは全体主義という妄想に囚われている連中のほうだからである。望みを抱かなかった者が、絶望するということがあるだろうか。そもそも絶望した者は、願望を抱き野心に燃えたからこそ絶望したのではなかったか。そうであれば、「一切の望みを棄てよ」というのは、素晴らしい忠告ではないだろうか。「一切の望みを棄てよ」とは「絶望するなかれ」なのではないか。二〇〇九年二月エルサレムで村上春樹が受賞記念講演で述べたように、技術の原理によって組織された現代では、世界と人類の危機は人間が解決するほかはない。そこに語られている「卵」は「脆さ」を示すだけではなく、新しいものが「生まれる」ということも示唆していると聞き取るべきだろう。

もし、硬くて高い壁と、そこに叩きつけられている卵があったら、わたしは常に卵の側に立ちます。……爆撃機や戦車やロケット、白リン弾が高くて硬い壁です。それらに蹂躙され、焼かれ、撃たれる非武装の市民が卵です。……皆さんにお伝えしたいことは一つだけです。われわれは国や人種や宗教を超えて同じ人間なのだということ、システムという名の硬い壁に立ち向かう壊れやすい卵だということです。見たところ、壁と戦っても勝ち目はありません。……少しでも勝機があるとしたら、それは自分と他人の魂が究極的に唯一無二でかけがえのないものであると信じること、そして、魂を一つにしたときに得られる温もりだけです。……システムに生命を任せてはいけません。システムがわれわれを作ったのではありません。システムを作ったのはわれわれなのです。

(“Always on the Side of the Egg”, *Haaretz Files*, 2009, 2, 3)

死をも隠そうとする明るい社会では、「個性の尊重」と称しながら、人を代替可能な消費財とか票数として扱う傾向が目立つ。個としての在り方を確立し維持することは、まちがいなく至難の業となっている。個を抹殺する傾向は、社会全体に致命的な打撃を与え、民主主義を形骸化して、国家を全体主義国家に変質させてしまう。では、人間が自主独立の「個」となるには、いったい何が必要なのだろうか。

われわれが独りで生まれたわけではなく、自分の死を経験することもできず、死を確認するのは自分以外の人々であることを思えばいい。看取る者のいない「孤独死」という無残な死においても、死は他者による確認を必要とする。ブランショは人間の有限性は死ではなく、死ぬために他者を必要とすることだと言った。他者の死を看取る際に、永遠に失ったと感じるのは、自律呼吸の停止とか心拍停止や瞳孔の散大ではないだろう。失われたのはその人の「声」である。二度とその声を聞けなくなったとき、われわれは絶対唯一の「個」に出会い、「個」への畏敬の念に包まれたとき、自分も同じような「個」であることを思い知るにちがいない。他なるものへの「畏敬」からこそ「個」は生成することを忘れるべきではない。

実はアンダースの「プロメテウス」には、先に述べたこと以外にもう一つ重要なことがある。ギリシャ神話では、プロメテウスから「技術の知識」と「火」を与えられた人間は、互いに不正を働き対立して、絶滅の危機に陥った。そこでゼウスがヘルメスを遣わして、「アイドース（畏怖）」と「ディケー（正義）」を人間たちに与えたおかげで、人間は共同して生きることができるようになった。カザンザキスの『その男ゾルバ』では、「わしらはどこから来てどこへ去るのか」というゾルバの問いに対して「私」はこう考える。「人間が到達し得る最高のものは、知識ではない、美徳とか善良さとか勝利ではなくて、何か別のもっと素晴らしくてヒロイックで、死に物狂いになるようなもの、——すなわち畏敬（ト・デオス）、つまり他なるものへの畏怖だ。他なるものへの畏怖以上のものに、人間が到達することはない」。この「ト・デオス（畏敬）」も、未来や他者への畏敬、つまり自分にとって他なるものに対する畏敬にほかならない。つまりアンダースが「プロメテウス」と言うとき、この「畏敬」の欠如を痛感しているからこそ、「核の脅威」という「他なるもの」への怖れを抱くように促したのだと考えられる。

アンダースが『マリーヒェン』という小篇の中で最高の倫理を「喜べ（Freue dich!）」と言い表しているところにも、この事情が示されている。アンダースもキルケゴールと同様に、自己自身であろうとする絶望とは全く無縁な一種の「狂喜」に、すなわち自分のことを完全に忘れ去った奇妙な「解放感」に最高の倫理を見ている。そういう箇所を読むと、アンダースが熟読したカール・バルトの『ロマ書』冒頭に描かれたパウロの姿が思い浮かぶ。「かれの使命の内容は結局、かれの中にはなく、かれを超えた、克服しがたい異質なものの中に、すなわち到達不可能な彼方にある。……したがってまた、注意だけなく協同をも期待し、知性にとどまらず深い理解力を期待し、共感のみならず協力をも期待している報告なのである」。

言うまでもなく、アンダースはバルトとは全く異なるものに関わっていて、アンダースの構えはむしろドゥルーズやピヒトの解釈したニーチェの「超人」に近い。アンダースは自分の生涯には四つの亀裂があると語っている。最初が一五歳のとき軍事訓練でユダヤ人ゆえに受けた虐待、二度目が第一次世界大戦で見た惨劇、三度目がナチズム、そして最後が広島への原爆投下である。アンダースは、そういう引き裂かれた生のそのつどの壁を越えて、フッサールの言う「死を超えて生きる精神の生」を生きた。自分を「限りなく」乗り越えてゆくたびに、思索は深まり問題は拡大した。しかし、そこから生まれたアンダースの貴重な証言は、これまで余りにも無視されてきたとしか思えない。われわれはアンダースの証言を受け止めてもっと生かすべきではないだろうか。

＊

本書は Günther Anders, *Die atomare Drohung, Radikale Überlegungen zum atomaren Zeitalter*, 7. Auflage, München 2003 の全訳である。本書は一九七二年に『終末の時代と時の終わり——核の状況に関する考察（*Endzeit und Zeitenende, Gedanke über die atomare Situattion*）』と題して出版され、その後一九八一年、「まえがき」を加え、書名を改められたものである。翻訳したものは二〇〇三年に出版された第七版である。本文中の〔　〕内は訳注だが、そのほかに理解の一助に〔訳者注〕として付け加えた箇所がある。なお、「VI　原子力時代への提言」には、矢野久美子氏による翻訳「核の時代についてのテーゼ　一九五九年」（『現代思想』二〇〇三年八月号）がある。

フランス、スペイン、イタリアではアンダースは翻訳され読者も多いが、日本では特にアカデミズムでは無視されているに近い状態なのは、危険分子とされたアンダースの著作がほとんど英訳されていないのも一因かもしれない。本書にはクリストフ・ダヴィッドによるフランス語訳 *La menace nucléaire, Considrations radicale sur l'âge atomique* (2008) があり、それには *10 Thesen zu Tschernobyl* (1986. 6. 3) が *Dix thèses pour Tchernobyl* と仏訳して付録に収められている。

本書第1章「哀悼される未来（Die beweinte Zukunft）」は、アンダースが朗読する動画をネットで視聴できる（https://vimeo.com/37359723)。なおアンダースの初期著作で入手できるのは以下のとおりである。

Über das Haben, Sieben Kapitel zur Ontologie der Erkenntnis, 1928（著者は本名 Günther Stern、これは海外の

いくつかの大学図書館でコピーを入手可能である)。

Une interprétation de l'apsteriori, in *Recherches philosophiques*, Vol. IV (1934–1935) と Pathologie de la liberté, Essai sur la non-identification, in *Recherches philosophiques*, Vol. VI (1936-1937)（著者名はいずれも Günther Stern、インターネットでダウンロード可能)。

Burning Conscience, 1961（『良心出入禁止』の英語版。インターネットでダウンロードできる)。

Thèses sur la théorie des besoins（一九四二年ニューヨーク社会研究所での講義。ネットで読むことができる)。

Mensch ohne Welt. Schften zur Kunst und Literatur, 1993（邦訳『世界なき人間』)。これは一九三八年から一九七九年までのカフカ、ブレヒト、ハートフィールド、グロッスなどに関する重要な論文集である。

最後になりましたが、全体主義への道を急ぐわが国の現状における本書の重要性に着目して、翻訳の機会を与えてくださった法政大学出版局編集部の皆さんに敬意を表するとともに、大変なご協力を頂いたことに心より感謝を申し上げます。とりわけ版権交渉に始まり数々の厄介な仕事を一身に引き受け、細やかな助言も惜しまず、本書を作り出してくださった前田晃一氏に厚く御礼申し上げます。

二〇一六年一月　北朝鮮の水爆実験成功が報じられた日に

青木隆嘉

《叢書・ウニベルシタス　1040》
核の脅威
原子力時代についての徹底的考察

2016年5月6日　初版第1刷発行

ギュンター・アンダース
青木隆嘉 訳
発行所　一般財団法人　法政大学出版局
〒102-0071 東京都千代田区富士見 2-17-1
電話03(5214)5540 振替00160-6-95814
組版：HUP　印刷：ディグテクノプリント　製本：積信堂

Printed in Japan

ISBN978-4-588-01040-8

著　者

ギュンター・アンダース（Günther Anders）

1902年ブレスラウに生まれる（本名はギュンター・シュテルン）。フッサールのもとで哲学を学び、学位取得後パリやベルリンで哲学にかんする論文を書くとともにジャーナリストとして評論活動を行なう。ハンナ・アーレントと結婚し、離婚。1933年パリへ、次いで1936年にアメリカ合衆国へ亡命し、さまざまな仕事につく。とくに工場労働者としての経験は、執筆活動の重要な契機となる。1945年以降、核に反対する活動を積極的に展開し、国際的反核運動の指導者となる。邦訳された著書に、『時代おくれの人間』上下、『世界なき人間：文学・美術論集』、『異端の思想』、『塔からの眺め』（いずれも青木隆嘉訳、法政大学出版局）、『われらはみな、アイヒマンの息子』（岩淵達治訳、晶文社）などがある。アムステルダム亡命文学賞、イタリア・レジスタンス賞、批評家賞、バイエルン美術アカデミー文学賞、オーストリア文化賞、ウィーン出版文化賞、フランクフルト市アドルノ賞などを受賞。1992年12月死去。

訳　者

青木隆嘉（あおき・たかよし）

1932年福岡県に生まれる。京都大学大学院文学研究科博士課程単位取得退学（哲学専攻）。大阪女子大学名誉教授。著書：『ニーチェと政治』、『ニーチェを学ぶ人のために』、共著：『実践哲学の現在』（以上、世界思想社）、『過剰としてのプラクシス』（晃洋書房）ほか。訳書：アーレント『思索日記』Ⅰ・Ⅱ（レッシング・ドイツ連邦共和国翻訳賞受賞）、カネッティ『蠅の苦しみ：断想』、ブルーメンベルク『神話の変奏』、エリアス『モーツァルト』、『ドイツ人論』、シュトラウス『始まりの喪失』、エーベリング『マルティン・ハイデガー』、ピヒト『ニーチェ』、（以上、法政大学出版局）、クリステヴァ『ハンナ・アーレント講義：新しい世界のために』（論創社）ほか。2016年2月死去。